KB214590

도시의 하나님나라

전혀 새로운 공동체의 탄생

전혀 새로운 공동체의 탄생

프롤로그 도시에 정박한 교회들에게

인류는 역사의 대부분을 도시가 아닌 환경에서 살아왔습니다. 한반도에 사는 우리 역시 60년 전만 해도 대부분 농사를 지었고, 인구의 39.2퍼센트만이 도시에 거주했습니다. 우리나라가 산업화하기 시작한 1960년도 도시 인구는 980만 명에 불과했지만, 2018년에는 인구의 91.8퍼센트가 도시에 살고 있습니다. 열 명 중 아홉 명 이상이 도시에 살고 있으니, 대부분 도시에 모여 있는 셈입니다. 이런 추세는 전 세계적이어서, 이미 2006년에 도시 거주민이 지구 인구의 절반을 넘어섰습니다. 2050년까지 20억 명 이상이 도시로 이주해서 도시화율은 75퍼센트를 넘어설 전망입니다. 도시의 삶은 이제 전 세계적으로 보편적인 삶이 되었습니다.

도시는 인간이 만들어 낸 모든 것의 총화입니다. 창조주 하나님을 닮은 인간은 그칠 줄 모르는 창조력으로 수많은 기술과 문화를 만들어 냈고, 그 결과 인간의 위대한 창조물들로 도시는 가득 찼습니다. 하지만 불행히도 도시를 창조한 인간은 정작 자신을 창조한 존재를 잊어버렸습니다. 도시가 아닌 환경, 곧 자연에서 살 때는 세계를 창조한 존재를 생각하고 느끼고 감격할 수 있었습니다. 자연 속에서 하나님의 영광을 얼핏 목격하고는 했습니다. 그러나 도시에서 신은 사라져 버렸고, 자랑스러운 인간과 그의 영광만이 빛날 뿐입니다.

이런 도시에서 종교 생활을 하기란 어렵습니다. 살아가는 모든 방식에서, 노동하고 소비하고 관계 맺고 사랑하고 문화를 창조하고 누리는 모든 일에서 신은 부재하는 듯 보입니다. 자연으로 들어가면 맞닥뜨리는 막연한 유신론적 틀조차 도시에서는 발견하기 어렵습니다. 낮에 일하고 밤에 자면서 자연에 순응했던 인간이 이제는 밤을 지배합니다. 고도로 발전한 도시의 복합 건물에 들어가면 시간은 사라지고, 그야말로 없는 것이 없는 세상에서 모든 것을 누릴 수 있습니다.

하지만 누구에게나 허락되는 풍요는 아닙니다. 경제적 능력만 뒷받침된다면 도시의 승자로 살아갈 수 있습니다. 문제는 그 숫자가 무척이나 제한적이라는 데 있습니다. 그래서 종교는 경쟁에서 지치고 밀려난 사람들을 위로하는 기능을 충실히 수행합니다. 교회 역시 도시 생활에서 찌든 때를 일주일에 한 번 닦아 주고, 죽으면 가는 '더 좋은 세상'인 천국을 보장해 주는, 도시의 종교 기관으로 전락했습니다. 이런 기능을 원활히 구현하는 목회자는 교회의 존속과 부흥에 필수 불가결한 '사제'가 되었습니다.

종교 생활이 이처럼 도시의 필요에 맞춰 개조되자, 도시에서는 진정한 신앙생활이 어렵다는 패배의식이 싹텄습니다. 그 결과 일부는 신앙을 지키기 위해 배타적으로 고립되었고, 다른 일부는 '세련된' 혼합주의를 추구하면서도 진정한 신앙생활을 하는 양 자신을 속이고 있습니다. 예수께서 오셔서 시작부터 끝까지 가르치신 '하나님나라'는 마음의 위로를 얻고 죽으면 가는 천국으로 축소되었습니다. 거대하고 위압적이며 매력적이기까지 한 도시에서 예수께서 전한 하나님나라는 증발해 버렸습니다. 대신, 많은 그리스도인이 '믿음으로' 어떻게 성공할지, 다른 사람보다 못하지 않은 삶을 '신앙의 이름으로' 어떻게 손에 넣을지에 골몰합니다.

데살로니가전서는 합리화, 변명, 패배의식, 혼합주의에 빠져 있는 오늘날 도시 그리스도인에게 대담하게 도전합니다. 데살로니가는 중요한 고대 도시 중 하나였습니다. 고대 도시는 현대 도시와 규모와 기술 수준 등에서 차이가 있었으나 도시라는 속성은 유사했습니다. 1장에서 더 자세히 살펴보겠지만, 고대 도시는 위생과 치안 등 여러 면에서 현대 도시보다 훨씬 열악했습니다. 그런 데다가 성공과 새로움을 동경하는 사람들이 끊임없이 유입되었습니다. 이처럼 낯선 이들로 가득한 고대 도시에 그리스도인의 공동체, 교회가 세워졌습니다. 이름하여 "데살로니가인의 교회!"

였습니다.

그리스도인 공동체가 고대 도시 같은 열악한 환경에서 어떻게 탄생했는지도 의문이지만, 교회를 세운, 요즘으로 치면 개척 목사가 여섯 달 정도 사역하다 떠나 버린 상황에서 어떻게 교회 공동체가 지속되었는지도 큰 궁금증을 불러일으킵니다. "데살로니가인의 교회"는 훌륭한 목회자는커녕 변변한 목회자조차 없는 공동체였습니다. 그런데 그런 교회가 자신이 속한 지역인 마케도니아와 아가야 전역에 선한 영향력을 끼치면서 좋은 소문이 났습니다. 도대체 어떻게 이런 일이 가능했을까요?

도시 속에서 도시와 똑같은 얼굴이 되어 버린 현대 교회, 목회자의 능력에 따라 속칭 교회의 부흥이 결정될 뿐 아니라 목회자가 없으면 존재하기도 힘든 오늘날 교회, 우리 주변의 이런 교회들을 생각하면, 데살로니가인의 교회는 정말 기이한 '현상'입니다. 어떻게 고대 도시라는 열악한 환경에서, 최초 설립자의 부재에도 불구하고, 오늘날 관점으로 보아도 '전혀 새로운 공동체'가 세워질 수 있었을까요?

2001년 시작한 나들목교회는 시리아의 안디옥 교회(행 11, 13장)를 본보기로 성경적인 교회를 현대 사회 속에 어떻게 세울지를 고민해 왔습니다. 그 고민과 초기 적용을《교회를 꿈꾼다》(비아토르)에 담아서 나눈 바 있습니다. 이후 꿈꾸었던 교회가 점점 자리를 잡아 가면서, 초대교회가 세상에 침투해 들어가면서 새로운 공동체들을 세워 나간 사실을 발견했습니다. 나들목교회도 2016년에 하늘가족의 수가 천 명을 넘어가면서 교회를 네다섯 곳으로 나누기로 하고 준비를 시작했습니다. 그때 주목한 교회가 데살로니가 교회였습니다. 2017년 전가족 여름수련회와 그 전후로 드린 주일 예배를 통해 '전혀 새로운 공동체'인 데살로니가 교회를 다 함께 배우고 익혔습니다.

데살로니가 교회는 도시 속에 세워진, 목회자가 아니라 성도 중심인, 다양한 문제를 슬기롭게 극복해 나간 공동체였습니다. 이들은 예수께서 전한 하나님나라 복음에 충실했으며, 그 복음을 전한 바울 일행이 '이끄미'로서 이들에게 본을 보였습니다. 그 결과 이들은 자신의 이끄미들과 함께 주님을 본받으며, 다른 교회들의 본이 되었고, 결국은 세상에 선한 영향력을 끼쳤습니다. 나들목교회는 안디옥 교회를 꿈꾸며 세워졌고, 데살로니가 교회를 바라보며 분교를 준비했습니다. 4년 가까운 준비를 마치고 드디어 2019년 5월 19일에 나들목꿈꾸는교회, 나들목동행교회, 나들목양평교회, 더불어함께교회, 서로교회로 분교하였고, 다섯 교회는 나들목교회네트워크라는 이름 아래 상호책임성 있는 관계를 형성하고 있습니다.

그래서 이 책은 이미 세워진 다섯 교회를 향한 메시지입니다. 또한, 이들처럼 도시에서 하나님나라의 확장을 위해 고군분투하는 교회 공동체들과 함께 나누는 고민입니다. 나들목교회는 21세기 현대 도시에서 안디옥 교회와 데살로니가 교회처럼 자리 잡고 싶습니다. 그래서 이를 먼저 경험한 초대교회들의 발자취를 늘 곱

씹으며 교회 현장에 적용해 왔습니다. 현대 도시 속에서 어떻게 하나님나라 공동체를 형성하고 자라게 할지를 고민하는 모든 그리스도인과 교회와 함께 앞으로도 이 길을 꾸준히 걷고 싶습니다.

이 책은 앞서 말씀드린 나들목교회 2017년 전가족 여름수련회와 그 전후에 드린 주일 예배의 설교를 모아서 다듬은 것입니다. 현장에서 전달된 말씀에는 글로 옮기기 어려운 많은 것들이 포함돼 있습니다. 그래서 부록 "묵상: 열 번의 만남"에 설교 동영상을 볼 수 있도록 큐알 코드를 넣었습니다. 책과 함께 설교를 들으면 더 풍성한 나눔에 도움이 되리라 생각합니다. 그리고 나들목교회에서는 듣고 배우는 말씀을 주제로 노래를 지어 부르는데, 데살로니가전서 강해 중에 함께 불렀던 "데살로니가 교회의 노래" 악보도 부록에 실었습니다. 이 역시 노래를 들을 수 있도록 큐알 코드를 함께 넣었습니다. 이 책은 모든 독자를 위한 것이기도 하지만, 특정한 시기에 특정한 공동체를 향한 말씀이기도 했기에, 이러한 자료를 통해 데살로니가전서를 더 깊이 이해하는 데 도움이 되면 좋겠습니다.

성경 강해는 가능하다면 원어의 의미와 뉘앙스를 잘 반영해야 합니다. 그래서 성경 본문을 좀 더 면밀하게 살피기 위해 데살로니가전서를 헬라어 원어에서 번역해서 소개했습니다(KHKV: Kim Hyoung Kook Version). 조금 딱딱하고 읽기에는 불편해도 원문의 뜻을 선명하게 밝히고 몇 가지 주석 상의 고민과 결정을 반영해야 강해 설교가 가능한 부분이 있어서 사역私譯을 시도했습니다.

독자들은 개역개정, 새번역 등의 한글 성경을 참조하고, 자주 언급하는 다섯 가지 영어 성경의 도움을 받아도 좋습니다. 직역을 다소 풀어 번역한 영어 성경은 차례대로 다음과 같습니다. NAU(New American Standard Bible/1995), NKJ(New King James Version/1982), NRS(New Revised Standard Version/1989), NIV(New International Version/2011), NLT(New Living Translation/2007). 책 끝에는 데살로니가전서 전문(KHKV)과 함께 "함께 읽고 삶으로 나누기"를 실었습니다. 소모임이나 가정교회에서 책의 각 장을 읽고 토론하는 데 촉매 역할을 하리라 기대합니다. 각 장을 요약해 나누면서 "함께 읽고 삶으로 나누기"의 질문을 함께 고려하면, 자기 생각과 결단, 기도 제목을 더 수월하게 전달할 수 있고, 도시 속 새로운 공동체로 발돋움하는 데 도움이 될 것입니다.

이 책을 내기 위해 여러 형제자매가 자발적으로 녹취를 도왔습니다. 이를 간결한 문장으로 다듬고 책의 구조를 잘 잡아 준 박동욱 형제의 수고와, 그 결과물을 더욱 빛나게 만들어 준 '즐거운생활' 정지현 대표와 《교회를 꿈꾼다》 이후 묵묵히 나의 저술들을 지속적으로 출간해 주는 김도완 대표에게도 감사의 마음을 전합니다. 마지막으로 나와 함께 18년을 걸어온 나들목교회 하늘가족들에게 이 책을 드립니다.

18년간(2001-2019년) 함께 교회가 되어 준

나들목교회 하늘가족들과

다섯 교회로 분교하여 도시 속에 새로운 공동체 운동을 일으키는

나들목네트워크교회의 하늘가족들에게

그리고 도시 속에서 하나님나라 복음을 살아 내는

모든 형제자매에게

차

례

1부

고대 도시에 등장한 하나님나라

1.

전혀 새로운 공동체

현대 사회는 도시가 중심이 된 사회입니다. 그래서 "현대 사회에서 종교의 역할은 무엇인가?"라는 질문은 거의 유사하게 "도시에서 종교의 역할은 무엇인가?"로 바꿀 수 있습니다. 그런데 우리가 사는 도시는 어떻습니까? 정말 치열합니다. 밤낮이 없습니다. 그 속에서 사람들은 지치고 또 지칩니다.

그래서 많은 사람이 종교를 이렇게 생각합니다. "힘들고 지치는 생활 속에서, 정글 같은 도시 한가운데서, 일주일에 한 번쯤 종교를 통해 마음의 위로를 얻고 좀 쉬면 좋겠다." 누구나 이런 마음을 가질 수 있습니다. 인생이 힘들어지거나 방향을 놓치는 위기가 찾아오면 사찰이나 성당 같은 종교적 장소를 찾기도 합니다. 위안과 용기를 얻고 싶어 합니다. 교회에 대한 생각도 크게 다르지 않습니다. 위로를 얻고, 속세에 찌든 때를 씻어 내고, 착하게 살 수 있는 마음을 다잡기 위해 일주일에 한 번쯤 교회에 가면 된다고 생각합니다. 그게 신앙생활의 전부가 아니라고 하면, "그렇지 않아도 힘들어 죽겠는데 뭘 더해요?"라는 답이 돌아옵니다.

그런데 정말 교회가 그런 곳일까요? 종교에 대한 일반적인 기대는 그렇다고 해도, 성경에서 이야기하는 교회가 그런 곳일까요? 물론 현대 교회는, 특히 한국 교회는 "그렇게만 해도 신앙생활은 충분히 가능합니다"라고 가르치는 경향이 있습니다. 가능한 한 많은 사람이 교회에 올 수 있도록 형식을 간소화하여 예배도 짧게 드리고, 신앙적 책임도 많이 줄여서 십일조와 주일 성수 정도만 하면 된다고 강조합니다.

도시에서 시작한 교회

성경이 전하는 교회는 이와 다릅니다. 기독교는 '도시 운동'이었습니다. 기독교는 처음부터 도시에서 시작했습니다. 신약성경 각 책은 모두 도시에서 쓰였습니다. 바울의 편지들은 도시의 수신자들에게 보내졌습니다. 그래서 한 사회학자는 "기독교는 처음부터 도시 운동이었다"라고 말할 정도입니다[웨인 믹스의 《최초의 도시 그리스도인*The First Urban Christians*》, 국내에는 《바울의 목회와 도시사회》(한국장로교출판사)라는 제목으로 나와 있습니다].

바울은 2차 전도여행 때 세운 데살로니가 교회에 편지를 보냅니다. 많은 학자는 갈라디아서나 이 편지를 바울이 가장 먼저 쓴 편지로 봅니다. 초기 편지인 데살로니가전서가 전하는, 초대교회가 처음 세워졌을 때의 모습을 살펴보려 합니다. 이번 장에서는 데살로니가전서 1장 1-3절을 먼저 보겠습니다. 제가 번역한 성경 구절을 아래에 소개합니다. 개역개정이나 새번역과 비교해서 같이 보면 좋겠습니다.

> **1** 바울과 실루아노와 디모데가 하나님 아버지와 주 예수 그리스도 안에 있는 데살로니가인의 교회에게: 은혜가 너희에게 또한 평화가. **2** 우리는 우리의 기도 중에 여러분을 기억하며 여러분 모두에 대해 하나님께 항상 감사를 드리고, **3** 여러분의 믿음의 행함과 사랑의 수고와 우리 주 예수 그리스도께 둔 소망의 인내를 하나님 우

리 아버지 앞에서 지속적으로 기억하고 있습니다(살전 1:1-3, KHKV).

---

1 바울과 실루아노와 디모데는 하나님 아버지와 주 예수 그리스도 안에 있는 데살로니가인의 교회에 편지하노니 은혜와 평강이 너희에게 있을지어다 **2** 우리가 너희 모두로 말미암아 항상 하나님께 감사하며 기도할 때에 너희를 기억함은 **3** 너희의 믿음의 역사와 사랑의 수고와 우리 주 예수 그리스도에 대한 소망의 인내를 우리 하나님 아버지 앞에서 끊임없이 기억함이니(살전 1:1-3, 개역개정).

전반부에는 아주 짧은 인사말과 감사의 표현이 이어서 나옵니다. 여기서 우리는 데살로니가 교회가 처음부터 얼마나 독특한 공동체였는지 알 수 있습니다. 바울은 데살로니가 교회를 가리켜 흥미롭게도 데살로니가'인'의 교회라고 적습니다. 이 교회는 "하나님 아버지와 주 예수 그리스도 안에 있는" 데살로니가인의 교회였습니다. 이 두 구절을 좀 더 깊이 살펴보겠습니다.

고대 도시 데살로니가

데살로니가인의 교회를 정확히 파악하려면 먼저 고대 도시 데살로니가에 관해 알아야 합니다. 데살로니가는 주전 315년경에 마케도니아의 왕이었던 카산드로스Casandros가 26개 마을의 주민을 집단으로 이주시키면서 형성된 도시입니다. 이름을 데살로니카라고 지었는데, 그 이름은 카산드로스왕의 부인이기도 하고, 알렉산더대왕의 이복누이이기도 한 여인에게서 따왔습니다.

그런데 마케도니아가 주전 168년경에 로마와의 전쟁에서 패해 속국이 됩니다. 주전 146년경에 마케도니아는 로마의 한 주가 되었고, 데살로니카는 마케도니아주의 주도가 됩니다. 그러니까 데살로니카는 마케도니아라는 큰 지역의 주도로서 로마의 주요 도시 중 하나였습니다.

바울 당시 데살로니카에는 얼마나 많은 사람이 살았을까요? 약 12만 명 정도였다고 합니다. 지금은 데살로니키Thessaloniki라 불리며 그리스에 속해 있습니다. 현재 그리스에서 가장 큰 도시는 수도인 아테네이고, 그다음이 데살로니키입니다. 현재 인구는 200만 명 정도이며, 다른 고대 도시들처럼 옛 도시 위에 새 도시가 계속해서 새롭게 건설된 탓에 고대 유물은 땅속에 묻혀 있습니다. 그래서인지 데살로니키에는 2천 년 전 고대 유적이 많지 않습니다.

이런 고대 도시는 어땠을까요? 현대인은 도시라고 하면 자신이 거주하는 도시를 쉽게 떠올리는데, 과연 고대 도시도 그랬을까요? 로마 같은 고대 도시를 매우 발전한 곳인 양 말하지만, 미화된 설명일 때가 많습니다. 현대인이 고대 도시의 모습을 실제로 접하면 놀랄 것입니다. 고대 도시를 제대로 알면, 어떤 상황에서 초대교회가 세워졌는지를 이해하는 데 도움이 됩니다.

무엇보다 현대 도시는 엄청나게 넓지만, 고대 도시는 일단 면적이 좁고 교통수단도 열악했습니다. 데살로니가가 실제로 얼마나 컸는지 알 수 없지만, 수리아의 안디옥은 제대로 발굴이 되어서 대략적인 규모를 알 수 있습니다. 안디옥은 데살로니가처럼 주전 300년 정도에 세워진 도시입니다. 도시의 길이는 3.2킬로미터, 폭은 1.6킬로미터에 불과했습니다. 지금 도시들에 비하면 아주 작은 규모입니다. 그곳에 15만 명이 살았습니다(로드니 스타크의 《기독교의 발흥》 7장 '도시의 혼돈과 위기', 좋은씨앗). 인구밀도는 지금의 서울이나 뉴욕 맨해튼과 굉장히 비슷합니다. 정확히는 1.2배 정도입니다. 여기서 한 가지 고려해야 할 점은 맨해튼이나 서울의 인구는 수직으로 분산되어 있다는 것입니다. 같은 수의 인구가 아파트 같은 고층 건물에 수직으로 분산되어 있습니다. 따라서 수평으로만 인구가 퍼져 있는 고대 도시의 인구밀도는 서울이나 맨해튼보다 훨씬 더 높다고 할 수 있습니다.

그러면 고대 도시에는 빌딩이 없었을까요? 고대 도시의 주택은 주로 연립주택이었습니다. 5층 정도의 '인슐라'라는 건물이 주된 거주지였습니다. 학자에 따라 약간씩 의견은 다르지만, 단독주택과 연립주택의 비율은 1대 25 정도였습니다. 큰 부자들이 단독주택에 살았고, 나머지 대다수는 연립주택에 살았습니다. 어렴풋하게나마 상상이 가십니까? 좁은 도시에 연립주택이 다닥다닥 붙어 있는데, 그마저도 20미터 이상 못 올라갔습니다. 잘 무너지기도

했고, 그때도 고도 제한이 있어서 신전보다는 높이 짓지 못했습니다. 그래서 최고 5층 정도의 빌딩을 세웠습니다. 주요 도로는 폭이 4-6미터 정도로 오늘날 한국의 이면도로 정도였습니다. 마차가 다닐 수 있는 도로는 몇 개 되지 않았고, 걸어서 이동하는 도로가 대다수였습니다.

한번 생각해 보십시오. 연립주택 내에 난방 장치가 있었을까요? 상하수도는요? 그런 시설은 없었습니다. 벌집처럼 건물만 지어 놓았을 뿐입니다. 그래도 부엌은 있어서 숯불 화로에 불을 붙여서 식사 준비를 했습니다. 연기는 어떻게 처리했을까요? 연통이 따로 있었을까요? 창문이 연통이었습니다. 창문은 유리창도 없이 그냥 뚫려 있었습니다. 비가 오면 형편이 괜찮은 집은 가죽으로 덮고, 가난한 집은 천으로 들이치는 비를 막았습니다.

오늘날은 공동주택 최상층을 펜트하우스라며 제일 값나가는 주거지로 칩니다. 고대의 5층짜리 인슐라에는 높은 층으로 갈수록 부자가 살았을까요, 가난한 사람이 살았을까요? 당연히 가난한 사람들이 살았습니다. 높은 데까지 물을 길어 날라야 하고 건물이 빈약해 자주 무너지곤 해서 빈곤층일수록 높은 층에 살았습니다.

조금 더 상상해 볼까요? 화장실은 어떻게 해결했을까요? 요강 비슷한 것을 사용했습니다. 당시에는 길거리에 구덩이를 파서 화장실로 사용했는데, 인슐라 같은 고층에서는 요강을 썼습니다. 그걸 어떻게 비웠을까요? 급하면 창문 밖으로 버렸습니다. 실제로 로마법전에는 길을 가다가 하늘에서 떨어진 '선물'을 뒤집어쓴 사람이 법적으로 문제를 제기했을 때 맞은 사람의 잘못이라는 판결도 있습니다. 뒤집어쓴 사람의 잘못이라고 보고 큰 죄로 여기지 않았습니다.

희미하게나마 고대 도시의 상황이 그려지나요? 신전과 개선문, 대형 목욕탕 같은 건축물 때문에 대단해 보이지만, 실제 로마 시대 고대 도시는 지저분하기 그지없었습니다. 상수도 역할을 한 수로교 덕분에 항상 깨끗한 물을 공급받았다고 설명하는 관광 가이드도 있지만, 실제로는 물이 흐르다가 멈추곤 해서 미지근하고 오염된 물을 공급받았습니다. 도시는 먼지와 쓰레기 더미, 벌레 천지였고, 곳곳에 하수와 배설물이 넘쳐났습니다. 끔찍하게도, 때때로 영유아나 낙태된 태아 등 인간의 시체도 제대로 치워지지 않은 상태로 유기되었습니다.

그 결과 도시는 전반적으로 악취에 시달렸습니다. 고대 문헌을 보면 아무리 부자이고 단독주택에 살아도 악취에서 벗어나지 못했다고 합니다. 도시가 악취로 가득 찼다는 것은 감염병의 온상이었다는 뜻입니다. 역병이라도 돌면 도시 거주자의 3분의 1에서 3분의 2가 한꺼번에 사망하는 일이 실제로 일어났습니다. 이때는 도시를 유지하기 위해 지방에서 대량으로 이주민이 유입되었습니다. 따라서 인구 교체율이 아주 높았습니다. 인구 교체율이 높으면 어떤 일이 일어날까요? 모르는 사람이 늘어나고 범죄율도 따라서 올라갑니다. 그래서 도시는 밤에 함부로 나가면 안 되는 위험한 지역이었습니다. 범죄와 무질서가 일상다반사였습니다. 그뿐만 아니라 도시는 자연재해와 화재에도 취약했습니다. 때때로 폭동도 일어나고, 전쟁 시에는 완전히 점령되기도 했습니다. 이 같은 여러 이유로 도시 인구는 바닥까지 내려갔다가 다시 올라가기를 반복했습니다. 어떤 면에서 고대 도시는 허물어졌다가 다시 지어지고, 다시 허물어지는 일이 반복되는 공간이었습니다. 그런 곳에 데살로니가인의 교회가 세워진 것입니다.

고대 도시는 현대 도시가 지닌 여러 문제를 극단적 형태로 내포하고 있었습니다. 노숙인과 빈민과 고아와 과부로 가득 차 있었습니다. 생존권이 늘 위협받았고, 아이들 키우기가 너무 어려운 곳이었습니다. 고대 도시는 현대 도시와 비교할 수 없을 정도로 열악하고 끔찍했습니다. 그런데도 사람들이 도시로 몰린 이유는 그나마 살아갈 기회가 주어졌기 때문입니다. 한국 사회도 산업화 당시 도시화가 급속하게 이루어졌는데, 그때도 일자리를 찾아 사람들이 도시로 밀려들었습니다. 마찬가지로, 고대에도 땅을 잃고 유리할 수밖에 없는 사람들이 마지막 기회를 잡기 위해 도시로 유입되는 경우가 많았습니다. 데살로니가 역시 토박이보다 유입된 사람이 대다수였을 가능성이 큽니다.

대거 유입된 사람들로 인해 이런저런 위험이 상존했고 안전하지 않았습니다. 도둑도 많았고, 여성은 언제 강간당할지 모르는 위험에 시달렸습니다. 시골에서는 깨끗한 물을 받아서 마셨지만, 도시에서는 그마저도 어려워 위생에도 늘 문제가 생겼습니다. 폭력과 전염병, 화재에 취약한 곳에서 살아남아야 했습니다. 이런 곳에 데살로니가인의 교회가 세워졌습니다.

데살로니가 교회의 시작

교회가 세워졌다고 하면 건물을 떠올리기 쉽지만, 당시 교회는 그런 것이 아니었습니다. 교회를 가리키는 '에클레시아ἐκκλησία'라는 단어는 특정 종교 조직이 아니라 모임이나 회합을 가리킬 때 일반적으로 사용하는 보통명사였습니다. 그래서 사도행전에서도 정치적 모임에 에클레시아라는 단어를 사용합니다(행 19:32, 39, 40). 개역개정 성경에서는 '교회'로 번역하지 않고 '모인 무리'(32절, 새번역은 '모임'), '민회'(39절, '집회'), '집회'(40절, '소요')라고 번역했지만 똑같은 단어입니다. 이처럼 고대에는 교회라는 단어가 지금 우리가 생각하듯이 십자가가 있는 건물이 아니라 사람들 모임을 가리켰습니다. 어떤 특별한 목적을 띠고 모인 사람들의 모임을 교회라고 했습니다. 그러므로 데살로니가인의 교회라는 말은 데살로니가인의 모임, 데살로니가인의 공동체, 데살로니가인의 회합이라고 번역할 수 있습니다. 그런 교회(모임이나 공동체)가 세워졌다는 말입니다.

바울의 수고

이쯤 되면 데살로니가인의 모임이 이토록 위험이 만연하고 일상이 불안한 도시 한가운데에서 어떻게 탄생했을까 하는 궁금증이 생깁니다. 데살로니가인의 교회는 바울의 2차 전도여행 기간에 세워집니다. 바울은 1차 전도여행 때 방문했던 남부 갈라디아와 터키를 통해서 드로아까지 갑니다. 거기서 도와 달라는 그리스 사람의 환상을 보고 바다를 건너 데살로니가로 넘어갑니다. 먼저 빌립보에 갔다가 몇몇 도시를 거친 다음 데살로니가에 도착합니다. 앞에서 나왔듯이 그곳은 마케도니아 지역입니다. 그 넓은 지역의 중심에 데살로니가가 있었습니다. 그때 사건이 사도행전에 등장합니다.

> **1** 바울 일행은 암비볼리와 아볼로니아를 거쳐서, 데살로니가에 이르렀다. 거기에는, 유대 사람의 회당이 있었다. **2** 바울은 자기 관례대로 회당으로 그들을 찾아가서, 세 안식일에 걸쳐 성경을 가지고 그들과 토론하였다. **3** 그는, 그리스도께서 반드시 고난을 당하시고 죽은 사람들 가운데서 살아나셔야 한다는 것을 해석하고 증명하면서 "내가 여러분에게 전하고 있는 예수가 바로 그 그리스도이십니다" 하고 말하였다. **4** 그들 가운데 몇몇 사람이 승복하여 바울과 실라를 따르고, 또 많은 경건한 그리스 사람들과 적지 않은 귀부인들이 그렇게 하였다. **5** 그러나 유대 사람들은 시기하여, 거리의 불량배들을 끌어 모아다가 패거리를 지어서 시내에 소요를 일으키고 야손의 집을 습격하였다. 그리고 바울 일행을 끌어다가 군중

앞에 세우려고 찾았다. **6** 그러나 그들을 찾지 못하고, 야손과 신도(형제) 몇 사람을 시청 관원들에게 끌고 가서, 큰소리로 외쳤다. "세상을 소란하게 한 그 사람들이 여기에도 나타났습니다. **7** 그런데 야손이 그들을 영접하였습니다. 그 사람들은 모두 예수라는 또 다른 왕이 있다고 말하면서, 황제의 명령을 거슬러 행동을 합니다." **8** 군중과 시청 관원들이 이 말을 듣고 소동하였다. **9** 그러나 시청 관원들은 야손과 그 밖의 사람들에게서 보석금을 받고 놓아주었다. **10** 신도(형제)들은 곧바로 그날 밤으로 바울과 실라를 베뢰아로 보냈다. 두 사람은 거기에 이르러서, 유대 사람의 회당으로 들어갔다(행 17:1-10, 새번역).

이 기록에 따르면 바울은 빌립보를 떠나서 암비볼리, 아볼로니아를 거쳐서 데살로니가에 이릅니다. 그곳에서 바울이 세 안식일에 걸쳐 유대인 회당에서 가르쳤다고 해서 바울이 데살로니가에서 3주간 사역했다고 생각하기 쉽습니다. 하지만 3주간 사역했다고 보기에는 어려운 면이 있습니다. 데살로니가전서 2장 9절이나 데살로니가후서 3장 6-8절에서 바울은 "여러분은 우리의 수고와 고생을 기억하고 있을 것입니다. 우리는 여러분 가운데 아무에게도 폐를 끼치지 아니하려고, 밤낮으로 일을 하면서 하나님의 복음을 여러분에게 전파하였습니다.…우리는 아무에게서도 양식을 거저 얻어먹은 일이 없고, 도리어 여러분 가운데서 어느 누구에게도 짐이 되지 않으려고, 수고하고 고생하면서 밤낮으로 일하였습니다"라고 밝힙니다. 세 안식일이라고 하면 길어야 21일이나 27일,

짧으면 15일에 불과합니다. 바울이 데살로니가에 15일에서 27일간 머물면서 이런 말을 남겼다고 보기는 어렵습니다. 바울이 회당에서 가르친 기간은 3주이지만, 머문 기간은 더 길었다고 보는 것이 적절합니다. 바울의 행적을 사람들이 가까이서 보고 가감 없이 파악하기까지는 꽤 친해지는 시간이 필요했을 것입니다. 한 달이었는지 두 달이었는지는 알 수 없지만, 길지 않은 기간 머물면서 메시지를 전했습니다.

예수라는 복음

바울이 전한 메시지의 핵심은 메시아가 고난을 받고 부활했다는 이야기였습니다. 그때 신약성경이 있었을까요? 당연히 존재하지 않았습니다. 그렇다면 유대인에게 무엇을 근거로 메시지를 전했을까요? 그는 구약성경으로 메시아의 이야기를 전했습니다. 구약성경의 하나님은 깨지고 망가진 세상을 심판하고 회복하기 위해 메시아를 보내겠다고 끊임없이 경고하고 약속하십니다. 구약의 하나님을 모르면, 세상이 깨지고 망가져도 두렵지 않을 수 있습니다. 그 세상과 같이 뒹굴면서도 무섭지 않습니다. 하지만 구약성경을 읽으면, '아, 하나님이 심판하시는구나. 불의를 행하고 약한 자를 괴롭히고 하나님을 두려워하지 않는 사람을 심판하겠다고 하나님이 약속하셨구나. 그 심판과 회복을 위해 메시아를 보내시겠구나' 하는 것을 알게 됩니다. 이것이 구약성경에 흐르는 사상입니다. 오늘날 한국 교회가 구약의 중심 사상을 강조하지 않고, 그래서 구약성경을 잘 가르치지 않는 것과는 대조됩니다. 초대교회가 신약성경 없이도 건강하게 세워진 까닭이 여기에 있습니다. 예수 그리스도의 관점으로 구약성경을 다시 읽었기 때문입니다. 바울은 마침내 찾아온 메시아를 구약성경에 기초해서 가르쳤습니다. 예수께서 메시아로 오셔서 하나님나라를 가르치시고, 고난을 받아 십자가에서 죽었다가 부활하심으로 하나님나라가 시작되었다고 전했습니다. 죽으면 가는 하나님나라가 아니라, 이미 하나님나라가 시작되어 온전한 회복을 기다리고 있다는 놀라운 메시지가 데살로니가 사람들에게 전해졌습니다.

적대적 환경

바울이 전한 이야기를 들은 사람들이 야손의 집에 모여 있었습니다. 그때 유대인들이 바울 일행을 감옥에 보내려고 시청 관원에게 고소하고 그 집을 습격합니다. 당시 12만 명 정도의 도시 전체를 5-6명 정도의 관원이 관리했다고 알려져 있습니다. 데살로니가의 유대인들은 이 관원에게 "이들은 그렇지 않아도 시끌벅적한 도시를 더 시끄럽게 합니다. 황제에게만 쓸 수 있는 큐리오스(κύριος, 主)라는 단어를 예수를 부를 때 사용합니다. 예수를 왕으로 모시는 정치적으로 아주 위험한 놈들입니다"라고 말합니다. 이때 유명한 말이 나옵니다. "세상을 소란하게 한 그 사람들이 여기에도 나타났습니다." 세상에 온갖 문제를 일으키는 사람들, 그리스도인은 불온한 자로 여겨졌습니다. 다른 세상 이야기를 했으므로 어찌 보면 당연한 누명이었습니다.

그런데 데살로니가만이 아니라 빌립보에서도 유사한 일이 있었습니다. 빌립보에는 귀신 들린 여종을 두고 점을 치게 하여 큰 돈을 버는 사람이 있었습니다. 한국의 그리스도인 중에도 점을 보는 분들이 간혹 있습니다. 하나님을 신뢰하지 않고 자신의 운명을 다른 데서 찾으려는 행위는 하나님을 노골적으로 부인하는 것입니다. 그래서 구약에서는 점을 보거나 점을 치는 자를 모두 극형에 처하라고 명합니다. 오늘날도 그 근처에는 재미로라도 가지 말라고 금지하면 그리스도인을 상대로 장사를 해온 무속인들은 분명 여러 모양으로 거세게 저항할 것입니다. 그 일이 바울에게도 일어났습니다. 바울 일행을 붙잡아 관원들에게 고발하며 이렇게 말합니다. "이 사람들은 유대 사람들인데, 우리 도시를 소란하게 하고 있습니다. 이 사람들은 로마 시민인 우리로서는, 받아들일 수도 없고 실천할 수도 없는, 부당한 풍속을 선전하고 있습니다" (행 16:19-20). 여기서도 "우리 도시를 소란하게 하고 있습니다"라는 말이 나옵니다. 그 도시를 장악하고 있는 기득권층이 볼 때 그리스도인은 천하를 어지럽히는 자요, 도시를 소란하게 만드는 사람들이었습니다.

데살로니가에서의 소란은 결국 보석금을 받고 바울을 도시에서 추방하는 것으로 마무리되었습니다. 아마도 보석금과 함께, 다시는 이 도시로 돌아오지 않겠다는 약속을 제시했을 것으로 추정할 수 있습니다. 초대 그리스도인들은 도시의 기득권층에게 위협이었으며, 그래서 추방당할 수밖에 없었습니다. 세상의 기존 질서에 배치되는 다른 세계관을 전파했으므로 기존 세력에게 호의적 반응을 얻기란 불가능했습니다. 이렇게 교회 공동체가 세워지자마자 설립자이자 목회자인 핵심 인물의 추방을 경험한 교회가 데살로니가 교회였습니다.

데살로니가 교회는 무척 불안한 가운데 세워졌으며, 아직 약하고 어렸습니다. 여기에 외부 환경은 적대적이었습니다. 그래서 바울에게는 데살로니가 교회를 향한 깊은 안타까움이 있었습니다. 어린 교회를 잘 돌봐주지도 못하고 충분히 가르치지도 못했다는 생각에, 데살로니가를 떠난 지 몇 달 되지 않은 주후 50년에 데살로니가전 · 후서로 남을 편지들을 이어서 보냅니다. 수리아 안디옥에서는 1년가량 가르쳤는데, 데살로니가에서는 그보다 훨씬 짧게 가르치고 물러났으니, 바울이 얼마나 안타까웠을지는 충분히 짐작할 수 있습니다.

데살로니가 교회의 특징

그런데 놀랍게도 데살로니가 교회는 아주 건강한 교회였습니다. 이 교회의 특징은 "하나님 아버지와 주 예수 그리스도 안에 있는 교회"라는 표현에서 나타납니다.

하나님 아버지

첫째, 그들은 하나님이 아버지인 사람들이었습니다. 기독교의 핵심이 무엇일까요? 하나님을 아버지라고 부르는 것입니다. 사람들에게 하나님은 일반적으로 어떤 분입니까? 심판하는 무서운 분입니다. 보통은 인간의 죄, 거룩하지 못함, 탐심, 이기심을 지적하고 문제를 정죄하는 분이라고 생각합니다. 이 책을 읽는 독자 중에도 자신의 부족함을 느끼는 분이 있을지 모릅니다. 그러면서 '아, 내가 부족하구나. 이걸 좀 보완해서 더 좋은 그리스도인이 되어야지' 하고 생각할 수 있습니다. 우리의 부족함을 깨닫게 하시는 분은 성령님입니다. 그런데 사탄은 그럴 때마다 성령님 바로 옆에서 우리에게 속삭입니다. '그래, 네 인생은 형편없어. 넌 그저 그렇고 그래. 거의 실패한 거나 마찬가지지.' 우리가 스스로 열등감에 빠지고 삶의 의욕을 잃어버린다면 그건 하나님이 아니라, 사탄이 하는 일입니다. 속으면 안 됩니다. 수많은 사람이 거기에 넘어갑니다. 그리스도인, 곧 하나님을 아버지로 여기는 사람은 하나님이 나를 정죄하는 분이 아니라는 사실을 잘 압니다.

왜 바울은 '하나님 아버지'라고 표현했을까요? '살아 계신 하나님', '사랑과 정의의 하나님'처럼 하나님을 수식할 수 있는 표현은 얼마든지 많습니다. 그런데 바울은 '하나님 아버지'라고 말합니다. '엔 데오 파트리ἐν θεῷ πατρι'를 정확히 번역하면 '아버지이신 하나님 안에'입니다. 하나님은 우리에게 어떤 분입니까? 아버지입니다. 그 아버지는 예수 그리스도를 통해 우리의 죄를 속하셨기 때문에 다시는 우리를 정죄하지 않으십니다. 우리를 사랑으로 품으십니다. 바울은 그 이야기부터 먼저 합니다. 하나님과 친밀한 관계에 있는 사람들. 하나님이 아버지가 된 사람들. 예전에는 하나님이 나를 형편없는 놈이라고 지적하시는 분이라고 생각했는데, 지금은 나를 있는 그대로 받아 주시고 사랑하시고 기다려 주시고 내게 힘을 주시는 아버지임을 발견한 사람들. 그들이 바로 그리스도인입니다.

하나님과의 새로운 수직적 관계를 발견한 다음에 오는 것이 무엇일까요? 옆을 보니 이 사람도 하나님이 아버지고, 그 옆 사람도 하나님이 아버지입니다. 하나님이 아버지인 사람들이 모여 있다는 사실을 알게 됩니다. 그게 교회입니다. 하나님이 아버지가 된 사람들, 그 감격을 깨달은 사람들, 그 복을 알고 누리는 사람들, 그들이 모여 교회가 된 것입니다. 교회는 하나님이 아버지인 사람들입니다. 외국에 나가서 한국 사람을 만나면 보통은 반가워서 인사를 건넵니다. 그처럼 우리는 서로 만나면 반가운 사람들입니다. 데살로니가에 그런 사람들의 모임이 세워진 것입니다.

주 예수 그리스도

데살로니가 교회의 두 번째 특징은 예수가 주이시며 메시아인 사람들입니다. 여기서 아주 중요한 신학적 통찰이 나옵니다. "하나님 아버지와 주 예수 그리스도 안에 있는 데살로니가인의 교회"라고 할 때, 하나님 아버지와 주 예수 그리스도가 한 전치사(ἐν)로 묶여 있어 하나님과 예수를 동격으로 놓습니다. 이는 매우 중요한 표현입니다. 어떤 이들은 교회가 예수를 우상화하기 위해 후대에 신으로 만들었다고 생각합니다. 심지어 일부 신학자마저 유사한 이야기를 끊임없이 연구해 발표하는 실정입니다. 원래 예수는 뛰어난 보통 사람이었는데 후대의 추종자들이 그를 신비화하기 위해 신격을 부여했다고 말합니다. 그런데 바울이 쓴 이 편지는 예수가 죽고 부활한 지 20년도 되지 않아 쓰인 것입니다. 제가 지금 50대 후반이니까 20년 전이면 30대 후반입니다. 그때 있었던 어떤 사건 속 인물이 아무리 존경할 만하다고 해서 지금 와서 그를 신이라고 주장하기는 어렵습니다. 20년이라는 짧은 세월은 역사적 인물을 신으로 만들기에 턱없이 부족한 시간입니다. 더군다나 이 표현은 이 편지에서 처음 사용된 것이 아니라 널리 사용되고 있다가 바울이 자연스럽게 인용한 표현입니다. 초대교회에서는 처음부터 예수를 하나님의 아들이자 하나님으로 여겼습니다.

이는 굉장히 중요한 내용입니다. 오늘날 예수를 믿는다면서도 예수를 하나님이라고 이야기하지 않는 사람들이 곳곳에 있습니다. 그들에게 예수는 하나님이 아닙니다. 초대교회는 그렇지 않았습니다. 처음부터 예수는 하나님이셨습니다. 하나님과 예수가 동격으로 등장한다는 것에 주의를 기울여야 합니다. 예수의 신성을 후대에 조작한 것이 아니라는 사실을 여기서 확인할 수 있습니다.

또한 예수를 주라고 했는데, 주라는 단어는 로마 황제에게만 사용하는 단어였습니다. 따라서 예수를 주라고 칭하는 것에는 세상을 지배하는 이데올로기에 더는 복종하지 않겠다는 태도가 담겨 있습니다. 그리스도인은 주 예수 그리스도, 주님이 되신 메시아 예수의 통치만 받겠다는 사람입니다. 이는 그때나 지금이나 매우 위험한 생각이자 고백입니다. 그리스도인이 된다는 것은 반체제적·반문화적일 수밖에 없습니다.

바울은 예수를 주이시며 메시아라고 했습니다. 메시아가 누구입니까? 메시아는 이스라엘 민족이 구약 시대부터 기다려 온 분입니다. 깨지고 망가진 세상을 심판하고 회복하기 위해 하나님이 보내시겠다고 약속하신 분입니다. 예수가 메시아라는 이 고백은 사도행전 17장 3절에서 바울이 전했다고 기록한 핵심 메시지와 똑같습니다. "그는, 그리스도께서 반드시 고난을 당하시고 죽은 사람들 가운데서 살아나셔야 한다는 것을 해석하고 증명하면서 '내가 여러분에게 전하고 있는 예수가 바로 그 그리스도이십니다' 하고 말하였다." 또한, 바울 일행을 공격한 데살로니가인들도 동일한 이유로 고소합니다. "그 사람들은 모두 예수라는 또 다른 왕이 있다고 말하면서, 황제의 명령을 거슬러 행동을 합니다"(행

17:7). 누가와 바울이 맞춰서 쓰자고 한 것이 아니라, 실제로 일어난 일들이 초대교회의 양쪽 기록에 나타나면서 이런 일치가 발생하고 있습니다. 데살로니가인의 교회는 세상을 심판하고 회복하는 예수를 주로 받아들였습니다.

하나님 아버지와 주 예수 그리스도 "안에 있는"

여기서 중요한 것이 데살로니가인의 교회가 앞서 살펴본 '하나님 아버지'와 '주 예수 그리스도' "안에 있는" 교회였다는 것입니다. '안'이라는 단어는 공간을 가리키는 말이 아닙니다. 하나님이나 예수 안에 물리적으로 위치한다는 뜻은 아닙니다. 한 연구에 의하면, 바울은 "그리스도 안에서"라는 말을 164회나 사용했을 정도로 자주 썼습니다. 우리가 하나님나라에 들어가면 예수 그리스도 안에 속하게 된다는 표현을 바울이 즐겨 사용한 것입니다 ['그리스도 안'이라는 표현에 관해서는 많은 신약학자가 여러 주장을 해 왔으며, 최근 연구로는 콘스탄틴 R. 캠벨의 《바울이 본 그리스도와의 연합》(새물결플러스)이 있습니다]. 반면에 "하나님 안"이라는 단어는 그만큼 자주 쓰지는 않았습니다. 그래서 골로새서 3장 3절의 "여러분은 이미 죽었고, 여러분의 생명은 그리스도와 함께 하나님 안에 감추어져 있습니다" 같은 표현은 독특합니다(소수의 다른 예는 행 17:28, 요일 2:5-6, 4:13, 15-16에서 볼 수 있습니다). 하지만 이 또한 하나님과 특별한 관계를 맺었다는 표현으로 이해할 수 있습니다.

"안에 있다"라는 표현은 관계를 강조하는데, 관계 중에서도 특히 소속감을 가리킵니다. 하나님 아버지 안에 있는 사람들, 주 예수 그리스도 안에 있는 사람들, 그들의 정체성은 어디서 비롯될까요? 소속감에서 나옵니다. "내가 이 집 아들이야"라고 할 때처럼 소속감이 강할수록 아들로서의 책임감과 정체성이 강해집니다. 마찬가지로, 국가에 대한 소속감이 강할수록 애국심과 국민으로서의 정체성은 뚜렷해집니다. 이처럼 소속감과 정체성은 떼려야 뗄 수 없는 관계입니다. 하나님 안에, 그리스도 안에 있는 사람들은 자신의 정체성을 하나님과 그리스도에게서 찾습니다.

하나님과 예수 그리스도에게서 자기 정체성을 찾았다는 것은 하나님나라를 받아들이고 그 나라 백성이 되었다는 것입니다. 하나님나라 공동체를 받아들인 사람들이라는 말입니다. 다시 데살로니가라는 도시로 돌아가 봅시다. 그 도시가 어떤 도시였습니까? 살아남기 위해 사람들이 밀려 들어오는 곳, 그에 따른 온갖 문제가 산재한 곳이었습니다. 그곳에 살며 그곳 생활에 얽매여 지배받던 이들이 하나님을 아버지로 받아들이고 하나님나라에 들어갔습니다. 그들은 어디에 소속된 것일까요? 그들은 비록 데살로니가에 살고 그 시대에 머문 사람들이지만, 그 시대와 그 땅이 아니라 하나님나라에 속한 사람들입니다. 이미 하나님나라에 들어가 새로운 시대를 사는 사람들입니다. 그래서 그들에게는 새로운 정체성이 생겼습니다. 여기서 흥미로운 현상이 일어납니다. 그들은 데살로니가에 있었지만, 동시에 하나님과 주 예수 메시아 안에 있었습니다. 이것이 바로 교회입니다. 이전까지는 없었던 공동체가 데살로니가에 탄생했습니다. 문제가 많고 끔찍한 도시에 살면서도 도망가거나 동화되지 않고, 오히려 그 안에서 새로운 정체성으로 살아가는 이들이 초대교회를 통해 인류 최초로 등장했습니다.

하나님나라의 특성이 드러난 교회

도시에 새로운 공동체가 나타났고, 그들의 정체성은 그들이 사는 데살로니가가 아니라 하나님나라에 있었다는 말은 멋있지만, 아직 그 알맹이는 미지수입니다. 그들이 정말 하나님나라에 속했다면 하나님나라를 드러내는 공동체가 될 것입니다. 데살로니가인의 교회는 어땠을까요? 어린 교회였으나 제대로 여물어 가는 공동체였습니다. 그 특징이 바로 이어 3절에 나옵니다.

> 3 여러분의 믿음의 행함과 사랑의 수고와 우리 주 예수 그리스도께 둔 소망의 인내를 하나님 우리 아버지 앞에서 지속적으로 기억하고 있습니다(살전 1:3, KHKV).

> 3 너희의 믿음의 역사와 사랑의 수고와 우리 주 예수 그리스도에 대한 소망의 인내를 우리 하나님 아버지 앞에서 끊임없이 기억함이니(살전 1:3, 개역개정).

기독교를 요약하는 가장 중요한 단어라 할 수 있는 믿음과 소망과 사랑이 모두 나옵니다. 그런데 믿음에는 행함이, 사랑에는 수고가, 소망에는 인내가 붙어 있습니다. 하나님나라가 드러나면 믿음과 소망과 사랑이 관념이 아니라 실재로 나타납니다. 말로는 뭐든지 멋있게 포장할 수 있습니다. 하지만 실재로 나타나는지는 전혀 다른 문제입니다. 영어 성경 NIV에서는 믿음의 행함을 '믿음이 만들어 내는 행위your work produced by faith', 사랑의 수고를 '사랑으로 촉진된 수고your labor prompted by love', 소망의 인내를 '소망으로 인해 영감을 받은 인내your endurance inspired by hope'로 풀어서 옮겼습니다. 이러한 일들이 데살로니가 교회에 실제로 일어나고 있다고 바울은 적고 있습니다. 그래서 하나님께 감사하며 이를 늘 기억하며 기도한다고 했습니다. 하나씩 살펴보겠습니다.

믿음의 행함

먼저, 믿음의 행함이 무엇일까요? 행함의 원어는 헬라어 '에르곤ἔργον'으로, 일, 행위, 행동으로 번역할 수 있습니다. 당신은 돈을 믿습니까? 그러면 돈을 믿는 사람의 행위가 당신에게서 나타날 것입니다. 성공이 전부라고 믿습니까? 그러면 성공을 좇는 사람의 행위가 나타납니다. 사람을 속여서라도 성공하는 게 괜찮다고 속으로 정말 믿으면 속이는 행위가 자연스레 나옵니다. 믿음은 행위를 부릅니다. 하나님을 아버지라고 부르는 사람은 자신처럼 하나님을 아버지라고 부르는 옆 사람을 사랑하지 않을 수 없습니다. 예수를 주로 모시면, 다른 주인을 섬기라는 세상의 이데올로기를 간파하려고 애쓰게 됩니다. 이처럼 진짜로 믿으면 행위로 드러나기 마련입니다. 믿음으로 구원받는다고 하면서, 믿기만 하고 아무것도 하지 않아도 구원이 보장된다는 말은 거짓입니다. 야고보서 말씀처럼 믿음은 반드시 행위를 수반합니다. 그러니 행동이 없는 믿음은 죽은 믿음입니다. 야고보 사도만 그렇게 이야기한 게 아니라, 바울 사도도 똑같이 적고 있습니다. 또한, 고린도전서 3장에서는 우리가 한 일을 하나님이 나중에 다 평가하신다고 했습니다. 진짜로 믿었는지 안 믿었는지 보시겠다는 것입니다.

도시는 어떤 곳입니까? 성공을 위해, 먹고살기 위해 고향을 등지고 온 사람들이 모여 사는 곳입니다. 남보다 낫게 사는 것, 성공을 전부라고 믿는 사람들이 사는 곳입니다. 그래서 이전투구 양상이 나타납니다. 그 속에서 우리 가족이 살아남기 위해 옆집이야 어찌 됐든, 심지어 도시가 어찌 돼도 상관하지 않고 개인의 안위와 행복을 추구하는 곳이 도시입니다. 수많은 사람이 모여 경쟁하고 어떻게 해서든 살아남아야 하는 곳입니다. 그 안에서 당신은 무엇을 믿고 있습니까? 그리스도인의 믿음은 일반 시민이 믿고 사는 것과 얼마나 다릅니까? 진짜로 다르다면 그 믿음이 행동으로 나타나야 합니다. 말로만 믿는 것은 진짜 믿음이 아닙니다. 진짜 믿음은 입이 아니라 사람 속 깊은 곳에 따로 있습니다. 그리고 그것은 일상의 삶에서 나타납니다. 데살로니가 교인의 믿음은 행동으로 나타났습니다. 어린 교회였지만, 그 믿음은 행위로 드러났습니다.

사랑의 수고

다음은 사랑의 수고입니다. 말로 하는 사랑은 쉽습니다. 하지만 사랑에는 수고가 따르고, 당연히 쉽지 않습니다. 수고의 원어는 '코포스κόπος'라는 헬라어인데, '콥토κόπτω'라는 동사에서 나왔습니다. '콥토'의 뜻은 '때리다, 맞다, 치다'입니다. 그래서 '코포스'는 '역경, 고생, 수고, 노동'을 뜻합니다. 이처럼 사랑에는 수고가 따르고 어렵습니다. 사랑스러워서 사랑하는 것도 참 감사한 일입니다. 하지만 사랑하고 싶어서 사랑하는 것은 기독교가 말하는 사랑과는 거리가 멉니다. 성경에서 말하는 사랑에는 수고가 따릅니다. 사랑하기 힘든 것을 사랑하는 것입니다. 본성을 거슬러서 사랑하는 것입니다. 그러니 당연히 사랑에는 수고가 따릅니다. 어떤 이는 반문합니다. "진심이 아닌데 사랑하는 건 가식이 아닌가요?" 그런 말에 속지 마시기 바랍니다. 그 사람은 평생 아무도 사랑하지 못할 가능성이 큽니다. 억지로라도 사랑하다 보니 내 안에서 사랑이 자랍니다. 아이를 키워 본 분은 압니다. 솔직히 이야기해 봅시다. 아이를 키울 때 늘 사랑이 솟아올라서 아이를 위해 희생하고 잠도 못 자고 그랬는지요? 가끔은 멀리 치워 버리고도 싶고 장롱 속에 가두고도 싶지만, 내 자식이니까 없는 마음을 짜내서 사랑한 것 아닌지요? 그러다 보면 아이에 대한 사랑이 자꾸 커져서 엄마 아빠로서 애정이 자랍니다. 어떤 아빠들은 아이에 대한 사랑이 크지 않습니다. 엄마들보다 직접적인 수고를 덜 하는 경우가 많기 때문입니다. 하지만 그들도 아이와 씨름하면서 사랑이 커집니다. 왜일까요? 수고해야 사랑이 자라기 때문입니다.

다시 도시로 돌아가 봅시다. 도시는 어떤 곳입니까? 혼자서라도 살아남아야 하는 곳입니다. 특히 고대 도시는 다닥다닥 모여 살았지만 외롭고 위험한 곳이었습니다. 역병이라도 돌면 한꺼번에 많은 사람이 죽었습니다. 그 가운데서 할 수 있는 사랑의 수고가 무엇일까요? 옆집 누군가가 전염병으로 앓거나 죽을 지경에 처하면, 그를 돌보는 것이 사랑의 수고입니다. 초대교회가 도시에서 영향력을 지닌 이유 중 하나는 역병이 돌 때마다 그리스도인들이 자신의 생명을 신경 쓰지 않고 병든 자들을 돌보고 치료했기 때문입니다. 모두가 병자를 버리고 도망갔는데 그리스도인만이 남아서 그들을 돌봤기 때문에 살아난 사람들이 예수를 믿고 따르는 일이 일어났습니다(로드니 스타크의 《기독교의 발흥》 4장 '역병, 네트워크, 개종', 좋은씨앗). 이것이 사랑의 수고입니다. 오늘날 도시는 사랑이 필요한, 사랑해 달라는 사람으로 넘쳐납니다. 누가 그들을 사랑할 수 있을까요? 하나님의 사랑을 받은 사람들이 사랑의 수고를 다 하며 다른 이들을 품을 때, 사람들은 교회 공동체를 찾게 됩니다. 밤낮 그리스도인들끼리 모여서 예배드리고 자기들은 재미있게 지내면서 세상은 어떻게 돌아가는지도 모르고, 우는 이들의 눈물을 닦아 줄 생각도 하지 않고, 끼리끼리 모여서 천국 잔치하는 곳이 교회가 아니었습니다. 초대교회는 사랑의 수고를 했습니다. 먼저 자기 공동체 안에 있는 사람을 돌보고, 사회적 위기가 닥쳤을 때는 공동체 밖의 다른 이들까지 챙겼습니다. 전염병이 돌 때도 자신들은 이미 구원받았으니까 죽어도 괜찮다는 생각으로 담대하게 이웃을 돌봤습니다. 그렇다고 그리스도인이 감염되지 않았을까요? 죽지 않았을까요? 아닙니다. 《성서 조선》을 펴내고 손기정 마라토너를 키워 낸, 한국 초대교회의 김교신 선생도 환자들을 돌보다가 감염되어 돌아가셨습니다. 죽지 않기 때문에 용기가 나는 것이 아닙니다. 오히려 죽어도 그다음에 어떤 세계가 펼쳐지는지 알기 때문에 두려워하지 않는 것입니다. 이것이 사랑의 수고입니다.

소망의 인내

마지막은 소망의 인내입니다. 이 소망은 앞으로 잘 되겠지 하는 막연한 기대가 아닙니다. 정확히 말하면 주 예수 그리스도에 대한 소망입니다. 그가 다시 오셔서 우리 인생을 평가해 주시고, 하나님을 무시하고 살았던 세상을 심판하시리라는 소망입니다. 그리스도인에게도 세상 사는 편한 길이 있고 세상을 즐길 권리가 있지만, 다 내려놓고 다른 인생을 선택합니다. 그 이유가 무엇일까요? 소망 때문입니다. 그래서 소망은 반드시 인내를 가져옵니다.

견디고 참아 내게 만듭니다. 그리스도인의 세상살이는 그래서 힘들고 어렵습니다. 여기서 잘 구분해야 합니다. 세상 사람들도 살면서 힘든 일이 있습니다. 그것과 똑같은 것을 가지고 푸념한다면 그리스도인이 아니거나 어린 그리스도인일 가능성이 큽니다. 그리스도인이 힘들어하는 까닭은 하나님나라를 세상에 드러내려 애쓰다가 고난을 겪기 때문입니다. 교회가 시키니까 힘들고 어려운 일을 무릅쓴다는 분도 계시지만 그렇게 몇 년이나 버틸 수 있을까요? 그리스도인이 좁은 길을 선택하고 그 길로 꾸준히 걸을 수 있는 이유는 소망이 있기 때문입니다. 애를 쓰다가 지치는 이유도 세상 사람들처럼 잘 먹고 잘살고 잘 풀리지 않아서가 아니라, 주 예수 그리스도를 위해 더 잘 살지 못해서입니다. 그것을 견디는 것입니다.

그런 그리스도인이 도시에서 어떻게 살아야 할까요? 거듭 말씀드리지만 도시는 기본적으로 자기와 자기 가족을 위해 사는 곳입니다. 그렇게 살면 주말마다 좋은 곳 다니면서 얼마나 누릴 게 많은지 모릅니다. 그런데 자신만을 위해 사는 생활을 줄이고 훗날로 미룹니다. "내 시간을 쪼개어 깨지고 망가진 세상에서 나보다 더 힘들어하는 이웃을 돌아보며 살아야지" 하는 마음이 솟습니다. 어떻게 그렇게 할 수 있을까요? 예수 그리스도에 대한 소망이 없으면 불가능합니다. 최근에 한 친구를 우연히 만났는데 "난 너희 교회 못 가겠다. 난 그냥 지금 다니는 교회가 편해. 너희 교회는 너무 무거워"라는 말을 들었습니다. 뭐가 무겁냐는 제 질문에 "너봐라. 힘들게 살잖아. 너무 치열하게. 그러면 그 교회 교인들은 얼마나 피곤하겠냐? 넌 너무 욕심이 많아. 그러지 마. 좀 편하게 가"라고 했습니다. 저는 "내가 욕심이 많아 보이냐?"라고 답을 하고는 생각했습니다. '이 녀석이 소망을 모르는구나? 내가 내 야망 때문에, 내 욕심 때문에 그러는 줄 아는구나. 나는 다른 소망이 있어서 그러는 건데.' 그 친구에게 그것까지는 설명하지 못했습니다. 왜 우리가 지금처럼 살고 있습니까? 우리가 치열한 인간이라서, 야망이 많아서일까요? 아닙니다. 우리 속에 소망이 있어서입니다. 깨진 세상을 치유하고 계신 하나님, 그 하나님 편에 서서 하나님과 함께 살다가 주님 앞에 가고 싶은 마음 때문에, 여전히 부족하지만 그분 좀 따라가 보겠다며 발버둥을 치는 것입니다. 그러다 보니 옆 사람이 볼 때는 좀 치열해 보일지 모릅니다. 도시 속에서 그리스도인은 그렇게 살아야 합니다.

도시 속 하나님나라

우리가 사는 도시는 어떤 곳입니까? 대표적으로 서울은 어떤 도시입니까? 어떻게 보면 정말 살 만하고 굉장히 멋진 곳입니다. 하지만 잘 들여다보면 곳곳에 눈물과 한탄이 배어 있습니다. 애곡하는 소리가 가장 무섭게 들리는 곳은 교육 현장입니다. 스스로 목숨을 끊는 아이만 1년에 350명에 달한다는 통계가 있습니다.

매일 한 명씩 떨어져 죽는 셈입니다. 이 숫자는 끔찍한 시도에 성공한 아이들에 불과합니다. 실패한 아이들은 얼마나 될까요? 아니, 이런 생각을 마음속에만 품고 지내는 아이들은 또 얼마나 많을까요? 끔찍하지 않으십니까? 이것이 우리가 사는 도시입니다. 아이들만 그럴까요? 하나하나 따져 보십시오. 우리가 사는 세상이 어떤 곳인지를. 이 도시를 천국 비슷한 곳이라고 생각하십니까? 여기에 유토피아가 찾아오리라 기대하십니까? 절대 그렇지 않습니다. 하나님나라가 임하기 전까지는 이 세상에 만연한 인간 특유의 이기심을 극복할 수 없습니다.

그렇다면 두 손 놓고 있어야 할까요? 당연히 아닙니다. 우리는 데살로니가인입니다. 우리는 서울인입니다. 우리는 부산인이고, 광주인입니다. 우리는 우리가 사는 곳에 자리를 잡고 있습니다. 하지만 그곳에 지배당하지 않습니다. 서울, 부산, 광주, 대구, 전주 그 어느 곳에도 지배당하지 않습니다. 우리는 이미 임한 하나님나라를 받아들였으므로 하나님 아버지와 주 예수 그리스도 안에 있는, 동시에 각자의 도시에 있는 그리스도인 공동체입니다. 그래서 우리는 믿음의 행위를 나타내고, 사랑의 수고를 하고, 소망의 인내를 가지고 살아가는, 전혀 새로운 공동체를 꿈꿉니다.

그리스도인 공동체, 교회는 세상과는 전혀 다른 새로운 공동체입니다. 완전하다는 말이 아닙니다. 여전히 부족합니다. 믿음과 사랑과 소망에 관해서 여전히 부족합니다. 그러나 우리는 믿지 않을 수 없으며, 사랑하지 않을 수 없으며, 소망하지 않을 수 없습니다. 메시아이신 예수로 말미암아 하나님나라가 우리 안에 임했다는 사실을 알아 버렸기 때문입니다. 그래서 부족해도, 어떨 때는 자기 연민에 빠지고 자신이 형편없다고 느껴져도 새로운 공동체의 길을 가야 합니다. 그렇게 살아야 합니다. 그것이 진리이기 때문입니다.

하나님은 당신을 전혀 새로운 공동체로 부르셨습니다. 그 안에 속할지, 발만 담그고 있을지, 아니면 가끔 가서 점만 찍으면서 실제로는 하나님이 심판하실 세상에 속해서 살지는 당신의 선택에 달렸습니다. 저는 당신이 전혀 새로운 공동체를 당신의 도시에 세우고, 그곳에 속하기를, 데살로니가인들이 그랬듯이 당신의 이웃 그리스도인과 함께 그 일을 해 나가기를 바랍니다. 당신의 인생이 그 일에 쓰이기를 간절히 소망합니다.

2부

새로운 공동체를 탄생시킨 힘

2.

복음과 회심

오늘날 교회는 세상에서 그저 그런 공동체가 되었습니다. 성도는 목회자를 탓하고, 목회자는 성도를 탓하며, 세상에서 일어나는 일들이 교회 안에서 똑같이 일어납니다. 그래서 사람들은 쉽게 말합니다. "교회에서 뭘 기대해요? 많이 기대하지 마세요. 그냥 똑같이 냄새나는 인간들이 모인 데예요." 당연히 기대치도 높지 않습니다. "주일에 좋은 말씀 듣고 마음의 양식으로 삼아서 살아가면 되지, 뭐 교회를 그리 대단하게 생각하세요?" "교회도 그저 그런 공동체야. 사실 공동체라고 말하기에도 부끄러운 종교 조직이야." 오늘날 대다수 사람이 이런 식으로 교회를 바라봅니다. 더 나아가서 오늘날 적지 않은 사람들이 교회를 걱정합니다. 교회의 문제가 단순히 교회 내부만이 아니라, 교인들이 속한 집단과 우리 사회 전반에 좋지 않은 영향을 끼치기 때문입니다. 교회가 세상을 걱정해야 하는데, 세상이 교회를 걱정하는 상황에까지 이르렀으니, 참담하기 그지없습니다.

데살로니가 현상

하지만 앞서 살펴본 데살로니가인의 교회는 전혀 다른 공동체였습니다. 고대 도시라는 척박한 환경을 뚫고 전혀 새로운 공동체가 세워졌습니다. 이 같은 일은 "데살로니가 현상"이라고 부를 만합니다. 어떻게 그 같은 일이 일어날 수 있었는지를 데살로니가전서 1장 4절부터 8절까지가 말해 줍니다.

4 하나님의 사랑을 받은 형제자매 여러분, 우리는 여러분을 택하심을 알고 있습니다. **5** 왜냐하면 우리의 복음이 단지 말로만이 아니라, 능력과 성령과 큰 확신으로 여러분에게 이르렀기 때문입니다. 우리가 여러분 가운데서 여러분을 위하여 어떤 사람이 되었는지 여러분은 알고 있습니다. **6** 또한 여러분은 많은 환난 가운데서 성령께서 주시는 기쁨으로 말씀을 받아, 우리와 주님을 본받는 사람이 되었습니다. **7** 그리하여 여러분은 마케도니아와 아가야에 있는 모든 믿는 자에게 본이 되었습니다. **8** 여러분으로부터 주님의 말씀이 단지 마케도니아와 아가야에만 울려 퍼진 것이 아니라, 모든 곳에서 하나님을 향한 여러분의 믿음이 알려졌으므로 이에 대해 우리가 더 말할 필요가 없습니다(살전 1:4-8, KHKV).

---

4 하나님의 사랑하심을 받은 형제들아 너희를 택하심을 아노라 **5** 이는 우리 복음이 너희에게 말로만 이른 것이 아니라 또한 능력과 성령과 큰 확신으로 된 것임이라 우리가 너희 가운데서 너희를 위하여 어떤 사람이 된 것은 너희가 아는 바와 같으니라 **6** 또 너희는 많은 환난 가운데서 성령의 기쁨으로 말씀을 받아 우리와 주를 본받은 자가 되었으니 **7** 그러므로 너희가 마게도냐와 아가야에 있는 모든 믿는 자의 본이 되었느니라 **8** 주의 말씀이 너희에게로부터 마게도냐와 아가야에만 들릴 뿐 아니라 하나님을 향하는 너희 믿음의 소문이 각처에 퍼졌으므로 우리는 아무 말도 할

것이 없노라(살전 1:4-8, 개역개정).

바울은 4절에서 하나님이 여러분을 택하셨음을 알고 있다고 적습니다. 이 구절을 놓고 많은 그리스도인이 '예정론'에 관한 질문을 던집니다. 그런데 바울이 "택하심을 알고 있습니다"라고 적은 이유는, 하나님이 너희를 특별히 예정해 놓았다는 사실을 자신이 알고 있다는 신적 지식을 염두에 둔 것이 아닙니다. 단지 지금부터 자신이 써 내려갈 내용을 고려하면, 하나님이 너희를 택하신 것이 분명하다는 뜻입니다. 이처럼 바울 사도는 데살로니가 성도들의 모습을 보면서 크게 감동하고 있습니다. 학자들은 바울이 데살로니가에서 사역한 기간이 길어야 여섯 달 정도라고 봅니다. 더군다나 그 짧은 사역은 자신이 떠나고 싶어서가 아니라, 도시에서 일어난 소동으로 마무리됩니다. 그런데도 데살로니가 교회가 아주 건강하고 아름답게 커 가는 모습을 보면서 사도 바울은 감격하고 있습니다. "너희를 보니 하나님이 너희를 택하신 것이 분명하구나." 이렇게 이야기하고 있는 것입니다.

그렇다면 바울은 데살로니가 교회에서 무엇을 보았기에 "하나님이 여러분을 택하신 것이 확실하다"라고 말했을까요? 5절부터 8절까지의 주요 내용을 먼저 살펴보고 한 절씩 자세히 보겠습니다. 5절에서는 "복음이 여러분에게 이르렀다"라고 말합니다. 바울은 "우리가 복음을 너희에게 전했다"라고 하지 않고, "우리의 복음이 이르렀다"라고 합니다. 수동태로 표현하여 이 일의 주체이

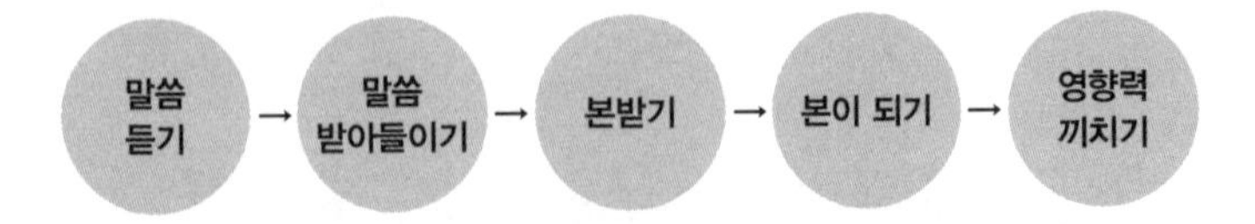

데살로니가 현상

신 하나님을 강조합니다. 하나님에 의해 우리를 통해서 복음이 데살로니가에 이르렀다고 밝힙니다. 6절에서는 "여러분이 환난 가운데 말씀을 받았다"라고 나옵니다. 말씀이 이른 것이 첫 단계라면, 그 말씀을 받은 것이 둘째 단계입니다. 바로 이어서 셋째 단계가 나옵니다. "우리와 주님을 본받는 사람이 되었다." 7절에서는 넷째 단계로 "여러분이 마케도니아와 아가야에 있는 모든 믿는 자에게 본이 되었다"라고 적습니다. 마지막 다섯째 단계는 8절에 나옵니다. "하나님을 향한 여러분의 믿음이 마케도니아와 아가야만이 아니라 모든 곳에 알려졌습니다." 바울은 데살로니가 교회에서 일어난 일을 다섯 단계에 걸쳐 설명하고 있습니다.

저는 이 일을 "데살로니가 현상"이라고 부르고 싶습니다. 그 현상의 다섯 단계는 다음과 같습니다. (1) 하나님 말씀이 이르렀다. (2) 그 말씀을 받았다. (3) 바울 일행과 주를 본받는 자가 되었다. (4) 마케도니아와 아가야 사람들에게 본이 되었다. (5) 모든 곳의 모든 사람에게 믿음이 알려졌다.

바울 사도가 감격할 만합니다. 짧은 사역 기간에도 불구하고 데살로니가 성도들은 말씀에 이르렀고, 말씀을 받았고, 바울 일행과 주를 본받았으며, 다른 사람들의 본이 되었고, 세상에 영향을 끼쳤습니다. 놀랍지 않습니까? 복음이 전해지고 삶이 변화하고 다른 사람을 변화시키고, 다른 곳에 영향을 끼치는 놀라운 진행을 보여 줍니다. "데살로니가 현상"이라고 특정해서 표현했지만, 사실은 복음이 전해지는 곳이라면 어디서나 마땅히 일어나는 결과라고 할 수 있습니다.

어떤 복음을 받아들이고 있는가

참으로 불행한 일은 한국 교회가 데살로니가 현상을 상실한 것입니다. 한국 교회에서는 이제 데살로니가 현상을 찾아보기 어렵습니다. 물론 사람들은 복음을 듣습니다. 심지어 말씀을 받습니다. 거기까지는 일어납니다. 하지만 놀랍게도, 말씀을 받았는데도 셋째 단계로 넘어가지 않습니다. 주를 본받는 일이 일어나지 않습니다. 교회만 다닙니다. 복음만 듣습니다. 복음을 믿는다고 고백하지만, 그 복음에 걸맞은 삶, 주를 본받는 삶이 없습니다. 그러니 당연히 그 삶을 본받는 사람도 생길 수 없습니다. 본을 보이고 본받게 하는 일이 데살로니가 현상의 핵심 고리임에도 이를 상실했습니다. 본을 보이기와 본받기는 매우 중요해서 바울 사도도 데살로니가전서 2장에서 집중적으로 다루는데(3장 "본보기" 참조), 이 중요한 부분을 상실했으니 교회는 세상에 아무런 영향을 끼치지 못합니다. 세상에 있으나 마나 한 공동체가 되고 맙니다. '구원받았다'라는 종교적 확신을 위해, 지친 도시 생활에 주일 하루 마음의 위로를 얻기 위해 모르는 사람들끼리 모이는, 그 이상의 공동체가 되지 못합니다. 이것이 오늘날 우리가 마주하는, 그저 그럴 수밖에 없는 교회 공동체의 문제입니다. 데살로니가 현상이 증발해 버린 것입니다.

어디서 고리가 끊겼을까요? 본받는 셋째 단계만이 아니라, 사실은 그 전 단계에서 이미 고리가 끊겼다고 생각합니다. 하나님 말씀을 전해 듣는 과정에서 벌써 문제가 생기고 있습니다. 한국 교회가 믿는 복음이, 하나님을 믿으면 죄 사함을 받고 죽으면 천당 간다는 정도에 머물기 때문입니다. 불분명한 복음은 불분명한 회심을 가져옵니다. 예수를 믿는다고는 하지만, 죽어서 천당 간다며 위로받는 정도에 머뭅니다. 이런 한국 교회의 풍토가 데살로니가 현상을 밀어냈습니다. 복음을 듣기는 들으나 부분적으로 받아들입니다. 그러니 그 이후의 단계가 모두 희미해져, 영향을 끼치는 데까지 이르지 못합니다. 데살로니가 현상과 대비되는 한국 교회 현상입니다.

하나님의 복음이 무엇입니까? 하나님의 심판을 피할 수 없었던 죄인인 우리가 메시아이신 예수의 대속적인 죽음에 의지하여 이미 임한 하나님나라를 받아들이고, 이 세상에 살 동안 하나님나라를 이 땅에 드러내는 것, 그렇게 살다가 죽음이 찾아오면 그토록

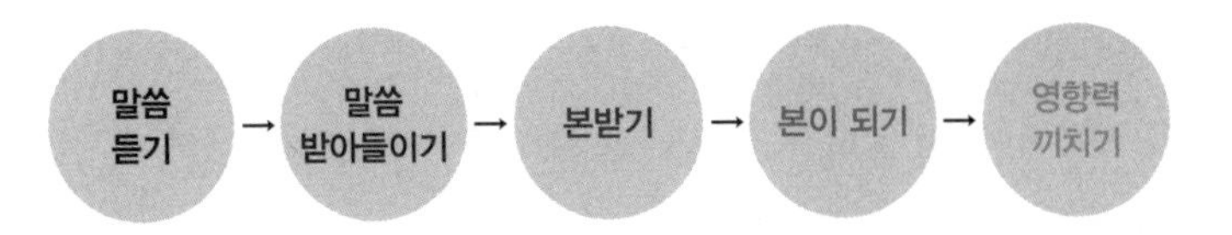

한국 교회 현상

바라던 하나님나라의 실재를 경험하는 것입니다. 그 소망으로 지금 이곳의 삶을 살아 내는 것입니다. 이러한 하나님나라의 현재성을 한국 교회는 빠뜨리고 있습니다. 데살로니가인들은 데살로니가에 살았지만, 하나님나라에 속한 백성으로 살았습니다. 하나님을 아버지라고 부르고, 예수를 주로 따르는 소속감과 정체성을 강력하게 지니며 살았습니다. 그들은 하나님나라의 실재를 믿고 추구하고 경험했습니다. 그런데 한국 교회는 하나님나라의 현재성을 상실하고, 어차피 죽으면 천당 간다는 반쪽짜리 복음, 매우 피상적인 복음을 받아들이고 있습니다. 예수 그리스도의 대속적 죽음으로 구원을 얻었다는 확신을 누리는 것은 감사한 일이지만, 하나님나라가 죽으면 가는 곳이 되어 버린 것은 불행한 일입니다.

죽어서 천당에 가는 신앙을 가졌으니, 어떻게 하나님나라 백성답게 살 것인지는 그다지 중요하지 않습니다. 그래서 누군가를 본받고 그를 따라 주님을 섬기며 살아가고 싶다는 열망도 거의 없습니다. 그런 일은 천당 가기로 결정된 사람 중에서 좀 유별나게 열심인 사람들의 전유물이라고 착각합니다. 하지만, 도시 같이 하나님이 부재하는 듯한 세상에서 이미 시작된 하나님나라를 살아내려는 사람은, 앞서서 그런 삶을 추구하며 살고 있는 신앙의 선배를 찾기 마련입니다. 본보기, 곧 모델이자 멘토, 이끄미가 필요한 것이죠. 그들을 본받으려는 이유는 그들이 주님을 본받으려 애쓰기 때문이고, 그들은 자기처럼 살아가려는 이들에게 기꺼이 본이 되어 줍니다(이에 관해서는 3장에서 자세히 살펴볼 것입니다). 하지만 한국 교회에는 "나를 본받지 마세요. 내가 가르치는 말씀만 받으세요", "신앙은 좋은데 성격이 좋지 않을 수 있어", "교회는 사람 보고 다니는 게 아니고 하나님 보고 다니는 거예요" 같은 말이 진리인 양 회자됩니다(《교회 안의 거짓말》, 비아토르).

사정이 이러하다 보니, 한국 교회는 거대한 교회를 짓고 수십억 원에서 수백억 원에 이르는 예산을 쓰고 수많은 사람을 불러 모으면서도 세상에는 아무런 영향을 끼치지 못하는 지경에 이르렀습니다. 반면, 데살로니가 교회는 아주 어린 교회였으나 바울 사도와 그 동역자들이 전한 선명한 복음을 가감 없이 받아들였기에 데살로니가 현상을 경험했습니다. 하지만 전통과 나름의 성취를 자랑하는 한국 교회가 데살로니가 현상에서 너무나 멀어지고 있어 안타까움을 넘어 참담함을 느낍니다.

진실한 회심

척박한 도시 상황에서, 더군다나 목회자가 떠나 버린 어린 교회에서 어떻게 데살로니가 현상이라 할 만한 놀라운 일이 일어났을까요? 전혀 새로운 공동체를 가능케 한 비결을 데살로니가전서 1장 9-10절에서 발견할 수 있습니다.

> **9** 그들은 우리에 관해 스스로 말하기를 우리가 어떻게 여러분 가운데로 찾아갔는지, 어떻게 여러분이 우상을 버리고 하나님께로 돌아와 살아 계시고 참되신 하나님을 섬기는지, **10** 또한 하늘로부터 오실 그의 아들을 어떻게 기다리는지 말합니다. 그는 죽은 자 가운데 살리신 이, 곧 임하고 있는 진노에서 우리를 건져 주시는 예수입니다(살전 1:9-10, KHKV).

> **9** 그들이 우리에 대하여 스스로 말하기를 우리가 어떻게 너희 가운데에 들어갔는지와 너희가 어떻게 우상을 버리고 하나님께로 돌아와서 살아 계시고 참되신 하나님을 섬기는지와 **10** 또 죽은 자들 가운데서 다시 살리신 그의 아들이 하늘로부터 강림하실 것을 너희가 어떻게 기다리는지를 말하니 이는 장래의 노하심에서 우리를 건지시는 예수시니라(살전 1:9-10, 개역개정).

주변 사람들이 데살로니가 교회에 관해 스스로 말하고 다닌다

고 적었습니다. 참으로 놀라운 일입니다. 교회는 따로 홍보할 필요가 없습니다. 교회 공동체를 관찰한 주변 사람들이 알아서 이야기하고 다니기 때문입니다. 그들의 증언에 따르면, 전혀 새로운 공동체인 데살로니가 교회는 진실한 복음에 근거한 진실한 회심에서 출발하고 있습니다. 이 성경 본문처럼 회심을 잘 설명해 주는 곳도 드뭅니다. 회심의 요소를 보면 첫째 "우상을 버리고 하나님께 돌아오는" 것입니다. '돌아선다ἐπιστρέφω'라는 단어는 구약성경에서는 '슈브שׁוּב'에 해당하는데, 주로 하나님이 "내게로 돌아와라", "우상에서 돌아와라"라고 말씀할 때 사용했습니다. 이는 바울 사도의 고백에서도 잘 나타납니다. "이것은 그들의 눈을 열어 주어서, 그들이 어둠에서 빛으로 돌아서고, 사탄의 세력에서 하나님께로 돌아오게 하며, 또 그들이 죄사함을 받아서 나에 대한 믿음으로 거룩하게 된 사람들 가운데 들게 하려는 것이다' 하고 말씀하셨습니다"(행 26:18). 어둠에서 빛으로, 사탄의 세력에서 하나님께로 돌아오는 것이 회심의 첫째 요소입니다. 베드로 사도 역시 "전에는 여러분은 길 잃은 양과 같았으나, 이제는 여러분의 영혼의 목자이며 감독이신 그에게로 돌아왔습니다"(벧전 2:25)라고 표현하고 있습니다. 회심의 첫째 단계는 돌아오는 것입니다.

우상에서 돌아서다

'돌아선다'라는 단어에서 우리가 생각할 것은 '무엇'으로부터 돌아서는가입니다. 하나님께로 돌아설 때 무엇을 뿌리치고 돌아서는 것입니까? 우상입니다. 옛날에는 우상이 눈에 보이는, 주로 손으로 만들어 놓은 것이었습니다. 하지만 현대의 우상은 문화 속에 정교하게 들어와 있어서 잘 보이지 않는 경우가 많습니다. 우상이 무엇입니까? 우리 삶에 의미를 주는 것입니다. 우리를 움직이게 하는 것입니다. 우리를 지배하는 것입니다. 그것이 우상입니다. 우리의 삶과 가치와 생각을 통제하며 우리를 끌고 가는 것, 그것이 우상입니다. 눈에 보이는 과거의 우상은 도끼로라도 찍어 낼 수 있었으나, 오늘날 우상은 그렇지 않습니다. 소설가 김훈이 《칼의 노래》(문학동네)에서 무서운 것은 칼로 벨 수 있는 것이 아니라 "칼로 베어지지 않는 적들"이라고 했듯이 현대의 우상은 눈에 보이지 않으므로 실체를 파악하기도, 제거하기도 어렵습니다.

당신을 끌고 가는 것은 무엇입니까? 우리 사회를 끌고 가는 것은 무엇입니까? 성공, 돈, 쾌락, 재미와 즐거움, 이런 것들이 우리 눈과 귀를 빼앗고 있습니다. 저는 스마트폰을 보면서 문제가 심각하다는 생각이 듭니다. 바로 앞에 사람이 앉아 있어도 대화하지 않고 전화기만 들여다봅니다. 심지어 가족들이 둘러앉은 자리에서도 비슷한 일이 일어납니다. 얼굴을 마주한 사람과 관계를 맺기보다는 멀리 있는 누군가와 카톡을 주고받느라 여념이 없습니다. 바로 앞 사람의 마음은 살피지 못하면서, 온 세상의 떠돌아다니는 정보와 뉴스를 섭렵합니다. 이러한 단면은 현대를 지배하는 우상이 무엇인지를 잘 보여 줍니다. 이런 것이 한둘이 아닙니다. 바르고 의미 있게 살지 못하게 우리를 가로막고 방해하는 것들이 가득합니다. 우상은 우리에게 생명을 준다고 이야기하나 생명을 주지 못합니다. 우리를 속이고 잠깐의 즐거움은 줄지언정 진정한 행복을 주지 못합니다. "너 자신을 추구해라." "네가 제일 중요해." 이 같은 말에서 시작해 온갖 것이 하나님께로 돌아서는 걸음을 막고 있습니다.

과연 우리가 이 같은 현대의 우상에서 벗어날 수 있을까요? 오늘날 회심이 어려운 이유 중 하나도 여기에 있습니다. 사탄의 전략은 이천 년 전보다 더욱 교묘해지고 고도화되었습니다. 과거에는 눈에 보이는 우상으로 우리를 통제했다면, 이제는 인간의 온갖 욕망을 부추겨 사람들 눈이 하나님께 향하지 못하게 합니다. 돌아서지 못하게 막습니다. 인간의 진실한 고민과 하나님의 아름다운 창조세계 대신에 자신만의 욕망에 집중하게 만듭니다.

그렇다고 뿌리치지 못하는 욕망이 거대한 것만은 아닙니다. 오히려 작고 일상적이어서 더욱 거부하기 힘듭니다. 언젠가 한번은 전가족 수련회 기간 새벽예배 시간에 축구 국가대표 경기 중계가 있었습니다. 축구를 사랑하는 몇몇 성도는 새벽예배 대신에 축구 시청을 택했습니다. 그 경기도 그때만 볼 수 있지만, 그날 아침 하나님 말씀을 펴고 예배드리는 것도 그때만 할 수 있습니다. 오늘날 우상은 이런 식으로 우리에게 다가와 있습니다. 아주 사소한 것에서부터 우리 마음을 조금씩 허물어뜨립니다. 그 결과 하나님에게서 멀어지고, 결국에는 하나님께로 돌아서지 못하게 만듭니다. 이런 부분을 진지하게 생각해야 합니다. 오늘날 우리의 회심이 불안정한 이유는 무엇에서 돌아섰는지가 불분명하기 때문입니다. 하나님께로 돌아섰다고 말하는데 무엇으로부터 돌아섰는지는 희미합니다. 하나님께로 돌아섰으나 아직 버리지 못한 것들이 온몸에 여럿 붙어 있습니다. 그래서 오늘날 회심은 선명하지 않고 두루뭉술합니다.

결단할 수 있는 근거

따라서 하나님께로 돌아선다고 할 때 우리가 주목해야 할 것은 결단입니다. "하나님, 더는 세상에 속한 것들이 저를 지배하지 못하도록 하겠습니다. 이제부터는 당신만이 제 주인이 되시도록 결단합니다." 이러한 결단의 행위가 돌아섬의 핵심입니다. 왜냐하면, 돌아선다고 할지라도 우상의 영향에서 완전히 벗어나지 못할 것이기 때문입니다. 살아 있는 동안에는 우리를 지배하려고 온갖 노력을 다하는 우상의 영향력에서 완전히 벗어나기 어렵습니다. 따라서 회심에 관해 생각할 때 우선 집중해야 하는 것은, 우상의 영향력에서 완전히 벗어나는 것보다는 하나님께 마음을 집중하면서, 우리가 사랑해야 할 이웃과 돌봐야 할 천지 만물을 들여다보지 못하게 하는 우상에서 돌아서겠다고 결단하는 것입니다. 그 첫 번째 결단이 아주 중요합니다.

우리가 돌아서려고 바라보는 분은 누구십니까? 살아 계시고 참되신 하나님입니다. 그 하나님을 따르면 어떻게 됩니까? 생명을 얻고 진리에 점점 더 가까이 가게 됩니다. 거짓인 우상을 따를 때와는 정반대 일이 일어납니다. 죽음과 거짓에서 돌아서서 생명과 진리로 향하겠다고 결단하는 것이 회심입니다. 당신이 진지하게 하나님 앞에서 결단하지 않으면 죽은 우상과 살아 계신 하나님 사이를 왔다 갔다 하는 인생에서 벗어나지 못할 것입니다.

이 모든 결단이 가능한 근거는 무엇입니까? 앞에서 바울은 데살로니가에 복음이 이르렀고, 그들이 말씀을 받아들였고, 그 말씀이 그들로부터 온 세상에 알려졌다고 적었습니다. 이 메시지의 핵심은 무엇입니까? 이들이 우상에서 하나님께로 돌이킬 수 있었던 까닭은 예수 그리스도가 대속적 죽음으로 하나님께 돌아갈 수 있는 길을 여셨기 때문입니다. 이것이 데살로니가 현상의 근거가 되는 핵심입니다. 그래서 데살로니가인도, 우리도 하나님께로 돌아갈 수 있습니다. 복음, 곧 우리를 대신해 돌아가신 예수 그리스도 때문에 살길이 열렸고, 그때 비로소 우리의 결단도 의미가 생깁니다.

'하나님의 노예로' 하나님을 섬기다

회심 다음에 일어나는 일은 무엇입니까? 살아 계시고 참되신 하나님을 섬기는 것입니다. 섬긴다는 단어를 직역하면 '노예가 된다'는 뜻입니다. "살아 계시고 참되신 하나님의 노예가 되어"라고 옮길 수 있습니다. 하나님의 노예가 될 때 인간은 자유로워집니다. 하나님이 아닌 다른 것의 노예로 살면 진짜 노예가 됩니다. 인간은 뭔가에 종속되려는 경향이 있습니다. 뭔가에 자신을 몰입해야 합니다. 때로는 자신에게 몰입하고 싶어 합니다. 스스로 주인이 되고 싶어 합니다. 아니면 어떤 성공에, 어떤 집단에, 어떤 쾌락에 종속되기를 원합니다. 이것은 모두 우상입니다. 요즘 많은 사람이 몰입하는 대상 중 하나는 온라인 게임입니다. 게임을 하는 순간에는 세상을 잊습니다. 세상도, 자신도, 당연히 하나님도 잊습니다. 복잡한 일을 잊고 잠깐 쉬게 하기도 하지만, 그 잠깐을 한 시간, 두 시간으로 만들고, 틈만 나면 몰입하게 하는 자극적인 게임이 너무나 많습니다. 특히 많은 젊은이가 게임 중독에 가까운 모습을 보입니다. 거의 노예가 된 것입니다. 안 해도 무방하고, 별것도 아니지만 헤어나오지 못합니다. 이렇게 우리 주변에는 중독성 강한 우상이 다양하게 포진하고 있습니다.

인간은 현실을 잊고 싶어서, 행복해지고 싶어서, 자유로워지고 싶어서 다양한 우상에 몰두합니다. 술, 성공, 관계, 쾌락, 자녀, 취미생활 등 이 모든 것은 하나님이 주신 것입니다. 하지만 그중에 '이것 없이는 살 수 없어'라고 느끼게 만드는 것이 있다면, 그것이 바로 우상입니다. 이런 우상을 따라가다 보면, 현실을 점점 직시하지 못하고 도피하게 되며, 그 우상에 더욱 몰두해야 행복할 것 같고, 그래서 자유로워지는 게 아니라 더욱 속박됩니다. 그러나 하나님을 섬기고 그의 노예가 되면, 굴종하는 존재가 되는 듯하지만, 정반대 결과가 나타납니다. 하나님은 살아 계신 진리이므로 하나님을 섬기면 섬길수록 그의 진리가 우리를 지배합니다. 이 진리가 세상을 직시하게 하고, 참된 의미와 재미를 가져다주는 행복에 이르는 법을 알려 줍니다. 더 나아가 다른 어떤 것에도 종속되지 않고 오직 하나님에게만 노예가 되면, 세상 어떤 것에도 지배받지 않는 참된 자유에 이르게 됩니다. 데살로니가 성도들은 그들을 지배하는 우상에서 벗어나 살아 계시고 참되신 하나님께로 돌아섰습니다. 그렇게 하기로 결단했습니다.

하나님의 아들을 기다리며

하나님께로 돌아서서 하나님을 섬기는 데살로니가 성도들에게서 관찰된 세 번째 특징은, 하늘로부터 오실 하나님의 아들을 기다리는 것이었습니다. 하나님의 아들이 이미 이 땅에 오셨음을 전제하고, 다시 오실 그분을 기다렸습니다. 이를 통해 그들이 복음을 제대로 받아들였음을 다시 한 번 확인할 수 있습니다. 오늘날 그리스도인 가운데 다시 올 예수를 이들처럼 기다리는 사람이 얼마나 될까요? "예수님? 언젠가 오시겠지"라고 생각하며 간절히 기다리지는 않습니다. 왜 우리는 이들처럼 다시 올 예수님을 기다리지 않을까요? 천국은 죽으면 가는 곳이라고 생각하기 때문입니다. 만약 예수님이 이 땅에 오셔서 하나님나라를 이미 시작하셨고, 그 나라를 완성하기 위해 다시 오신다고 정말 믿는다면, 간절할 수밖에 없습니다. 하나님나라에 속해 그 나라를 맛보며 살아가기 시작하면, 온전한 하나님나라를 간절히 소망하게 됩니다. 하나님나라를 드러내려 세상에서 고통도 당하고, 불편함도 감수하고, 나아가 고난도 겪으면, 어서 완전한 하나님나라가 이 땅에 왔으면 하고 간절히 바라게 됩니다. 이처럼 하나님나라 복음을 제대로 믿고 따르는 이들은 '마라나타'의 신앙을 가질 수밖에 없습니다. "주님, 어서 오세요. 데살로니가와 하나님나라에 속해서 두 가지 삶을 함께 살아 내는 일이 쉽지가 않습니다. 비록 이미 임한 하나님나라가 주는 축복도 크지만, 세상 속에서 겪는 어려움과 고난도 끝이 없습니다. 주여, 어서 오시옵소서." 이런 고백이 저절로 나옵니다. 그렇게 간절히 주님을 기다리게 됩니다.

이처럼 참된 회심은 하나님나라 복음을 제대로 이해할 때 이루어집니다. 바울이 이어서 강조하듯이 예수는 "죽은 자 가운데서 살아나신" 분입니다. 예수의 부활을 통해 그가 하나님의 아들이라는 사실이 증명되었을 뿐만 아니라, 이미 시작된 하나님나라가 더욱 분명해졌습니다. 부활한 예수는 "임하고 있는 진노"에서 우리를 건져냅니다. 분사형으로 표현된 이 단어(ἐρχομένης)는 앞으로 임할 미래의 진노가 아니라, 이미 임했으며 지금도 임하고 있는 하나님의 현재적 심판을 뜻합니다. 당신이 하나님을 믿지 않고 하나님의 진리대로 살아가지 않는다면, 당신의 삶은 이미 심판받고 있는 것입니다. 완전한 심판은 미래에 받겠지만, 그 심판은 이미 현재부터 이루어지고 있습니다. 깨어진 삶, 어그러진 관계, 엉터리 속임수들, 이런 것들로 현재 임하고 있는 심판을 경험하지 않을 수 없습니다. 살아 있고 참되신 하나님이 아니라 거짓되고 결국 우리를 속박과 죽음으로 이끄는 우상을 따를 때, 우리는 현재 이미 심판을 받으며 사는 것입니다. 예수는 이런 현재적 심판에서 우리를 건져 냅니다. '건져 낸다'는 표현도 현재형 분사(ῥυόμενον)로, 미래에 우리를 건져 내신다는 것이 아니라, 현재 임하는 심판에서 우리를 구원해 내신다는 현재적 의미로 받아들여야 합니다. 이 부분은 매우 중요합니다. 기독교의 핵심 메시지는 '죽어서' 천당에 가는 것만이 아니라, 이미 임한 심판을 받으며 신음하고 살던 우리가, 현재적 심판에서 우리를 구원하고 계시는 예수를 믿고 따름으로 하나님나라에 '지금' 속한다는 것입니다. 그러므로 데살로니가 성도들은 현재 우리 속에서 일하고 계시는 예수가 다시 오셔서 완전한 회복을 주실 날을 간절히 기다렸습니다. 이러한 회심은 하나님나라 복음이 제대로 선포될 때 가능합니다. 이미 왔으나 아직 오지 않은 하나님나라의 이중구조를 파악할 때야 비로소 이루어집니다.

데살로니가를 지배하고 있던 우상들, 현대 사회를 움켜쥐고 있는 우상들을 버리고, 살아 계시고 생명을 주시고 우리를 진리 가운데로 이끄시는 하나님께로 돌아서기로 결단하고, 하나님만 섬기며 살아가는 것, 이것이 회심입니다. 그때 우리는 살아가는 동안 우리에게 임하는 하나님의 현재적 심판에서 예수로 말미암아 벗어나게 됩니다. 이로써 우리는 마지막에 임할 완전한 심판에서도 건져 내어질 것을 믿고 기다립니다. 이때 매우 역동적이고 변화가 가득한 삶을 살게 됩니다. 이것이 진정한 회심입니다. 바울 사도가 유독 짧게 사역했음에도 불구하고 데살로니가 성도들에게는 이러한 회심이 일어났습니다.

함께 완성하는, 온전한 회심

그런데 여기서 아주 중요한 표현이 나옵니다. 바울 사도는 '각 사람'이라고 하지 않고 '여러분'이라는 집합적 단어를 씁니다. '여러분'이 우상을 버리고 하나님께로 돌아와서, '여러분'이 살아 계시고 참되신 하나님을 섬기며, '여러분'이 하늘로부터 오실 그 아들을 기다린다고 적었습니다. 그렇다면 바울이 데살로니가 사람들에게 복음을 전했을 때 그들이 집단으로 회심해서 다 함께 돌아섰다는 말일까요? 아닙니다. 분명 회심은 각각 개인이 했을 것입니다. 이후 성경 본문에 "각 사람에게 전했다"라는 내용이 나오기 때문에 각 사람이 회심한 것은 분명합니다. 그런데 왜 집합적인 단어를 사용했을까요? 여기에 아주 중요한 비밀이 숨어 있습니다.

오늘날 회심이 불분명하고, 따라서 데살로니가 현상도 일어나지 않는 이유는, 우상을 버리고 하나님께로 돌아선 다음에, 하나님을 섬기며 예수를 기다리는 행위가 모두 개인 차원에서 일어나기 때문입니다. 그리스도인은 홀로 버티기 어렵습니다. 데살로니가 성도들이 현대 그리스도인과 달랐던 점은 공동체로서 함께 신앙생활을 했다는 것입니다.

생각해 보십시오. 데살로니가에 사는 어떤 사람이 우상에서 돌아섰다고 해서 우상의 영역에서 벗어나기가 쉬웠을까요? 현대 사회나 문화처럼 정교하지는 않았겠지만 대신 더 폭력적인 반응에 노출되었을 가능성이 큽니다. 우상과 연결된 여러 세력이 우상의 일에 동참하지 않는 그를 공격했을지 모릅니다. 그때 그가 혼자 버텼을까요? 아니었을 겁니다. 데살로니가 에클레시아, 곧 데살로니가의 새로운 공동체가 서로 위로하고 기도하며 지원했을 것입니다. 하나님을 섬길 때 그들이 각자 알아서 했을까요? 본받았다는 표현이 계속 나오듯이 서로 영향을 주고받으며 함께 주님을 섬겼습니다. 마찬가지로 주님을 기다리는 일 또한, 예배로 모일 때마다 "마라나타, 주님 오시옵소서. 이 땅을 살아가는 우리의 고통과 아픔을 치유하는 완전한 회복을 기다립니다. 어서 오시옵소서"라고 함께 기도했을 것입니다.

회심은 개인적으로 일어났지만, 그 회심이 온전해질 수 있었던 이유는 공동체에 속해 그 속에서 그 회심이 완성되는 과정을 겪었기 때문입니다. 그래서 '여러분'이라는 표현이 중요합니다. 기독교는 "회심하고 각자 알아서 살자"라고 말하지 않습니다. 우리는 물론 하나님 앞에 단독자로 섭니다. 하지만 우리의 회심을 지켜 주고 온전히 성장하고 변화하도록 돕는 이들이 있습니다. 그들이 바로 데살로니가 교회이며, 당신의 교회입니다. 공동체에 함께 속한 이들은 서로 이렇게 말해 주어야 합니다. "제가 당신의 회심이 온전해지도록 돕겠습니다." 또한, 이렇게 이야기할 수 있어야 합니다. "저 좀 도와주십시오."

오늘날 이렇게 말할 수 있는 사람과 진실한 관계를 맺고, 공동체를 이루며 살아가는 그리스도인은 소수에 불과합니다. 교회는 일요일에 한 번 예배드리는 집단이 되었습니다. 헌신한 사람들에게는 봉사나 사역을 하는 조직이 되었습니다. 진정한 변화를 서로 지원해 주는 공동체를 자신의 교회에서 얻지 못한 사람들은 교회 밖에서 이러한 공동체를 찾기도 하고, 이 역시 쉽지 않으면 결국 외롭고 고립된 '나 홀로 신앙인'으로 살아갑니다. 예수 그리스도의 복음으로 시작된 회심이 온전한 성숙에 이루지 못하는 가장 큰 이유는 자신을 지켜 주고, 또 다른 이를 지켜 주는 공동체의 결여에 있습니다.

가정교회

나들목교회는 많은 가정교회로 이루어져 있습니다. 가정교회에 관해 이야기할 부분이 많지만 간단하게 정리하면, 나들목교회는 가정교회를 교회의 하부 조직이 아니라, 그 자체로 공동체이자 교회라고 여깁니다. 나들목교회는 각 가정교회의 연합이라고 생각할 수 있습니다. 이론상 극단적으로 표현하면, 나들목교회는 사라질 수 있어도 가정교회는 사라지지 않습니다. 교회이므로 당연히 방학도 없고, 때가 되었다고 재편하지도 않습니다. 학교가 아닌 공동체에 어떻게 방학이 있겠습니까? 유기적으로 연결된 공동체이니 정기적으로 개편하는 일도 없습니다. 함께 살며 서로 세워 가는 공동체가 나들목교회의 가정교회입니다. 2019년 5월에 나들목교회가 한 번에 다섯 교회로 분교할 수 있었던 이유도 나들목교회가 90여 개 공동체로 구성되어 있었기 때문입니다. 성도들이 자신이 사는 지역에 따라 헌신했고, 이를 가정교회 중심으로 유기적으로 미세 조정을 하여 다섯 교회가 세워졌습니다.

꼭 가정교회가 아니더라도 교회 내 프로그램이나 하부 조직으로 존재하지 않는, 진정한 공동체가 왜 중요할까요? 하나님이 하나님을 아버지로 하는 공동체를 꿈꾸신 것이 가장 큰 이유이지만, 성도들에게는 실제적인 중요성도 있습니다. 우리의 회심이 여물고 열매를 맺어 세상에 영향력을 끼치려면 홀로 신앙생활을 해서는 힘들기 때문입니다. 이런 공동체에 속하지 않은 사람은 자신의 모난 성품을 다듬어 그리스도를 닮아 가기가 힘들므로, 세상에 영향력을 끼치는 하나님니라 운동 공동체로 모이기보다는 예배드리는 것에 만족하는 군중으로 남을 가능성이 큽니다.

처음 교회를 개척했을 때 하나님이 꿈꾸신 공동체에 관한 생각이 분명했습니다. 그래서 시작 때부터 가정교회에 온 힘을 쏟았습니다. 하지만 초기에는 이론에 가까웠습니다. 그래서 시행착오도 많았습니다. 하지만 시간이 지나면서 그 중요성은 더욱더 분명해졌습니다. 물론 공동체가 빚어지는 대가 역시 만만치 않았습니다. 하나님이 가정교회를 시작하게 하시고 교회의 본질을 놓고 씨름하게 하지 않으셨다면, 저 역시 큰 교회를 만들려는 야망으로 목회를 했을지 모릅니다. 교회 개척 후 6년쯤 지났을 때 제 마음에 이런 생각이 들었습니다. '왜 우리 교회는 매년 100퍼센트씩 성장하지 않지?' 첫해에 성도가 100명이었는데, 둘째 해에 200명이었습니다. 셋째 해에 400명이 될 줄 알았는데, 또 100명만 늘어서 300명이 되었습니다. 그다음 해에는 150명은 늘겠지 했는데, 또 100명만 늘었습니다. 매년 100명씩만 늘었습니다. 저도 초기에는 5-6년 지나면 1,000명 넘는 교회가 되겠구나 하고 생각했는데, 곧 깨달았습니다. '그렇게 사람이 모일 수는 있겠지만, 그래서는 군중으로 모일 뿐 진짜 변화된 사람이 생기지는 않겠구나!'

그때 제가 했던 설교 시리즈가 "군중인가, 정병인가"입니다. 맞습니다. 교회는 사람을 끌어모으는 데가 아니라 사람을 변화시키는 모임입니다. 우상을 버리고 참되신 하나님께로 돌아와, 하나님을 섬기며 살 수 있도록 서로 돕고, 함께 예수님을 간절히 기다리는 공동체, 그런 사람들을 만들어 가는 곳이 바로 교회입니다. 주일에 다 함께 모여 예배드리는 것도 중요하지만, 함께 살아가는 공동체가 교회의 본질입니다. 만약 초기에 가정교회를 하지 않았다면 성도의 숫자는 지속해서 늘어났을 테고, 저는 합리화했을 겁니다. '하나님이 이렇게 성도를 보내 주시는데 어떻게 막아. 하나님이 이렇게 복 주시는데 누가 막아.' 그랬다면 나들목교회도 대형교회가 되어 수많은 사람이 주일에 와서 위로받고 조금 세련된 분위기를 맛보다가 돌아가는 교회가 되었을지 모릅니다.

우리가 교회로 함께 모일 때 해야 할 일은 무엇일까요? 우상에서 돌아서서, 살아 계시고 참되신 하나님을 섬기면서, 그 아들이 다시 오시는 것을 간절히 기다리는 삶이 더욱 견고해지도록 서로 돕는 것입니다. 하지만 교회 전체가 다 같이 모여서 그 일을 하는 데는 한계가 있습니다. 인격과 인격이 마주할 수 있는 소수로 모여서 서로의 인생을 들여다보면서 서로를 지켜 줄 때 가능한 일입니다. 전체가 다 같이 모여 일반적이고 보편적인 이야기만 나누어서는 간교한 우상들과의 싸움에서 이겨 낼 도리가 없습니다. 주일에 한 번 스치듯 왔다 가서는 어떤 우상에 둘러싸여 있는지, 어떤 집요한 공격을 받고 있는지 아무도 알 수 없습니다. 우리는 하나님께로 돌아선 사람들입니다. 그런데도 우리의 회심이 선명하지 않은 이유는 주변에서 우리에게 계속 영향력을 끼치는 과거의 우상이 있기 때문입니다. 그 우상들과 싸워 이기려면, 하나님을 섬기지 못하도록 교묘하게 우리를 끌어내리는 우상들을 이겨 내려면, 힘을 모아야 합니다. 심지어 혼자 있으면 무엇이 우상인지도 잘 모를 때가 생깁니다. 적당히 거리를 두고 지낼 때, 우리 안의 우상은 철저하게 위장합니다. 우상을 드러내고 폭로하는 사람이 옆에 가까이 있어야 합니다. 그때야 간파가 됩니다. 같이 기도하면서 "나는 이렇게 해서 이겼어", "나는 이럴 때 실패하더라"라고 이야기하며 도와주는 사람이 필요합니다. 이러한 참된 변화는 하나님이 진정한 회심 이후에 일어나도록 계획하신 일이지만, 결코 쉬운 과정은 아닙니다. 자신의 문제나 감춰진 어두운 부분을 드러내고, 관계의 어려움을 통해 자신을 더 깊이 발견하는 일, 동시에 자신을 진리 위에 다시 세우는 일을 다 같이 해 나가는 것에는 적지 않은 에너지와 시간이 들어갑니다. 그래서 이런 어려움을 피해 공동체를 포기하는 사람도 심심찮게 나옵니다. 주일에 한 번 모이기는 쉬워도, 공동체로 살아가기란 무척 어렵습니다. 그러나 주일에 한 번 모여서는 변화할 가능성이 크지 않지만, 공동체로 살아가면 진정한 변화가 일어날 가능성이 큽니다.

복음 전수와 성령의 역할

데살로니가 현상이 일어날 수 있었던 이유는 앞서 살펴본 선명한 회심이 일어났기 때문입니다. 이들의 회심은 바울 일행의 회심 사역에서 비롯되었습니다. 다시 처음으로 돌아가 1장 5절을 보면, 바울 사도는 이렇게 적고 있습니다. "우리의 복음이 단지 말로만이 아니라, 능력과 성령과 큰 확신으로 여러분에게 이르렀기 때문입니다." 여기서는 "이르렀다"라는 수동태 표현에 주목해야 합니다. 바울 사도는 숨은 주어로 하나님을 암시하면서, 자신의 회심 사역 뒤에는 하나님이 계시며, 자신들 때문이 아니라 하나님으로 말미암아 그 일들이 일어났다고 증언하고 있습니다. 하나님은 우리를 통해서 일하십니다. 그러므로 하나님의 일을 하는 사람들은 하나님의 현존과 능력에 늘 깨어 있을 수밖에 없습니다.

복음이 퍼져 나갈 때 바울 사도는 네 요소, 곧 말과 능력과 성령과 확신이 나타났다고 밝힙니다. 첫 요소는 말입니다. 바울은 말로만 전하지 않았다고 했는데, 그렇다고 해서 말이 중요하지 않다는 뜻은 아닙니다. 말로 전한 것이 가장 먼저이며, 다른 모든 것의 전제임을 나타냅니다. 말로 전한 것이 무엇입니까? 바로 설명 가능한 진리의 형태로 전달된 하나님나라의 복음입니다. 바울 사도는 하나님나라의 복음을 언어로 선명하게 전했습니다. 그러므로 말을 평가절하해서는 안 됩니다. 우리 역시 진리를 선명하게 배우고 전달해야 합니다. 하지만 여기서 그쳐서는 곤란합니다. 말은 무엇으로 이어졌습니까?

능력입니다. 많은 사람이 능력을 기적이라고 생각합니다. 데살로니가 1장 5절에 쓰인 능력은 단수입니다. 하지만 기사와 이적을 가리키는 능력은 주로 복수 형태로 등장합니다. 그래서 학자들은 단수로 등장하는 이 능력이라는 단어를 다르게 설명합니다. 바울이 전한 말씀을 들을 때 데살로니가 사람들에게 임한 성령의 내적 확신을 뜻한다고 봅니다. 무슨 기적이 일어나서 이들이 믿은 게 아니라, 성령의 확신이 이들을 믿게 한 것입니다.

바로 이어서 바울 사도는 성령을 언급합니다. 그러고는 확신이 나옵니다. 이 확신은 말씀을 전하는 사람 쪽에서 일어나는 일입니다. 정리하면 복음을 전할 때는 진리를 선명하게 설명하는 말과 듣는 이의 내면에서 일어나는 깨달음, 그리고 전하는 이의 강력한 확신이 맞물려 일어납니다. 이 셋을 실제로 움직이게 만드는 이는 성령님입니다. 말씀에 생명력이 넘치게 하는 분도 성령님이요, 그 말씀을 진리로 깨닫게 하시는 분도 성령님이며, 확신에 차서 말씀을 전하게 하시는 분도 성령님이십니다. 바울 사도가 급한 마음에 성령을 먼저 언급하는 바람에 순서가 약간 뒤섞였으나, 말과 능력과 확신을 가능하게 만드시는 성령으로 말미암아 복음이 데살로니가 사람들에게 마침내 들어가게 된 것입니다.

잘 아시듯 에베소서 6장에서는 "성령의 검, 곧 하나님의 말씀을 가지라"(개역개정)라고 합니다. 하나님의 말씀은 성령님과 함께 역사할 때 힘이 있습니다. 또한, 로마서 5장에서는 "하나님께서… 성령을 통하여 그의 사랑을 우리 마음에 부어 주셨기 때문에" 우리가 하나님의 능력을 경험한다고 말합니다. 이 모든 일을 성령님이 하십니다.

나들목교회에서는 앞서 말한 가정교회에서, 그리고 일대일 제자훈련 과정에서 성도들이 초신자나 진리를 찾으려 교회를 방문한 비신자(찾는이)에게 하나님의 말씀을 전할 기회가 있습니다. 이때 함께 읽거나 나누는 말씀이 진리를 선명하게 드러낼 수 있도록 성령님께 의지하려고 애씁니다. 그다음에는 말씀을 듣는 이들의 마음에 확신이 들도록 성령님께 깨달음을 달라고 기도합니다. 마지막으로 무엇보다 중요한 것은 말씀을 나누는 이가 준비 단계부터 확신할 수 있도록 성령님께 도움을 요청합니다. 이렇게 될 때 복음의 능력이 듣는 이들에게 비로소 전해집니다. 이는 강단에서 설교하는 목사나 선교지에 있는 선교사뿐만 아니라 복음을 전수하려는 모든 성도에게 해당하는 능력입니다.

부디 이 세 가지를 잊지 마십시오. 말과 능력과 확신으로 복음은 전해지며, 이 셋의 뒤에는 성령님이 계십니다. 그렇게 사역할 때 그 일에 동참한 이들은 놀라게 됩니다. "어? 이 사람이 예수님을 받아들이네." "그렇게 믿음이 안 자라던 사람이 성장하네." "어느새 다른 사람을 키울 수 있는 제자로 자라가네." 이런 현상을 경험하게 됩니다. 이처럼 복음은 진리를 담은 말로만 존재하는 것이 아니라, 실제 모습으로 나타납니다.

불완전하나 본받기에는 충분하다

복음이 데살로니가 사람들에게 이르렀을 때 그들에게 무슨 일이 일어났습니까? 1장 6절에서 바울은 "여러분은 많은 환난 가운데서 성령께서 주시는 기쁨으로 말씀을 받"았다고 썼습니다. 이것이 바로 데살로니가인의 믿음입니다. 하나님의 말씀을 받아들이는지는 그 말씀을 받아들이는 자세에서 이미 정해집니다. 하나님의 말씀을 받는 행위가 얼마나 중요한지는 다음 장에서 더 깊이 나누겠습니다. 여기서는 하나만 짚겠습니다. 주일 설교를 듣는 것도 말씀을 받는 것입니다. 어떤 분들은 말씀을 들으면서도 말씀하는 사람을 계속 평가합니다. 어리석은 분들입니다. 말씀을 기쁨으로 받지 않고 설교자들을 비교합니다. 이들은 다음 단계로 나아갈 수 없습니다.

데살로니가인들이 기쁨으로 말씀을 받아서 어떻게 되었습니까? 그들이 기쁨으로 말씀을 받은 목적은 무엇이었습니까? 그들은 바울 일행과 하나님을 본받는 사람이 되었습니다. 바울 일행은 복음도 잘 전하고 사역도 훌륭하게 진행했습니다. 그런데 그들을 그렇게 만든 것은 데살로니가인들의 믿음이었습니다. 그들을 바라보며 그대로 배우는 데살로니가인들이 있었기에 바울 일행은 더욱 자신의 사명에 매진했습니다. 주님을 바라보며 우리보다 조금 앞선 이들을 본받는 것은 영적 성장에서 아주 본질적인 부분입니다. 본받지 않고는 성장하지 못하기 때문입니다.

저는 가끔 이런 분을 만납니다. "본받을 사람이 별로 없어요. 교회 오래 다니신 어르신들이요? 알고 보면 참 인간적이시죠." 아니면, 이렇게 말합니다. "담임목사님 말고 본받을 만한 사람이 교회 안에 있을까요?" 이런 분들은 절대 성장하지 않습니다. 사람에게는 본받을 것이 없다는 분, 또는 본받을 만한 사람이 없다는 분 모두 다 영적 성장에 어려움을 겪습니다. 특히, 젊은이들 가운데 배우려는 자세가 없는 이들을 만날 때 무척 안타깝습니다. 눈을 열고 자꾸 배우려고 해야 하는데 배울 생각을 하지 않습니다. 다 안다고 생각합니다. "별 감동이 없네"라며 돌아섭니다. 그럴 때마다 참 마음이 아픕니다. 배우고 또 배워도 모자란 때인데 말이죠.

세상에 완전한 리더는 없습니다. 모두 불완전합니다. 다만 자신보다 조금 앞서서 주님을 따라가려 애쓰는 이들이 있다면 그들을 본받으십시오. 그들이 완전해서가 아니라, 주님을 따라가려 애쓰기 때문에 본받는 것입니다. 그러므로 그들의 부족한 면을 보면서 “어떻게 저러고도 주님을 따른다고 할 수 있지?”라고 쉽게 말하지 마십시오. 교만한 사람은 성장하지 못합니다. 교만이 깨지기 전까지 영적 성장은 일어나지 않습니다. 바울 사도가 “우리와 주님을 본받는 사람이 되었습니다”라고 했을 때, 데살로니가인들이 본받은 그 ‘우리’ 속에는 바울만이 아니라 디모데 같은 젊은이도 있었습니다. 복음은 단순히 이론으로만이 아니라, 그것을 삶으로 살아 내는 사람을 통해서 임하므로, 우리는 그 사람들을 따라가야 합니다. 이끄는 사람이 없는 사람은 교만할 뿐 아니라, 성장의 길이 막힌, 미래가 없는 사람입니다. 그러니 제발 자신이 대단히 성숙한 사람인 양 떠들면서 본받을 사람이 없다고 소문내고 다니지 마십시오. 얼마나 부끄러운 일인지 모릅니다. 대신 겸손하게 자신보다 앞서가는 이들을 통해 배우려 하십시오. 그럴 때 비로소 그 사람 너머에 계시는 주님이 더 선명하게 보입니다.

교회의 본이 되는 교회

복음은 바울 일행과 주님을 본받은 데살로니가 성도들에게서 멈추지 않습니다. 1장 7절에서는 마케도니아와 아가야까지 퍼져 나가 이제는 그곳에서 믿는 모든 자가 데살로니가 성도를 본받습니다. 8절에서 바울은 "울려 퍼진다ἐξήχηται"라고 했는데, '에코echo'라는 이 단어는 사방으로 울려 퍼지는 복음을 청각적 이미지로 잘 형상화합니다. 그러다가 급기야 모든 곳에 데살로니가인의 믿음이 알려졌습니다. 7절의 "본이 되었습니다"에서 '본'은 단수입니다. 데살로니가 성도 한 사람 한 사람이 아니라 데살로니가 공동체가 마케도니아와 아가야 지역 모든 교회의 본이 되었다는 뜻입니다.

이런 면에서 우리 교회들은 어떤가요? 한국 교회가 아직 많이 부족하지만, 하나님이 베푸신 복을 생각하면 너무나 감사합니다. 그래서 부족하나마 데살로니가 교회가 그랬듯이 자신이 속한 지역에 영향을 끼쳐야 합니다. 각 지역에 건강한 공동체가 더 생기도록 어떻게 도울 수 있는지를 고민해야 합니다. 만약 주일에 모여서 "너무 좋다. 참 좋은 교회를 다니고 있어. 이런 설교 들으면서 이렇게 훌륭한 예배드리면서 계속 가면 좋겠다"라며 만족한다면, 종교적 안식을 주는, 교회 비슷한 우상에 이미 빠져 있는지도 모릅니다.

하나님나라를 받아들인 그리스도인이라면 공동체로 모여서 우리끼리 재미있고 행복하게 사는 데서 멈추면 안 됩니다. 교회 내 권력 다툼으로 공동체가 깨진, 잘못된 가르침으로 세상과 교회를 분리하고 교회 와서만 신앙생활 하는, 교회에 와서도 세상 사람들과 다를 바 없이 지내며 싸우는 교회가 곳곳에 있음을 기억해야 합니다. 동시에 그 속에서 상처받고 고통당하는 수많은 형제자매가 있다는 사실도 잊지 말고, 그들과 그들의 교회를 어떻게 섬길지를 고민해야 합니다. 주님이 원하신다면, 현재의 편안하고 어찌 보면 멋진 교회 환경을 포기할 수 있을지를 고민해야 하지 않을까요?

데살로니가에서 일어난 일이 한국 교회에서도 일어나기를 저는 간절히 바라고 있습니다. 먼저 데살로니가 교회처럼 진정한 회심이 일어나고, 진정한 변화를 끌어내는 공동체가 여기저기 많이 세워지기를, 그리고 그러한 교회 공동체로 갱신되는 오래된 교회들이 곳곳에서 생기기를 기도합니다. 그렇게 되면서 "우리 교회가 최고야. 우리 목사님 설교가 최고야"라며, "여기가 좋아, 천국이야"라고 말하는 풍토가 사라지기를 기대합니다. 이를 위해 주님이 우리에게 오신 것은 아니었습니다. 우리가 무언가 놀라운 것을 경험하고 있다면, 그 진리를 어떻게 실천하고 드러낼지를 같이 고민하고, 자신이 경험한 놀라운 하나님나라 공동체를 세상 속에 침투시키기 위해 위대한 모험을 시작하는 것, 그것이 주님이 우리에게 바라는 것은 아닐까요? 그것이야말로 데살로니가 교회가 걸었던 길, 아니었을까요?

어떤 공동체로 남을 것인가

전혀 새로운 공동체가 가능했던 이유는 하나님나라 복음이 있어서였고, 그 복음에 진실하게 반응했던 회심이 있어서였습니다.

이 책을 읽는 분 중에는 회심이 불분명한 분도 있을 수 있습니다. “난 회심한 것 같기도 하고, 회심하지 않은 것 같기도 해.” “분명히 하나님을 믿는 것도 같은데, 우상도 못 버리고 한 손에 쥐고 있어.” 회심이 불분명한 이유 중 하나는 ‘나 홀로 신앙인’이기 때문입니다. 고립된 채로 세상에서 혼자 싸우고 있어서입니다. 회심이 선명해지려면 하나님 앞에서 공동체에 관해서도 결단해야 합니다. “하나님, 저는 이제 세상에 속한 공동체가 아니라 하나님께 속한 공동체에 확실하게 들어가겠습니다. 그래서 형제들의 도움을 받겠습니다. 우상과 싸우겠습니다. 우상이 나를 지배하지 못하도록 하겠습니다.” “살아 계시고 참되신 하나님의 노예가 되는 영광을 맛보고 싶습니다. 그분의 노예가 되어서 참된 자유에 이르는 길이 무엇인지 알고 싶습니다.” “깨지고 망가진 세상에 살면서 다시 오실 주님과 완전한 회복을 간절히 사모하는 것이 무엇인지를 정말 누리고 싶습니다.” 이 모든 것이 어디서 가능할까요? 전부 공동체적 맥락에서 이루어집니다.

회심이 불분명한 분들은 계속 그렇게 살지 마십시오. 임하고 있는 진노에서 우리를 구하고 계신 예수님, 그 주님을 따라 살지 않으면 그 진노를 피할 수 없습니다. 지금도 주님은 우리를 거기서 건져 내고 계십니다. 그리고 마지막 날 임할 완벽한 진노에서 우리를 구하실 것입니다. 그 주님을 따르려 한다면 혼자 가지 마십시오. 가정교회 같은 소모임에서 더 강력하게 모이십시오. 모여서 다과나 나누는 정도가 아니라, 우상과 싸우고 참되신 하나님을 섬기고 주님을 기다리는 공동체가 되도록 다 함께 기도하십시오. 그뿐만 아니라 나중에 흩어져서 건강한 교회를 세우는 핵심적인 사람이 되겠다는 꿈을 꾸십시오. 교회 와서 좋은 설교 듣고 부담스럽지 않은 예배드리며 관람객으로 앉아 있다가 수혜자로 인생을 마감하지 않고, 언젠가는 주님과 동역하는 영광을 누리겠다는 사람이 되십시오. 하나님이 사라진 듯 보이는 현대 사회와 문화, 이것들의 총화인 도시 한복판에서 하나님과 동역하는 사람들의 공동체를 꿈꾸십시오. 그것이 데살로니가 교회였습니다. 이러한 데살로니가 현상이 당신에게, 당신의 교회에도 일어나기를 바랍니다. 훗날 100년, 200년이 지난 다음에, 우리 후손이 데살로니가인과 그들의 공동체를 기억하듯이 당신과 당신의 교회를 떠올리는 날이 오기를 바랍니다. 그때 우리는 모두 죽어서 사라졌겠죠? 하지만 우리가 모두 사라진 다음에도 그 놀라운 현상은 두고두고 펼쳐보는 이야기가 될 것입니다. 그 일이 일어나기를 간절히 소원합니다.

3.

본받기

우리는 소망합니다. “그저 그런 공동체가 아니라 전혀 새로운 공동체를 세우면 좋겠다. 그런 공동체와 더불어 살면 좋겠다. 성경이 가르치는 교회를 세우고 그 안에서 살면 좋겠다.” 이런 소망이 우리 가운데 있습니다. 앞 장에서 우리는 전혀 새로운 공동체가 일어난 새로운 움직임에 “데살로니가 현상”이라는 이름을 붙였습니다.

그런데 참 불행하게도 한국 교회에는 데살로니가 현상이 너무나 희귀합니다. 복음을 받아들였으나 하나님나라의 복음이 아니라 ‘죽으면 천국 간다’라는 복음에만 머뭅니다. 그렇게 불완전한 복음을 받아들인 결과, 불분명한 회심이 일어납니다. 데살로니가 현상의 첫 번째, 두 번째 특징인 올바른 복음을 듣고 진정한 회심이 일어나는 과정을 한국 교회에서는 찾기가 어렵습니다.

문제는 여기서 끝나지 않는다는 것입니다. 그다음에 나타나는 문제는 무엇입니까? 본이 되는 사람을 발견하기 어렵습니다. 본이 되려고도 하지 않습니다. 부담스러워합니다. 심지어 목회자들도 “저를 따라오지 마세요. 저를 본받지 마세요. 주님을 본받으세요”라고 말합니다. 겸손하고 아름다운 말 같아도 성경의 원리에는 맞지 않는 말입니다. 바울 사도는 데살로니가 성도들이 자신과 일행이 어떻게 처신하고 행동했는지 알고 있으며, 이를 성도들이 본받으면 좋겠다고 거듭해서 밝힙니다. 오늘날 한국 교회에서 데살로니가 현상이 사라지다시피 한 이유는 본이 되려는 사람도 없고 본받으려는 사람도 없기 때문입니다. 그 결과, 기독교 신앙은 개인이 알아서 하는 것으로 전락했습니다. 예전에 보지 못했던 새로운 공동체가 탄생하려면 하나님나라 복음과 진정한 회심에 이어, 하나님나라 복음을 받아들이고 회심한 대로 살아가며 본을 보이는 신앙 선배가 있어야 합니다. 이것이 데살로니가 현상의 세 번째 특징입니다. 나들목교회에서는 본을 보이는 분들을 '이끄미'라고 부릅니다. 이끄미는 리더처럼 맨 앞에 서서 무리를 이끄는 사람이 아니라, 자신보다 한 발이나 반걸음 늦은 사람, 곧 '따르미'에게 본을 보이는 사람입니다. 그런 면에서 우리는 모두 이끄미이며 동시에 따르미입니다. 그러므로 이끄미는 당연히 완벽하지 않습니다. 하지만 본이 될 수 있습니다. 그것이 어떻게 가능한지를 이번 장에서 살펴보겠습니다.

그리스도인이라면 누구나 이끄미

바울 사도는 데살로니가에서의 짧고 아쉬웠던 사역을 회고하면서 자신과 일행이 데살로니가 성도들에게 어떻게 본이 되었는지를 이야기합니다(살전 2:1-11). 바울이 이 이야기를 할 수밖에 없었던 이유는 분명합니다. 바울은 데살로니가를 너무나 빨리 떠나야 했고, 그로 인해 데살로니가에서의 사역은 상당히 불안정했습니다. 바울을 공격하는 자들도 많이 나타났습니다. 이에 바울은 당시 사역을 회고하면서 자신들의 사역이 어땠는지를 세세히 적습니다. 바울은 "여러분이 알고 있다"라는 표현을 네 번(1, 2, 5, 11절)이나 씁니다. "여러분이 친히 알고 있습니다", "여러분이 아는 것과 같이", "여러분이 아는 대로", "여러분이 아는 바와 같이". 나중에는 "하나님이 증인이시다" 같은 표현까지 사용하면서 바울 일행의 당시 사역을 변론합니다. 여기서 우리가 봐야 할 것은, 데살로니가 성도들이 따르기를 기대하며 바울이 보여 준 본보기가 무엇인가입니다. 먼저 1절부터 3절까지를 보겠습니다.

> **1** 형제자매 여러분, 우리가 여러분에게 간 것이 헛되지 않은 줄을 여러분이 친히 알고 있습니다. **2** 여러분이 아는 것같이, 우리가 빌립보에서 전에 고난과 모욕을 당하였으나, 주 우리 하나님 안에서 여러분에게 하나님의 복음을 많은 싸움 가운데 담대함을 가지고 전하였습니다. **3** 왜냐하면 우리의 권면은 잘못된 것이나 부정이나 속임수로 하는 것이 아니기 때문입니다(살전 2:1-3, KHKV).

> **1** 형제들아 우리가 너희 가운데 들어간 것이 헛되지 않은 줄을 너희가 친히 아나니 **2** 너희가 아는 바와 같이 우리가 먼저 빌립보에서 고난과 능욕을 당하였으나 우리 하나님을 힘입어 많은 싸움 중에 하나님의 복음을 너희에게 전하였노라 **3** 우리의 권면은 간사함이나 부정에서 난 것이 아니요 속임수로 하는 것도 아니라(살전 2:1-3, 개역개정).

앞에서도 계속 이야기했지만, 바울은 계획하지 않은 상태에서 데살로니가에서 쫓겨났습니다. 바울이 사역한 기간은 3주보다는 길었습니다. 빌립보 성도들은 데살로니가에 있는 바울에게 몇 차례 도움의 손길을 보냅니다("내가 데살로니가에 있을 때에도, 여러분은 내가 쓸 것을 몇 번 보내어 주었습니다", 빌 4:16). 빌립보에서 데살로니가까지의 왕복 거리를 고려하면, 3주 동안 여러 번 도울 수는 없습니다. 바울의 데살로니가 체류 기간은 3주보다는 길었겠지만, 아주 길지는 않았습니다. 더군다나 사역이 완료되기도 전에 급히 떠나야 했습니다. 그런데 바울은 자신과 일행이 보였던 본을 계속 상기시키고 있습니다. 시간과 상황의 한계 속에서 사역을 마무리하지 못했기에 자신의 본분을 다하지 못했다고도 볼 수 있는데, 바울은 아랑곳하지 하지 않고 자신과 일행이 본을 보였다고 여러 차례 상세하게 이야기하고 있습니다.

바울 사도도 자기 사역에 한계가 있음을 알고 있었습니다. 이끄미가 완전해서 본을 보이는 것은 아닙니다. 늘 한계 가운데 있습니다. 당연하고 피할 수 없는 한계로 인해 이끄미가 되는 것에 자신 없어 하는 사람이 많습니다. 하지만 데살로니가 교회에 대한 바울의 서술은 이와 다릅니다. 그들은 놀랍게도 복음을 받아들인 지 채 1년이 안 된 때에 마케도니아와 아가야의 모든 성도에게 본이 되고 있습니다. 주후 49년에서 50년 사이에 데살로니가 교회가 세워졌고, 데살로니가전서는 주후 50년 후반에 바울이 그들에게 보낸 편지입니다. 그러니까 복음을 받아들이고 회심한 지 1년도 안 된 이들에게 쓴 것입니다. 그런데 바울은 그들이 벌써 다른 지역 성도들의 본이 되고 있다고 편지에 적고 있습니다.

많은 사람이 “나는 아직 멀었어. 이끄미가 되려면 아직도 멀었어. 나는 부족해. 상황도 좋지 않고 시간도 없어”라고 말합니다. 자신의 역량과 성숙이 부족하다고 이야기합니다. 하지만 완전해진 다음에만 본을 보일 수 있는 것은 아닙니다. 그리스도를 따른다는 이유 하나만으로도 그리스도를 따르지 않는 이들에게 본이 될 수 있습니다. 당신이 우상에서 벗어나 살아 계시고 참되신 하나님을 섬기기 시작했다면, 아직도 우상에 매여 있는 사람에게 본이 될 수 있습니다. 모든 그리스도인은 예수를 따르기 시작하는 순간부터 누군가의 이끄미가 됩니다. 물론 동시에, 자기보다 앞서 주님을 따르는 자들의 따르미가 됩니다. 그러므로 자신의 한계 때문에 본을 보이지 못하겠다는 말은 핑계입니다. 우리는 기억해야 합니다. 바울 사도도 여러 한계 가운데서 사역했습니다. 당신이 그리스도인이라면 이끄미가 될 기본 자격을 이미 갖추었습니다.

그리스도인이 성장하지 않는 이유가 여기에 있습니다. 복음을 받아들였지만 “나는 아니야, 나는 더 준비돼야 해, 나는 좀 더 성숙해야 해” 하면서 계속해서 빼는 겁니다. 자신의 한계를 핑계 삼아, 자신을 뒤따르는 자들이 있다는 사실을 애써 부인하며 누구에게도 본을 보이지 않고 도망 다닙니다. 그 결과, 철도 들지 않고 늘 혼자 신앙을 지키는 ‘나 홀로 신앙인’으로 남게 됩니다.

대가를 치러야 유산은 이어진다

자신의 한계를 넘어서서 본을 보이는 이끄미로 살아가려면 대가를 치르게 됩니다. 사실 사람들은 이 부분이 힘들어서 회피합니다. 바울 사도는 전에 빌립보에서 고난과 모욕을 당한 적이 있다고 밝힙니다. 점을 쳐서 큰 돈벌이를 하는 이들과 대립하다가 그들에게 고소를 당해 매를 맞고 감옥에 갇힙니다(행 16장). 당시 사법체제를 통해 바울 일행이 고난을 받았다는 사실은 현대 사회를 사는 우리에게도 시사하는 바가 큽니다. 사법체제가 우리를 보호해 줄 때도 있지만, 오히려 주님 뜻대로 사는 삶에 걸림이 되거나 더 나아가 위협이 될 때도 있습니다. 바울 일행은 빌립보에서처럼 데살로니가에서도 많은 싸움 가운데서 복음을 전했습니다(살전 2:2). 이처럼 하나님나라 복음을 받아들이고 그 복음을 전수하려고 하면, 그리고 전한 복음대로 살면서 본을 보이며 뒤이어 오는 이들을 이끌려 하면, 대가를 치러야 합니다.

물론 오늘날처럼 평화로운 세상에서는 신앙 때문에 매를 맞거나 옥에 갇히는 일은 드뭅니다. 하지만 현대 그리스도인이 치러야 할 대가는 더 교묘하게 어려워졌습니다. 현대 사회의 그리스도인이 치러야 할 대가는 자신의 시간과 에너지입니다. 시간이 없고 에너지가 없다는 이유로 본을 보일 기회를 마다합니다. 누군가에게 복음을 전하고 본을 보이려면 시간이 들고 에너지가 필요합니다. 하지만 현대 그리스도인은 복음을 전하는 일에, 그리고 복음을 받아들인 사람이 우상을 버리고 하나님을 섬기도록 이끄는 일에 자신의 삶을 드리지 않습니다. 대가를 치르지 않습니다. 참된 이끄미라면 그 일에 시간과 에너지를 들입니다.

바울 사도는 매를 맞으며 옥에 갇히고 많은 싸움 가운데서 복음을 전했고, 그 복음이 흐르고 흘러서 우리에게까지 왔으나, 우리는 일주일에 두세 시간조차 내기 힘듭니다. 우리는 복음을 통해서 하나님나라에 들어가게 되었으며, 그리하여 이 세상에서 살면서도 더는 이 세상을 좇지 않고 하나님의 다스림을 받으며 살아가는 놀라운 복을 누립니다. 하나님나라 복음을 받아들인 사람은 그 영광스러운 나라를 위해 치르는 대가를 당연히 여길 것입니다. 하지만 불행히도 오늘날 수많은 그리스도인은 복음을 받아들였으나 대가를 치르려 하지 않고, 그래서 누구를 본받지도 않고, 누구의 본이 되지도 않습니다. 복음과 회심 다음의 고리가 끊어진 셈입니다. 누군가 대가를 치르며 본이 되고 본을 받지 않는 이상 그 고리는 절대 연결되지 않습니다. 교회가 세상에 선한 영향력을 끼치지 못하는 이유는 말씀을 듣지 않아서가 아니라, 말씀을 있는 그대로 받지 않아서이며, 말씀을 받아도 별 변화를 일으키지 못하는 이유는 본을 받지도 본이 되지도 않아서입니다. 이끄미도 없고, 따르미도 없고, 개별 신자만 존재하는 상황이 오늘날 많은 교회의 슬픈 모습입니다.

자신을 전하지 말고 진리를 전하라

그렇다면 이끄미가 해야 하는 일은 무엇일까요? 바울은 2절에서 "하나님 안에서 여러분에게 하나님의 복음을 많은 싸움 가운데 담대함을 가지고 전하였습니다"라고 이야기합니다. 바울 일행은 하나님의 복음을 전했습니다. 이끄미가 집중해서 해야 할 일은 하나님의 복음을 선명하게 알려 주는 것입니다. 우리가 주님을 따르면서 하나님나라에 관한 비전을 얻고 이를 통해 세상 만물을 이해하는 통찰력을 갖게 됐다면, 새로이 기독교 신앙을 가진 후배들을 이끌 수 있습니다. 사람마다 하나님나라 복음을 이해하는 정도는 모두 다릅니다. 자신이 이해한 정도를 가지고, 자신보다 덜 이해한 사람에게 알려 주는 것입니다. 이것이 이끄미가 해야 하는 일의 본질입니다. 이끄미가 할 일은 자신이 얼마나 완벽하고 성숙해졌는지를 보여 주는 것이 아닙니다. 자신이 이해하고 깨달은 하나님나라 복음을 알려 주는 것이 본질입니다. "담대함을 가지고 전하였습니다"라는 문장이 원어에서는 한 단어(ἐπαρρησιασάμεθα)입니다. 그 뜻은 "자유롭게 공개적으로 이야기했다"입니다. 이끄미는 하나님나라 복음을 신앙의 후배들에게 공개적으로 자유롭고 진실하게 이야기해야 합니다.

이어서 3절에서는 "권면"이라는 단어가 나옵니다. 이것 또한 이끄미가 해야 할 일입니다. 복음을 설명하고 나서는 권면해야 합니다. 권면이 무엇입니까? 복음을 설명해 준 다음에 그렇게 살자고 격려하는 것입니다. 자신이 얼마나 성숙했는지, 인생이 얼마나 변했는지, 얼마나 더 영적으로 거룩해졌는지를 따르는 이에게 전한다거나, 반대로 자신이 얼마나 부족해서 이끄미가 될 수 없는지 변명하는 것은 여전히 자신에 관한 관심에서 벗어나지 못했다는 증거입니다. 이끄미는 자신을 전하는 사람이 아니라, 자신을 변화시킨 하나님, 그분의 복음을 전하는 사람입니다. 우리 자신과 우리가 전하는 진리, 이 두 가지를 혼동하면 안 됩니다. 그런데 여전히 자기중심적 사고에 붙들린 사람이 있습니다. "나는 미성숙해서 안 돼. 그럴 만한 그릇이 아니야." 누가 당신에게 관심이 있다고 합니까? 아닙니다. 하나님을 전하면 됩니다. 하나님의 복음을 자신이 이해한 만큼 설명하면 됩니다. 자기중심적 사고에 머물면서 끊임없이 이끄미의 자리를 회피하는 사람은 당연히 성장할 기회를 얻지 못합니다. 하지만 자신이 이해한 만큼 복음을 설명해 주고 그렇게 살자고 이야기하는 사람은 어떻게 될까요? 그 진리가 그 사람을 세웁니다. 그 사람은 그 진리만큼 자라게 됩니다. 그런데도 아무도 본이 되려고 하지 않습니다.

갈림길에 선 교회의 선택

나들목교회를 시작한 지 15년이 지나면서 중요한 시점이 오고 있다는 생각이 들었습니다. 성도들이 다른 성도에게 복음을 설명하고 복음에 기초한 제자의 삶을 살도록 도왔지만, 점점 교회의 시스템에 안주하는 성도들도 눈에 띄었습니다. 제자의 삶을 가르치는 단계별 디딤돌 프로그램이 주는 유익을 누릴 뿐, 실제로 이끄미가 되어서 신앙 후배를 섬기면서 성숙해 가는 면은 부족했습니다. 교회가 건강하게 자라는 듯했지만, 정작 중요한 부분은 자라고 있지 않았습니다.

교회가 정말 건강하다면 어떤 일이 벌어질까요? 우선 교회를 찾은 사람이 하나님나라 복음을 잘 이해하고 그 복음을 받아들입니다. 그다음에는 받아들인 그 복음에 감격해서 주변 사람이나 교회를 새로 찾은 이들에게 복음을 설명하게 됩니다. 자신이 전한 복음을 누군가 받아들이면 그에게 복음을 따르는 삶에 관해 설명해 주고 그렇게 살 수 있도록 권면합니다. 그렇게 2-3년 동안 살다 보면 '하나님나라 제자'로 살고 싶다는 생각이 듭니다. 그때 자신보다 더 앞서가고 있는 신앙 선배들이 그를 더 깊은 성숙으로 인도합니다. 이런 일들이 물 흐르듯이 계속 일어납니다. 이것이 건강한 교회입니다.

건강한 교회라고 하면 재정 비리가 없고, 민주적으로 의사를 결정하고, 목회자의 성 추문이 없는 교회를 먼저 떠올립니다. 하지만 정말 건강한 교회는 우리를 변화시킨 복음을 끊임없이 다른 사람에게 알려 줘서, 종소리가 울려 퍼지듯이 마케도니아와 아가야뿐만 아니라 모든 지역으로 복음을 흘려보내는 교회입니다. 이것이 영향력 있게 세상으로 흘러 들어가는 건강한 교회의 핵심입니다. 소통이 원활하고 민주적 절차를 잘 지키는 집단은 세상에 얼마든지 많습니다. 그런 조직이 되는 것이 우리의 꿈일까요? 아닙니다. 우리의 꿈은 공동체에 주신 하나님나라 복음을 개개인이 잘 살아 내고, 살아 낸 만큼 후배에게 전달해 주면서 자신은 계속해서 주님을 따라가는 것입니다. 이것이 이끄미의 삶입니다.

이 점에서 나들목교회가 세워진 지 15년이 되었을 때 데살로니가 교회 같은 건강한 교회가 될지 말지를 선택해야 하는 갈림길에 섰다는 생각이 들었습니다. 나들목교회는 초기부터 하나님나라 복음에 기초한 제자훈련인 "풍성한 삶의 기초"로 성도가 이끄미가 되어 성도를 섬기는 훈련을 해 왔습니다. 교회의 프로그램이 아니라 삶의 방식으로 제자훈련이 자리를 잡은 것은 나들목교회 초기 10여 년의 역사에서 매우 중요한 일이었습니다. 그러나 나머지 신앙 단계별 훈련 프로그램은 사역자 중심으로 운영했습니다. 특히 복음을 전하는 일은 중요성과 전문성 때문에 저 홀로 담당하고 있었습니다. 그런데 계속 아쉬웠습니다. 나들목교회를 시작하고 10년이 지났을 때 주님이 저를 꾸짖었습니다. "왜 너 혼자만 복음을 전하고 있니?" 저는 "복음은 성도는 물론이고 사역자들도 잘 전하지 못해요"라고 속으로 답했습니다. 하나님은 "너에게 세우라는 교회가, 네가 아니면 안 되는 교회였니? 네가 없어지면 그 교회에서는 누가 복음을 전하니?"라는 마음을 주셨어요. 그래서 여러 해를 고민하다가 모든 사람이 복음을 전할 수 있도록 도우려고 "풍성한 삶의 초대"를 만들었습니다. 이후에 초기 양육을 위한 "풍성한 삶의 첫걸음"까지 나왔습니다. 앞서 제자훈련 교재로 사용하고 있던 "풍성한 삶의 기초"까지 연결되면서, 복음을 전하고 회심으로 인도하고 제자로까지 훈련하는 과정이 디딤돌이라는 이름으로 묶였습니다. 이렇게 성도들이 복음을 전하고 본이 될 수 있는 바탕이 마련되었습니다. 하지만 그때까지도 복음을 전하는 프로그램은 사역자들 중심으로 운영되었습니다. 데살로니가 교회 같은 건강한 교회로 가기 위해서는 성도가 성도를 초기 전도 때부터 양육하는 과정으로 바꿔야 했습니다. 훈련받은 목회자만이 복음을 전하고 강의하고 관리하는 것은 사제주의에 물든 한국 교회의 단면입니다. 우리가 살펴보고 있는 데살로니가 교회에서 일어난 일은 이와 달랐습니다. 나들목교회는 데살로니가 교회 같은 교회가 되고 싶었고, 이를 위해 나들목교회를 방문한 사람 중에 원하는 사람을 성도들이 일대일로 만나 복음을 소개하기 시작했습니다. 2-3년이 지나자, 복음을 전하고, 초기 양육을 하고, 제자훈련을 하는 모든 과정을 교회의 프로그램이 아니라 삶의 방식으로 성도들이 흡수했습니다. 이러한 변화와 성숙이 나들목교회가 다섯 교회로 분교할 수 있었던 이유 중 하나입니다. 우리 모두가 "담대하게 복음을 전하고 있습니다."

문제는 자격이 아니다

핵심은 모든 그리스도인이 복음의 전수자가 되는 것입니다. 교회에서 10년 이상 훈련받고 하나님나라 백성의 삶을 배운 사람이라면, 어디 가서든지 복음을 전하고 양육하고 제자 삼는 일을 하며, 더 나아가 공동체를 세울 수 있어야 합니다. 교회는 그런 사람을 키워 내야 합니다. 그래야 사회를 더 나은 곳으로 변혁하는 공동체가 도시 곳곳에 등장할 수 있습니다. 늘 목회자만 바라보고, 설교 들으면서 만족하고 위로받는 것에 익숙해진 성도와 교회로는 불가능합니다. 초대교회는 그런 교회가 아니었습니다. 데살로니가 교회를 보십시오. 어쩌면 나들목교회만이 아니라 한국의 모든 교회가 갈림길에 있는지 모릅니다. 하나님나라 복음의 이끄미가 될 것인가, 말 것인가? 이것이 핵심입니다.

현재 한국 교회의 모습을 보면 이 같은 꿈은 정말 "개 발에 편자"라는 생각이 듭니다. 하지만 다시 한 번 기억할 것은, 그 일을 할 만한 자격이나 역량이 돼서 복음을 전하는 것이 아니라는 점입니다. 저 역시 마찬가지입니다. 성경을 연구하면서 '내가 이렇게 놀라운 진리를 성도들에게 제대로 전할 수나 있을까?' 하는 생각이 절로 듭니다. 진리는 알면 알수록 우리가 거기에 못 미친다는 사실을 알게 됩니다. 사실 정확하게 말하면 우리는 언제나 '깜냥'이 안 됩니다. 하나님나라 복음의 위대함을 알면 알수록 자신이 얼마나 부족한지 알게 됩니다. 놀라운 진리를 제대로 전할 수 있을까 하고 자신이 없어집니다. 그러나 이 진리는 우리가 살아 내지 않을 수 없는 진리이며, 여전히 부족하나 조금이라도 먼저 이 길을 걷기 시작했으므로 다른 이의 이끄미가 되는 일은 피할 수가 없습니다. 그래서 겸손할 수밖에 없습니다. 우리는 자격이 안 됩니다. 하지만 우리가 고민해야 할 것은 우리의 자격이 아닙니다. 그럼 무엇일까요? 바울 사도는 이어지는 편지 본문에서 이끄미가 피해야 할 자세와 취해야 할 자세를 알려 줍니다. 한국 그리스도인이 정말 좋은 이끄미가 되려면 바울 사도의 권고를 귀담아들어야 합니다.

이끄미가 피해야 할 첫 번째 자세

앞서 살펴본 성경 말씀에 이어 3절부터 7절 앞부분까지를 보겠습니다.

> **3** 왜냐하면, 우리의 권면은 잘못된 것이나 부정이나 속임수로 하는 것이 아니기 때문입니다. **4** 오직 우리는 하나님께 검증받아 복음을 위탁받았으니, 이와 같이 말하는 것은 우리가 사람이 아니라 하나님, 곧 우리 마음을 검증하고 계시는 분을 기쁘게 해 드리려는 것입니다. **5** 여러분이 아는 대로 우리는 아첨하는 말이나 탐심을 감춘 거짓을 결코 쓰지 않았는데 하나님이 증인이십니다. **6** 또한

우리는 여러분에게서든 다른 사람에게서든 사람에게 영광을 구하지 않았습니다. **7** 우리가 그리스도의 사도로서 짐이 될 수도 있었지만 말입니다(살전 2:3-7, KHKV).

---

3 우리의 권면은 간사함이나 부정에서 난 것이 아니요 속임수로 하는 것도 아니라 **4** 오직 하나님께 옳게 여기심을 입어 복음을 위탁 받았으니 우리가 이와 같이 말함은 사람을 기쁘게 하려 함이 아니요 오직 우리 마음을 감찰하시는 하나님을 기쁘시게 하려 함이라 **5** 너희도 알거니와 우리가 아무 때에도 아첨하는 말이나 탐심의 탈을 쓰지 아니한 것을 하나님이 증언하시느니라 **6** 또한 우리는 너희에게서든지 다른 이에게서든지 사람에게서는 영광을 구하지 아니하였노라 **7** 우리는 그리스도의 사도로서 마땅히 권위를 주장할 수 있으나(살전 2:3-7, 개역개정).

전혀 새로운 공동체를 세우는 이끄미들이 피해야 할 세 가지 자세 중에 첫 번째 자세가 3절에 나옵니다. 바울 사도는 권면은 "잘못된 것이나 부정이나 속임수로 하는 것이 아니"라고 이야기합니다. 첫째, "잘못된 것"은 내용상에 오류가 있는 것입니다. 정확하지 않은 진리로는 권면하지 않았습니다. 둘째, "부정"은 불결함을 뜻하며 성적 부도덕을 가리킬 때 사용하는 단어입니다. 잘못된 동기로는 복음을 전하지 않았습니다. 셋째, "속임수"로 전하지 않았습니다. 앞서도 나왔지만, 바울 일행은 공개적으로 담대하게 복음을 전했으며 잘못된 방법을 사용하지 않았습니다.

우리 역시 공동체를 세우는 이끄미가 되었을 때 이 세 가지를 피해야 합니다. 첫째, 내가 전달하는 내용이 정확한지, 내가 하고 싶은 이야기를 하는 것은 아닌지, 하나님나라 복음을 선명하게 전하는지, 내가 전하는 이야기와 권면이 정말 성경이 가르치는 바인지, 혹시 어떤 오류에서 비롯된 것은 아닌지를 점검해야 합니다. 둘째, 잘못된 동기에서 권면하는 것은 아닌지를 살펴야 합니다. 사도행전 17장을 보면, 바울 일행이 데살로니가에서 사역했을 때 "경건한 그리스 사람들과 적지 않은 귀부인들"이 그들을 따랐습니다. 귀부인들이 따랐기 때문에 바울 일행이 이들을 유혹했다는 오해를 받았을 가능성도 있습니다. 그래서 아마도 이 단어를 썼으리라 추측하기도 합니다. 바울은 자신들이 불결한 동기로 권면하지 않았다고 강조합니다. 이것은 바울이 나중에 더 깊이 이야기하므로 다시 살펴보겠습니다. 셋째, 복음이라는 목적이 아무리 선해도 잘못된 방법을 합리화할 수는 없습니다. 복음을 전하기 위해 속임수를 쓰는 것은 옳지 않습니다. 얼마 전, 한 대학교 학보사에서 제게 물었습니다. 대학에서 복음을 전하기 위해 신입생을 대상으로 설문 조사를 하고 끝에 가서 연락처를 받는다는 겁니다. 실제로는 신입생들의 상황이나 설문 조사 내용에는 관심이 없고, 연락처를 알아내려고 설문 조사를 미끼로 사용한다는 것입니다. 저는 그렇게 하면 안 된다고 이야기했습니다. 목적이 방법을 합리화할 수는 없습니다. 이처럼 바울은 복음을 전하고 권면할 때 비진리, 잘못된 동기, 잘못된 방법을 쓰지 않는다고 적었습니다. 이 세

가지가 우리가 피해야 할 첫 번째 자세입니다.

이끄미가 피해야 할 두 번째 자세

두 번째 피해야 할 자세는 동기와 관련 있습니다. 특히 인정 욕구입니다. 바울은 이에 관해 굉장히 길게 이야기합니다. 4절에서는 "우리가 사람이 아니라 하나님, 곧 우리 마음을 검증하고 계시는 분을 기쁘게 해 드리려는 것입니다"라고 하고, 5절에서는 "우리는 아첨하는 말이나 탐심을 감춘 거짓을 결코 쓰지 않았는데, 하나님이 증인이십니다"라고 하고, 6절에서는 "우리는 여러분에게서든 다른 사람에게서든 사람에게 영광을 구하지 않았습니다"라고 합니다.

우리가 무슨 일을 할 때 우리를 움직이는 강력한 동기가 하나 있습니다. 가장 보편적이고 강력한 동기가 바로 인정받고 싶은 마음입니다. 건강하지 않을수록 인정받으려는 욕구가 강합니다. 부모에게 듬뿍 인정받고 자란 사람은 다른 사람에게 잘 보이려고 그렇게 애쓰지 않습니다. 반대로 어릴 때부터 부모에게 인정을 받지 못한 사람은 인정받으려는 욕망으로 자랐기 때문에 누군가에게 인정을 받는 게 너무나 중요합니다. 이렇게 정도의 차이는 있지만, 인간은 보편적으로 다른 사람에게 인정받고 싶어 합니다. 사람이 왜 아첨하고 탐심을 감추고 거짓을 말할까요? 그 사람에게 인정을 받고 싶어서입니다. 그 사람에게 칭찬받고 싶은 것입니다. 그래서 결국은 사람에게 영광을 구하는 모습이 우리에게서 나타납니다.

이러한 태도와 경향을 어떻게 해독할 수 있을까요? 바울이 이야기하는 해독제는 다음과 같습니다. 첫째, 자신의 사명에 대한 이해입니다. 바울은 하나님으로부터 복음을 위탁받았다고 했습니다. 이 단어는 "믿는다πιστεύω"의 수동태입니다. '믿어졌다'라는 말인데, '맡겨졌다'나 '위탁받았다'라는 번역이 적절합니다. 이 표현은 성경 곳곳에 등장합니다. 갈라디아서 2장 7절에서 바울은 "도리어 그들은, 베드로가 할례받은 사람에게 복음을 전하는 일을 **맡은** 것과 같이, 내가 할례받지 않은 사람에게 복음을 전하는 일을 **맡은** 것을 알게 되었습니다"라고 합니다. 이외에도 디모데전서 1장 11절에서는 "나는 이 복음을 선포할 임무를 **맡았습니다**"라고 하고, 디도서 1장 3절에서는 "나는 우리의 구주이신 하나님의 명령을 따라 이것을 선포하는 임무를 **맡았습니다**"라고 합니다. 고린도전서 4장 1절과 2절에서는 "사람은 이와 같이 우리를, 그리스도의 일꾼이요 하나님의 비밀을 **맡은** 관리인으로 보아야 합니다. 이런 경우에 관리인에게 요구하는 것은 신실성입니다"라고 분명하게 자신의 사명과 요구되는 자질을 밝힙니다.

바울은 복음이 자기 것이 아니라 하나님으로부터 위탁받은 것이라고 분명히 합니다. 우리가 이끄미로서 다른 이들에게 전하는 복음도 위탁받은 것입니다. 내 것이 아닙니다. 위탁받았으므로 거기에 뭔가를 더하거나 빼서는 안 됩니다. 그런데 어떤 사람은 그 복음 위에다가 자신의 영광을 슬쩍 올려놓습니다. 복음을 전하고 인정과 칭찬을 받습니다. 뭔가 이익을 얻습니다. 사람들에게 영향력을 끼치고 사람을 좌지우지하려는 욕망을 슬쩍 섞습니다. 바울은 관리인이라면 그럴 수 없으며, 신실해야 한다고 분명히 밝힙니다. 관리인은 맡긴 사람의 뜻에 따라 맡은 물건을 관리하고 사용해야지, 자기 멋대로 쓰면 안 됩니다. 복음을 위탁받았다는 '청지기 의식'은 누군가에게 잘 보여서 칭찬을 받고 자신의 영광을 취하려는 욕망을 이기게끔 해 주는 힘입니다. 이것이 첫 번째 해독제입니다.

바울 사도는 바로 이어서 하나님은 다른 것이 아니라 우리 마음을 검증하고 계신다고 이야기합니다. 하나님은 우리가 복음을 전해서 열매를 얼마나 많이 거뒀는지에만 온통 관심을 두는, 결과지상주의자가 아닙니다. 오히려 하나님은 우리 마음을 보십니다. 바울 일행의 마음도 검증하셨습니다. 4절에 앞에 나오는 이 단어 δεδοκιμάσμεθα는 현재완료형입니다. 곧 하나님은 지금도 우리의 마음을 검증하고 계신다는 것입니다. 검증은 과거에 한 번 받았다고 끝나지 않습니다. 하나님은 지금도 여전히 검증하고 계십니다. 이것을 잊어서는 안 됩니다. 많은 교회에서 제자훈련을 하지만 오히려 이를 통해서 교회가 깨지기도 합니다. 왜 그럴까요? 파벌을 형성하기 때문입니다. 특정한 라인을 만들고 일정한 규모가 되면 그들을 데리고 나가서 새로 교회를 시작합니다. 그리스도의 제자가 아니라 나의 제자를 만드는 행태입니다. 자신의 이익과 이름을 위해서 사역하고 봉사하는 사람들은 복음으로 장사하는 장사꾼입니다. 하나님은 처음 마음이 늘 한결같은지 검증하십니다. 바울 사도는 자신들의 마음에 대해서는 "하나님이 증인이십니다"라고 강력하게 이야기합니다. 하나님은 지금도 우리 마음을 보고 계십니다. 이것이 두 번째 해독제입니다.

그리스도인은 사람의 인정을 받으려고 애쓰지 말아야 합니다. 이것이야말로 영적 성숙의 중요한 부분입니다. 하나님만 만족하시면 됩니다. 우리의 성숙과 헌신과 봉사는 주님만 알아주시면 됩니다. 신앙이 어리면 어릴수록 누군가 다른 사람이 알아주기를 바랍니다. 그러면서 "나, 시험 들었어"라는 말을 자주 합니다. 결국은 자신을 알아주지 않는다는 말입니다. 왜 교회에 와서까지 자신을 알아 달라고 하는지 궁금합니다. 선행상은 교회 밖에서 받아도 충분합니다. 교회 안에서는 자신을 드러내는 게 중요하지 않습니다. 하나님이 아시면 그만이므로, 우리의 성숙과 헌신과 봉사는 단지 그분을 위해 그분께 드리는 제사입니다.

사실은 저 역시 다른 사람에게 인정받는 것이 중요한 사람이고, 그 욕구가 대단히 큽니다. 늘 다른 사람이 나를 어떻게 평가하는지에 관심이 많습니다. 외부 집회에 나가면 마친 후에 반응이 어땠는지 무척 궁금합니다. 인간의 본질에 가까운 욕망입니다. 우리는 이것과 싸워야 합니다. 그대로 내버려 두기 시작하면 사람들의 찬사에 웃고 비판에 가슴을 뜯게 됩니다. 하나님나라의 진리대로 사는 대신에, 어떻게 하면 사람들에게 칭찬과 인정과 박수를 받을지에만 생각이 기웁니다. 교회 안에서 소모임을 이끄는 이들이나 목회자들도 마찬가지입니다. 교인들을 만족시키려 하면 교회가 산으로 갈 수 있습니다. 우리는 하나님의 진리를 따라 움직여야 합니다.

나의 사명이 무엇인지를 분명히 알고 청지기 의식을 더욱 견고하게 하는 것, 그리고 하나님이 무엇을 기뻐하시는지를 정확하게 이해하는 것이 해독제입니다. 그때야 우리는 다른 사람에게 인정받으려는, 강력한 인정 욕구를 제어할 수 있습니다.

이끄미가 피해야 할 세 번째 자세

이끄미가 피해야 할 세 번째 자세는 7절에 나옵니다. 바울은 "우리가 그리스도의 사도로서 짐이 될 수도 있었"다고 말합니다. 바울 일행은 사도의 권위를 담아 무언가를 요청할 수도 있었습니다. 간단히 말하면 사도로서의 권리 주장입니다. 사실 바울 일행은 자신들이 사역한 대가로 뭔가를 받을 수도 있었습니다. 하지만 어떤 짐도 지우지 않았다고 이야기합니다. 누려도 괜찮은 권리마저 내려놓았습니다. 바울은 이것을 하나님 앞에서 자랑으로 여겼습니다. 당시의 사도들은, 지금과 비슷하게, 사역을 하고 그 대가로 경제적 지원을 받았습니다(고전 9:14). 당연한 권리였습니다. 그러나 바울은 가난한 데살로니가 교인들에게뿐 아니라, 어디를 가더라도 자기 손으로 일해서 현지 성도들에게 부담을 안 주려고 애썼습니다. 이것이 바울의 자랑이었습니다(고전 9:15).

우리는 어떤가요? 진리를 찾아 교회를 방문한 이들에게 복음을 전하려면 시간을 내야 하고 다른 약속을 미뤄야 합니다. 어쩌면 성도로서 당연히 누려야 할 여러 권리도 내려놓아야 합니다. 나들목교회가 건강하게 성장해 나가면서, 찾는이에게 하나님나라 복음을 전하기 위해 예배부터 일대일 만남까지 성도들이 다양한 시도를 해 왔습니다. 이 같은 노력이 실제로 열매를 맺기까지는 선배 그리스도인들의 배려와 헌신이 쌓여야만 했습니다. 많은 교회가 사역은 사례비를 받는 사역자들에게 떠맡기고, 성도들은 복음을 전하고 본이 되어 따르미를 이끄는, 데살로니가 현상의 중심 고리 활동을 하지 않습니다. 성도들은 여행도 가고 취미생활도 해야 하고, 더욱 성공하기 위해서는 더 많이 일해야 하므로 주말에는 시간이 없습니다. 이 모두가 우리의 권리일 수 있습니다. 하지만 하나님나라를 위해 자신의 권리를 내려놓을 때, 누군가가 변화하고 공동체가 세워집니다. 더욱 영광스러운 일을 위해 이 땅에서 자신이 누릴 권리를 내려놓는 것은, 바울이 그러했듯이 손해가 아니라 '자랑'입니다. 물론 복음을 전수하지 않고 마지막 날을 맞는다고 해서, 하나님이 완전히 회복된 하나님나라에서 그런 분들을 미워하거나 서자 취급하지는 않으실 겁니다. 다만 그분들은 나중에 하나님나라에서 너무 부끄럽고 창피하고 죄송

스러울 것입니다.

이처럼 바울 사도 일행은 세 가지를 피했습니다. 첫 번째는 잘못된 진리를 잘못된 동기와 방법으로 전하는 것을 피했습니다. 두 번째는 다른 사람들에게 인정받으려는 욕구를 피했습니다. 마지막 세 번째는 당연히 요구할 수 있는 권리를 내려놓았습니다. 이것들이 하나님나라 복음을 전수하려는 이끄미가 피해야 할 세 가지 중요한 자세입니다. 바울은 피해야 할 것에 이어서 취해야 할 것도 우리에게 본보이며 설명합니다.

이끄미가 취해야 할 첫 번째 자세

이끄미에게는 피해야 할 자세만이 아니라, 취해야 할 자세도 세 가지가 있습니다.

> **7** 그러나 우리는 유모가 자기 자녀를 돌보듯이 여러분 가운데서 어린아이가 되었습니다(살전 2:7, KHKV).

> **7** 도리어 너희 가운데서 유순한 자가 되어 유모가 자기 자녀를 기름과 같이 하였으니(살전 2:7, 개역개정).

첫 번째 자세는 유능한 유모의 모습입니다. "어린아이가 되었습니다"라고 제가 번역한 단어는 한글 성경에서는 "유순한 자가 되어"(개역개정)와 "유순하게 처신하였습니다"(새번역)에 해당합니다. 이 단어에서 영어의 n에 해당하는 헬라어가 있으면 '아기들νήπιοι'이란 뜻이 되고, 없으면 '유순한ήπιοι'이란 뜻이 됩니다. 저는 더 오래된 사본에 근거해 "어린아이가 되었습니다"로 옮겼습니다. 어린아이가 된다는 것은 무슨 뜻일까요? 자신이 돌보는 사람의 수준으로 자신을 낮춘다는 의미입니다. 엄마 아빠들을 보면 가끔 왜 저러나 싶을 때가 있습니다. 아이들을 어르면서 우스꽝스러운 행동을 합니다. 아이를 돌보려고 아이 수준이 되는 겁니다. 바울 사도가 지금 그 같은 태도를 설명하고 있습니다. 이끄미가 취해야 할 첫 번째 자세가 이것입니다. 유모가 자기 자녀를 돌볼 때처럼 아이의 수준에 맞추는 것입니다. 사도로서 권리를 요구할 수 있었으나 오히려 자신을 낮추어 어린아이 수준이 되었다는 고백입니다.

이처럼 유모는 돌보는 사람의 수준까지 낮아집니다. 자신이 좀 수준이 있다고 해서 자기 수준에서 이야기하면 안 됩니다. 더 많이 알고 더 배웠다고 가르치려 들거나 주장하려는 자세를 취해서는 안 됩니다. 제일 먼저 필요한 것은 아이의 자리로 내려가 그 아이 수준에서 부드럽게 아이를 돌보는, 유모와 같은 숙련된 모습입니다. 유모가 자기 아이를 돌보니 얼마나 전문적인 모습일까요? 이어지는 8절에서도 이 같은 자세는 이어집니다.

"우리는 이처럼 여러분을 사모하여, 여러분에게 하나님의 복음을 나누어 줄 뿐만 아니라, 우리 목숨까지도 기쁘게 내줄 생각이었습니다." 바울 사도는 목숨까지 내줄 생각이었다고 했지만, 모든 사람이 이를 본받아 꼭 죽어야 한다는 말은 물론 아닙니다. 자신의 모든 것을 주려 했다는 말인데, 이것이 바로 부모의 마음입니다. 우리는 무엇을 줄 수 있을까요? 우리의 생명과 인생을 구성하고 있는 시간과 에너지를 나눌 수 있습니다.

이런 어머니의 자세를 취하려고 애쓸수록 우리는 성숙하기 시작합니다. 보통은 다른 사람을 자기 멋대로 조정하고 싶어 합니다. 딱 앉혀놓고 가르치면서 자기 마음대로 좌지우지하려 합니다. 그런 경향을 극복하고, 숙련된 유모처럼 아이 수준으로 낮아져서 돌볼 수 있어야 합니다. 요즘 세대는 가르치려 들면 배우지 않습니다. 이 같은 시대에는 수준을 낮추어 다가가는 유모의 자세가 더욱 절실합니다. 그렇다고 모든 것을 무조건 허용해서는 안 됩니다. 아이가 멋대로 행동하고, 마구 덤비면 어떻게 해야 할까요? 이끄미가 취해야 하는 두 번째, 세 번째 자세에서 이에 관해 살펴보겠습니다.

이끄미가 취해야 할 두 번째 자세

9절과 10절에서 이끄미가 취해야 할 두 번째 자세를 알 수 있습니다. 바로 형제로서 지녀야 할 자세입니다.

9 형제자매 여러분, 여러분은 우리의 수고와 역경을 기억하고 있습니다. 우리는 여러분 중 누구에게도 폐가 되지 않으려고 밤낮으로 일하면서 하나님의 복음을 여러분에게 전하였습니다(살전 2:9, KHKV).

---

9 형제들아 우리의 수고와 애쓴 것을 너희가 기억하리니 너희 아무에게도 폐를 끼치지 아니하려고 밤낮으로 일하면서 너희에게 하나님의 복음을 전하였노라(살전 2:9, 개역개정).

바울은 천막 만드는 일을 하면서 야손의 집에 머물렀고, 숙식비를 지급했을 가능성이 큽니다. 바울은 데살로니가후서 3장 8-9절에서 "우리는 아무에게서도 양식을 거저 얻어먹은 일이 없고, 도리어 여러분 가운데서 어느 누구에게도 짐이 되지 않으려고, 수고하고 고생하면서 밤낮으로 일하였습니다. 그것은, 우리에게 권리가 없어서가 아니라, 우리가 여러분에게 본을 보여서, 여러분으로 하여금 우리를 본받게 하려는 것입니다"라고 밝힙니다. 앞서 보았듯이, 빌립보 교회가 바울에게 얼마간의 후원금을 보냈으나 그것으로 일행의 생활비와 사역비를 모두 충당하기에는 부족했을 것입니다. 그래서 그들은 밤낮으로 일했습니다.

고린도후서 8장 1-2절을 보면, 마케도니아 교회들은 극심한 가난에 쪼들리면서도 베풀며 살았습니다. "형제자매 여러분, 우리는 하나님께서 마케도니아 여러 교회에 베풀어 주신 은혜를 여러분에게 알리려고 합니다. 그들은 큰 환난의 시련을 겪으면서도 기쁨이 넘치고, 극심한 가난에 쪼들리면서도 넉넉한 마음으로 남에게 베풀었습니다." 마케도니아 지역 교회의 핵심이 데살로니가 교회였으니, 데살로니가에도 가난한 사람이 많았을 것입니다. 그런 상황에서 바울 일행이 생활비와 사역비를 요청할 수는 없었을 것입니다. 바울 일행은 스스로 일해서 비용을 조달하는 자신들만의 관행을 따랐고, 더군다나 현지 교회가 경제적으로 어려운데 거기에 짐을 더 지울 수는 없었습니다. 그래서 직접 일을 해서 숙식을 해결했습니다. 바로 이것이 형제자매를 대하는 자세입니다. 형제자매에게 불필요한 짐을 지우지 않겠다는 자세, 자신한테 맞추려 하지 않고 희생할 것은 희생해서 섬기겠다는 자세가 바로 이끄미의 자세입니다.

이에 반해 오늘날 한국 교회에는 참 슬픈 일이 많습니다. 그중 아주 큰 문제는 목회자의 사례금입니다. 담임목사는 물론이고 부교역자라 불리는 사역자를 사환처럼 여기는 경우가 있습니다. 반대로 어떤 목회자는 교인들의 평균 임금을 훨씬 웃도는 사례금을 챙기기도 합니다. 더욱 슬프고 안타까운 것은 목회자가 교회를 떠날 때 받는 전별금입니다. 더 받으려는 측과 조금이라도 덜 주려는 측의 분쟁이 끊이지 않습니다. 목사님들은 자신이 이만큼 해서 교회를 키웠으니 어느 정도까지는 보장해 줘야 한다고 주장합니다. 반대로 교회 쪽에서는 우리도 마찬가지로 애썼는데 그렇게까지 해야 하나 하고 되묻습니다. 초대교회 때와는 정반대 모습입니다. 어떻게 해서든 형제에게 짐을 지우지 않으려고 밤낮으로 일한 바울 일행의 모습에서 너무나 멀어졌습니다. 평생 수고하고 본이 된 목회자의 은퇴 후 삶을 돌보려는 모습은 찾기가 어렵습니다.

목회자만이 아니라 성도가 성도를 도울 때도 마찬가지입니다. 복음도 전하고 제자훈련도 하고 만나서 상담도 합니다. 하지만 그 과정에서 무언가 요구하거나 불필요한 짐을 지워서는 안 됩니다. 우리는 서로의 형편을 잘 아는 형제자매로서 따르미에게 불필요한 짐을 지우지 않으려 애써야 합니다. 성도 간에 경제적 부담을 요구하는 경우는 적습니다. 오히려 흔한 경우는, 신앙이 어린 성도를 도운 후에 좋게 말하면 그 성도를 인도하고 싶은, 나쁘게 말하면 자기 말에 순종하게 만들고 싶은 마음이 생기기 쉽습니다. 이런 불필요한 짐을 따르미에 지우지 말아야 합니다. 이것이 이끄미가 취해야 할 두 번째 자세입니다.

이끄미가 취해야 할 세 번째 자세

이끄미가 취해야 할 세 번째 자세는 무엇일까요? 11-12절에 이어서 나옵니다. 바로 아버지의 자세입니다.

> **11** 여러분도 아는 것과 같이, 아버지가 자기 자녀에게 하듯이 우리가 여러분 각 사람에게 **12** 권면하고 위로하고 증언하는 것은, 여러

분을 부르신 하나님께 합당하게 살아가서 당신 자신의 나라와 영광에 이르게 하려는 것입니다(살전 2:11-12, KHKV).

11 너희도 아는 바와 같이 우리가 너희 각 사람에게 아버지가 자기 자녀에게 하듯 권면하고 위로하고 경계하노니 **12** 이는 너희를 부르사 자기 나라와 영광에 이르게 하시는 하나님께 합당히 행하게 하려 함이라(살전 2:11-12, 개역개정).

앞에서는 "유모가 자기 자녀를 돌보듯이" 했다면, 여기서는 "아버지가 자기 자녀에게 하듯이" 했다고 합니다. 그런데 중요한 단어가 이어서 나옵니다. 바울 사도는 "여러분 각 사람에게"라고 칭합니다. 그리스도인은 이처럼 한 사람 한 사람에게 집중해야 합니다. 우리가 일대일로 제자훈련을 하고 각 사람을 돌보는 이유도 이 때문입니다. 한번은 어느 목회자가 제게 이렇게 물었습니다. "목사님, 성경 어디에 한 사람씩 일대일로 가르치고 돌보라는 말씀이 나옵니까? 예수님도 주로 설교하지 않았습니까?" 너무 기가 막혀서 이렇게 대답했습니다. "목사님, 성경을 살펴보십시오. '각 사람'이라는 단어만 찾아보십시오. 꼭 헬라어로 찾지 않아도 괜찮습니다. 한글 성경에서 '각 사람'이라는 표현을 찾아보십시오. 바울 사도가 각 사람을 섬기려 얼마나 애썼는지 알려 주는 성경 구절이 얼마나 많은데요. 예수님을 보세요. 군중에게 설교도 하셨지만, 수많은 사람을 개인적으로 만나서, 심지어 품행이 안 좋은 사마리아 여인까지 일대일로 만나서 섬기지 않으셨습니까?" 건강한 교회는 대중에게 설교하는 시간도 있지만, 교회 곳곳에서 일대일로 각 사람을 돌보는 일이 벌어집니다.

그렇다면 각 사람을 대할 때 어떤 자세로 해야 할까요? 바울은 각 사람을 대할 때 유모처럼, 형제자매처럼, 마지막으로 아버지처럼 대했습니다. 바울 사도가 아버지로서는 무엇을 했습니까? 권면했습니다. 어떻게 살아야 하는지를 알려 주었습니다. 위로했습니다. 각 사람이 힘들고 지쳤을 때는 보듬어 주었습니다. 마지막으로 증언했습니다. 이 단어 μαρτύρομαι에는 '증언하다'라는 기본 뜻과 '증언하여 가르치다'라는 뜻이 다 있지만, 이끄미에게 중요한 일은 가르치는 쪽보다 증언하는 쪽이라 여겨서 "증언하는 것"이라고 번역했습니다. 사도 바울은 각 사람에게 끊임없이 하나님나라를 증언했습니다. 유모가 아이를 받아 주고 아이 수준에 맞춘다면, 아버지는 권위 있게 권면하고 때로는 위로하며 증언합니다. "이렇게 하나님나라 복음을 듣고도 그렇게 살 수 있습니까?"라고 말하는 권위 있는 모습을 보입니다.

이끄미에게는 유모와 형제자매의 모습뿐 아니라, 아버지의 모습도 있어야 합니다. 유모처럼 돌보는 사람의 수준에서 계속 들어주기만 하면 안 됩니다. 어떤 때는 권면해야 합니다. 오래전, 지금은 성인이 된 조카가 서너 살이었을 때, 이상한 행동을 했습니다. 어른들 뺨을 때리는 겁니다. 아이들이 그럴 때가 있습니다. 어디까지 가능한지 경계를 보는 겁니다. 그런데 어른들은 그 행동이 재미도 있고 귀여워서 그냥 맞아 주었습니다. 어른이 웃으며 받아 주니까 아이는 신이 나서 더 때렸습니다. 유모라면 맞춰 주면서 재밌게 놀 수 있습니다. 하지만 아버지라면 어떻게 해야 할까요? 제가 보기에 조카가 더는 그래서는 안 될 것 같았습니다. 그래서 저를 때리길래 눈을 마주치면서 "때리지 마. 그럼 너도 맞아"라고 말했습니다. 아이라서 아랑곳하지 않고 저를 때렸습니다. 그래서 제가 어떻게 했을까요? 저도 때렸습니다. 아이는 생전 처음 맞아 본 터라 눈이 빨개지더니 눈물을 주르륵 흘렸습니다. 그때 제가 이렇게 이야기했습니다. "○○야, 다시는 그러면 안 돼. 네가 때리면 너도 맞아." 경계선을 넘었다는 걸 가르쳐 주었습니다. 바로 알아들으면 아이가 아니겠죠. 제 눈을 빤히 쳐다보더니 저를 또 때렸습니다. 제가 어떻게 했을까요? 사랑으로 좀 더 세게 한 대 더 때려 주었습니다. 어디까지 허용되고 어디서부터 안 되는지를 알려고 계속 밀고 당기는 것입니다. 결국에는 조카의 뺨 때리는 버릇을 잡았습니다. 아버지는 때때로 권위 있게 "너, 틀렸어. 그렇게 하면 안 돼. 그건 우리가 증언하는 하나님 앞에서 옳지 않은 거야"라고 말할 수 있어야 합니다. 유모의 부드러운 마음을 갖되, 동시에 아버지의 자세로 잘못은 잘못이라고 지적해 줘야 합니다. 절대 쉬운 일은 아닙니다. 바울 일행 같은 위대한 사역팀, 훈련받고 오랫동안 성령 충만한 가운데 사역했던 이들에게서만 나타나는 아름답고도 조화로운 모습입니다.

바울 일행이 이렇게까지 하는 궁극적인 목적은 무엇입니까?

"여러분을 부르신 하나님께 합당하게 살아가서 당신 자신의 나라와 영광에 이르게 하려는 것입니다." 바울 자신도 하나님께 합당하게 살려고 평생 애를 썼으며, 자신이 복음을 전한 자들도 그렇게 살기를 원했습니다. 우리가 이끄미로서 수고를 아끼지 않는 이유는 우리도 복음에 합당하게 살고, 우리를 따라오는 이들도 하나님께 합당한 사람으로 살도록 돕고 싶어서입니다. 여기서 끝나지 않습니다. 마지막에 하나님나라가 임할 텐데, 우리 자신은 물론이고 우리를 따라오는 이들이 그 나라와 그 영광을 맞기에 부족함이 없기를 바라는 것입니다. 그들이 그 나라와 영광에 이르기를 소망하는 것입니다. 이것이 바로 종말론적 소망입니다. 바울 일행은 그 마음을 품고 아버지가 자녀에게 하듯이 그들을 권면하고 위로했으며, 그들에게 증언하기를 멈추지 않았습니다. 그 소망은 이끄미로 사역하는 우리의 궁극적 목적이기도 합니다.

현상을 일으키는 촉매자

앞에서 한국 교회의 문제는 데살로니가 현상이 사라진 데 있다고 했습니다. 복음이 이르렀고, 사람들이 듣고 돌이킵니다. 듣고 받아들인 진리가 부분적이긴 하나 두 번째 단계인 회심까지는 일어납니다. 하지만 그다음 단계에서 끊어집니다. 그리스도인들이 본을 받지도 않고 본이 되지도 않습니다. 그러면서 세상 곳곳에 영향을 끼치지도 못합니다. 당신은 어떤 그리스도인이 되고 싶습니까? 어떤 교회 공동체를 세우고 싶습니까? 그냥 지금 모인 성도들 사이에서 만족하고 있습니까? 교인 수가 늘면서 교회 프로그램도 좋아지고 설교도 훌륭하니까 우리끼리 괜찮습니까? 복음을 전하지도 않고, 어찌어찌하여 복음을 듣고 돌이킨 이들이 찾아와도 그들에게 본이 되지도 않고, 그렇다고 앞서가는 이들을 따라가지도 않고, 그저 설교만 들으면서 교회 밖 사람들과 별 차이 없이 살기를 원하십니까? 그것이 우리가 성경에서 배운 가르침입니까?

우리는 어떤 사람들입니까? 데살로니가 현상을 일으키는 촉매자입니다. 하나님은 우리를 촉매자로 부르셨습니다. 복음을 듣고 받아서 돌이킨 다음, 앞선 사람의 본을 따르며 자신도 본을 보이는 사람, 그런 사람이 되라고 하나님은 우리를 부르셨습니다. 이것이 이끄미의 영광입니다. 복음으로 자신이 변화되는 정도에서 머무는 것이 아닙니다. 우리를 통해 하나님나라가 확장되는 것, 예수의 죽음과 부활을 통해 시작된 하나님나라가 우리 삶을 통해 사람들에게 흘러가는 것입니다. 하나님이 그 놀라운 일을 우리에게 맡기셨습니다.

언젠가 기독교사대회에서 하나님나라 복음을 전했습니다. 우리나라 교원이 현재 40만 명인데, 그중 1퍼센트인 4천 명이 이 연합단체에 속해 있습니다. 그 4천 명 중에서 거의 2천 명이 이 대회에 오셨습니다. 그런데 참석자 중에 많은 선생님이 제게 와서 이렇게 이야기했습니다. "목사님, 교회에 돌아가는 게 겁이 납니다. 교회에서는 이 같은 복음을 이야기하지 않습니다." 마지막 날 설교에서 이렇게 말씀드렸습니다. "원래 여러분은 교회에서 훈련받고 교사로 세상에 파송되어야 할 분들입니다. 그런데 기독교사대회에 와서야 이런 이야기를 듣고 파송받고 있습니다. 거기다 여러분은 교회로 돌아가서 교회를 변화시켜야 하는 부담까지 짊어지게 되었습니다." 많은 성도가 하나님나라 복음을 깨달은 다음에 자신이 속해 있는 교회 때문에 괴로워합니다. 하나님나라 복음에 기초해서 교회를 변화시켜야 하는데, 어떻게 해야 하나 하는, 묵직한 마음이 있습니다. 어떤 사람들은 결국 교회를 떠나 건강한 교회를 찾아 유리하다가 천천히 고사하기도 합니다. 어떻게 해야 할까요? 그냥 주저앉아 있으면 안 됩니다. 하나님나라 복음이라는 놀라운 복을 받았으니, 그 복음을 누리고 흘러가게 해야 합니다. 데살로니가 현상이 이천 년 전 데살로니가만이 아니라, 지금 여기에서도 일어날 수 있음을 보여 주는 촉매자로 살아야 합니다.

거듭 부탁드립니다. "난 부족해. 난 안 돼. 여러 한계가 있어"라고 이야기하지 마십시오. 바울 일행의 짧은 사역을 통해서도 데살로니가 교회가 세워졌습니다. 바울 일행이 한 게 아니었습니다. 바울 일행의 여러 한계에도 불구하고 하나님이 하셨습니다. 우리도 한계가 분명한 사람입니다. 복음을 전하고 공동체를 일으킬 만한 역량이 없습니다. 맞습니다. 깜냥이 되지 않습니다. 하지만 우리에게 맡겨진 하나님나라 복음은 위대합니다. 피해야 할 세 가지를 피하고, 취해야 할 세 가지를 취하려 애쓰면서 복음을 전하면,

성령님이 우리를 긍휼히 여기셔서 우리처럼 부족한 자들을 통해서 일하기 시작합니다. 그것이 기독교입니다. 우리가 어느 세월에 완전해지겠습니까.

우리 가운데는 교회를 오래 다녔으나 여전히 이끄미가 아닌 분들이 있습니다. 부끄러워하셔야 합니다. 훈련을 받고, 앞서가는 이들을 본받아야 합니다. 왜 그렇게 교만하십니까. 앞서 섬기는 이들이 부족하다면서 약점만 들춥니다. 그러면서 자신은 따라가지도 배우지도 않습니다. 헌신하는 이들에게서 배우십시오. 본받으십시오. 다른 핑계 대지 말고 자신보다 뒤에 오는 성도들에게 본이 되십시오. 당신 자신을 성장할 수 있는 환경으로 밀어 넣으십시오. 그렇지 않고서는 맨날 그 자리에 머물게 됩니다. 30대에 예수를 믿고 받아들였지만 50대에도 그대로라면, 나중에 하나님 앞에서 얼마나 부끄러울까요. 그렇게 살아서는 안 됩니다. 하나님이 이 영광스러운 복음을 위해 우리를 부르지 않으셨습니까.

한국 교회를 비판할 수 있는 사람은 복음을 위해 애쓰고 전수하는 분들뿐입니다. 말씀을 듣고 받은 데서 멈춘 사람이 한국 교회를 비판해서는 안 됩니다. 왜냐하면 그들 자신이 데살로니가 현상을 막고 있는 사람들이기 때문입니다. 하지만 주님을 따르며 앞서가는 자들을 본받으며, 부족하고 믿음이 어리고 여러 한계가 있지만, 복음을 어설프게나마 전하고 가르치며 복음대로 살면서 본이 되려는 사람, 바울 일행처럼 세 가지를 피하고 세 가지를 취하며 복음을 위해 애쓰는 사람은 한국 교회에 문제가 있다고 이야기할 자격이 있습니다. 본받지도 않고 본이 되지도 않는 사람이 있다면, 그가 바로 한국 교회 문제의 한 부분입니다. 데살로니가 현상을 세 번째 단계에서 끊고 있는 것입니다.

우리는 도시 생활에 익숙해져서 서로에게 영향을 주지도 않고 영향을 받지도 않으며 사는지 모릅니다. 전통적 관계가 현대적 관계로 대체되고는 있어도, 무너진 전통적 관계가 새로운 관계로 발전하는 것 같지는 않습니다. 도시 속에서 새로운 공동체를 찾는 사람이 점점 늘지만, 여전히 공동체는 세워지지 않고 무너지고 파편화하는 양상을 반복합니다. 개인주의적이고, 각자도생하며, 서로 상관하지 않는 도시 속에서, 하나님나라 복음을 위해 이끄미로 살겠다고 결단하고, 부족하지만 복음을 위해 최선을 다하는 인생과 공동체에 하나님은 복을 주십니다. 그 인생과 공동체를 통해 한국의 고통스럽고 아픈 현실을 치유해 나가실 것입니다. 주님이 간절히 바라는 것이 바로 이것입니다. 우리를 통해 그 일을 하고 싶어 하십니다. 그 일에 당신을 부르셨으니 당신 인생을 진실하게 하나님께 드리기를 간절히 바랍니다. 이 얼마나 멋진 삶입니까?

3부

새로운 공동체를 성장시킨 힘

4.

고난과 성숙

매우 척박하고 적대적인 고대 도시 데살로니가에 전혀 새로운 공동체가 세워졌습니다. 이 일은 하나님나라 복음에 대한 깨달음, 그에 기초한 선명한 회심, 하나님나라 복음을 살아 내면서 앞서 본을 보여 주는 이끄미가 있어서 가능했습니다. 이러한 이끄미가 되는 과정은 하루아침에 이루어지지 않고, 열매가 맺히듯 성숙의 과정을 부단히 통과하면서 천천히 일어납니다.

우리 가운데 성장이나 성숙을 바라지 않는 사람은 없습니다. 인간의 본능적 욕구입니다. 누구나 성장하고 성숙하기를 원합니다. 젊은이들은 존경받는 어른으로 나이 들면 좋겠다고 생각합니다. 세월이 흐를수록 '사람들에게 위로가 되고 힘이 되는 지혜로운 모습으로, 아름답고 건강하고 균형있게 성숙하면 좋겠다'라고 생각합니다. 하지만 불행히도 그러한 성숙을 이루는 사람은 많지 않습니다. 성숙은 시간이 흐른다고 자동으로 이루어지지 않습니다. 모든 성숙에는 대가가 따르기 때문입니다. 가만히 있어서는 성숙할 수 없고, 바른 대가를 치를 때만 성숙은 찾아옵니다. 그래서 어떤 사람은 성숙으로 향하는 길이 열려도 그 길로 가지 않습니다. 대가를 치르기가 싫기 때문입니다. 대가를 치르는 대신에 그냥 그렇게 삽니다. 주변을 봐도 나이가 들며 점점 성숙해 가는 사람은 별로 안 보입니다. 다 그만그만하게 산다는 사실에 위로를 받으며 아무런 대가도 치르지 않은 채 적당히 삽니다. 그러다 보면 세월이 흐를수록 되고 싶지 않았던 모습으로 점점 고착돼 가거나 더 부정적인 모습으로 바뀌어 가는 자신을 발견합니다. 성장과 성숙은 공동체에서도 매우 중요한 요소입니다. 또한, 성장과 성숙은 우리 각자가 나이 들어가며 노인이 될지 어른이 될지를 결정짓습니다. 성장하고 성숙하지 않는다면 공동체는 발전 계승되기는커녕 유지되지도 않을 것이며, 우리 각자는 지혜로운 어른이 아니라 뒤치다꺼리해야 하는 노인으로 나이 들어 갈 것입니다. 어떻게 하면 공동체와 우리 각자가 성장하고 성숙하는지를 이번 장에서는 살펴보려고 합니다.

성숙의 세 가지 동력

성숙에 관한 중요한 내용을 담고 있는 성경 말씀을 보겠습니다.

> **13** 이런 이유로 우리 또한 하나님께 끊임없이 감사하는 것은 여러분이 우리에게 들은 하나님의 말씀을 받을 때 인간의 말로 받지 않고, 실제 그대로, 하나님의 말씀으로 받았기 때문입니다. 이는 믿는 자 여러분들 가운데서 역사하고 있습니다. **14** 형제자매 여러분, 여러분은 그리스도 예수 안에서 유대에 있는 하나님의 교회들을 본받는 사람이 되었습니다. 왜냐하면 여러분은 그들이 유대인에게서 고난을 받은 것과 같이 여러분의 동족에게서 똑같은 고난을 받았기 때문입니다. **15** 그들은 주 예수와 선지자들을 죽였고, 우리를 쫓아냈고, 하나님을 기쁘게 하지 않고 모든 사람에게 적대적이고,

16 우리가 이방인에게 말하여 구원을 얻게 하려는 것을 방해하여서 그들은 항상 그들의 죄를 채웁니다. 마침내 진노가 그들에게 임하였습니다. **17** 형제자매 여러분, 우리가 잠시 여러분과 분리된 것은 얼굴이지 마음은 아니니 여러분의 얼굴을 보기를 간절함으로 더욱 힘썼습니다. **18** 그러므로 우리는 여러분에게 가고자 하였고, 특히 나 바울은 여러 번 가고자 하였으나 사탄이 우리를 막았습니다. **19** 그가 오실 때 우리 주 예수 앞에서 우리의 소망이나 기쁨이나 자랑할 면류관이 무엇이겠습니까? 그것은 여러분이 아니겠습니까? **20** 참으로 여러분은 우리의 영광이며 기쁨입니다. **1** 그러므로 우리는 참다못하여 우리만 아테네에 남아 있는 것을 좋게 생각하고 **2** 우리의 형제 곧 그리스도의 복음에 있어 하나님의 동역자인 디모데를 보냈습니다. 이는 여러분을 굳건하게 하고, 여러분의 믿음을 격려하며 **3** 아무도 이러한 여러 환난 가운데서 흔들리지 않게 하려는 것입니다. 여러분도 아는 대로, 우리는 이를 위해 세움을 받았습니다. **4** 우리가 여러분과 함께 있을 때, 앞으로 우리가 환난을 겪을 것이라고 여러분에게 말해 왔는데, 여러분이 아는 대로 정말 그렇게 되었습니다. **5** 이런 이유로 나도 참다못하여 여러분의 믿음을 알아보려고 그를 보냈습니다. 이는 그 유혹하는 자가 어떻게든 여러분을 유혹하여 우리의 수고를 헛되게 하지 못하게 하려는 것이었습니다(살전 2:13-3:5, KHKV).

---

13 이러므로 우리가 하나님께 끊임없이 감사함은 너희가 우리에

게 들은 바 하나님의 말씀을 받을 때에 사람의 말로 받지 아니하고 하나님의 말씀으로 받음이니 진실로 그러하도다 이 말씀이 또한 너희 믿는 자 가운데에서 역사하느니라 **14** 형제들아 너희가 그리스도 예수 안에서 유대에 있는 하나님의 교회들을 본받은 자 되었으니 그들이 유대인들에게 고난을 받음과 같이 너희도 너희 동족에게서 동일한 고난을 받았느니라 **15** 유대인은 주 예수와 선지자들을 죽이고 우리를 쫓아내고 하나님을 기쁘시게 하지 아니하고 모든 사람에게 대적이 되어 **16** 우리가 이방인에게 말하여 구원받게 함을 그들이 금하여 자기 죄를 항상 채우매 노하심이 끝까지 그들에게 임하였느니라 **17** 형제들아 우리가 잠시 너희를 떠난 것은 얼굴이요 마음은 아니니 너희 얼굴 보기를 열정으로 더욱 힘썼노라 **18** 그러므로 나 바울은 한번 두번 너희에게 가고자 하였으나 사탄이 우리를 막았도다 **19** 우리의 소망이나 기쁨이나 자랑의 면류관이 무엇이냐 그가 강림하실 때 우리 주 예수 앞에 너희가 아니냐 **20** 너희는 우리의 영광이요 기쁨이니라 **1** 이러므로 우리가 참다 못하여 우리만 아덴에 머물기를 좋게 생각하고 **2** 우리 형제 곧 그리스도의 복음을 전하는 하나님의 일꾼인 디모데를 보내노니 이는 너희를 굳건하게 하고 너희 믿음에 대하여 위로함으로 **3** 아무도 이 여러 환난 중에 흔들리지 않게 하려 함이라 우리가 이것을 위하여 세움 받은 줄을 너희가 친히 알리라 **4** 우리가 너희와 함께 있을 때에 장차 받을 환난을 너희에게 미리 말하였는데 과연 그렇게 된 것을 너희가 아느니라 **5** 이러므로 나도 참다 못하여 너희 믿음을 알기 위하여 그를 보내었노니 이는 혹 시험하는 자가 너희를 시험하여 우리 수고를 헛되게 할까 함이니(살전 2:13-3:5, 개역개정).

바울 사도는 자신과 데살로니가 교회 사이에서 일어난 여러 일을 적고 있습니다. 이 가운데서 우리는 성장과 성숙에 관한 세 가지 중요한 동력을 발견할 수 있습니다. 바울이 짧은 기간 사역하고 떠났음에도, 데살로니가 교회와 성도들이 지속해서 성장한 비밀을 이 세 가지 동력이 알려줍니다.

인간의 말을 통해 하나님의 말씀이

첫 번째는 당연히 하나님 말씀입니다. 앞의 성경 본문에는 "말씀"(1:6), "주님의 말씀"(1:8, 참고. 4:15), "하나님의 말씀"(2:13, 2회), "복음"(1:5; 2:2, 4, 8, 9; 참고. 3:2), "(우리/사람의) 말"(1:5; 참고. 2:5, 13)이 반복해서 나옵니다. 기독교는 진리에 기초해서 세워진 종교입니다. 체험도 중요하나 그보다 더 중요한 것은 그리스도인이 믿는 내용입니다. 그래서 하나님의 말씀에 관한 내용이 계속 등장합니다. 그런데 그 표현이 참 흥미롭습니다. 13절에서는 "우리에게 들은 하나님의 말씀"이라고 합니다. 하나님의 말씀은 늘 사람을 통해서 전달됩니다. 그런데 더 중요한 것은 이것입니다. 데살로니가 교회 성도들이 바울 일행을 통해 들은 이야기는 엄밀히 말하면 바울 일행의 말입니다. 하지만 그들은 그 말을 인간의 말로 듣지 않고 "하나님의 말씀"으로 들었습니다.

우리가 설교를 들을 때 이 같은 자세는 매우 중요합니다. 성장하는 그리스도인은 성장과 성숙의 동력을 하나님 말씀에서 찾습니다. 그런데 그 말씀은 사람을 매개로 전해질 때가 많습니다. 물론 스스로 성경을 읽을 수도 있지만, 그 순간에도 우리가 받아들이는 것은 우리가 해석한 하나님의 말씀입니다. 그런데 많은 그리스도인이 누가 설교를 하는지에 관심을 가집니다. 사람의 말로 듣습니다. 설교자가 누구인지에 따라 은혜를 받거나 못 받거나 하는 일은 믿음이 어릴 때 주로 나타나는 현상입니다. 오늘날 적지 않은 그리스도인이 "난 저분 설교가 너무 좋아. 딱 맞아. 내 취향이야. 근데 이분 설교는 좀 그래. 내 취향이 아니야. 꼭 저런 식으로 접근해야 하나?"라고 말합니다. 제대로 된 설교자라면 자기 생각이나 세상의 잡설이 아니라, 성경이 증언하는 진리를 전할 것입니다. 물론 그렇지 않은 설교자가 적지 않은 것이 한국 교회의 슬픈 현상이기는 하나, 누가 설교하든 그 설교에 하나님의 말씀이 있다면 그 말씀을 들을 줄 아는 것, 사람의 말을 듣되 사람의 말들을 걸러 내고 그 속에 있는 하나님 말씀을 들을 줄 아는 것, 이것이 성장과 성숙의 핵심입니다.

하나님의 말씀을 들을 때 늘 우리는 그 말씀이 우리를 어떻게 비평하고 있는지에 귀를 기울여야 합니다. 설교자가 표적 설교를 하면서 몇몇 사람을 정죄하는 메시지나 자기 생각을 쏟아붓는 때도 있으나, 그런 경우가 아니라면 모든 설교는 오히려 표적 설교여야 합니다. 하나님은 여러분의 마음이라는 표적을 향해 거침없이 다가가십니다. 그러므로 설교를 듣다가 가슴이 뜨끔하면 하나님이 그렇게 하신 것입니다. 그런데 설교자에게 "당신이 뭔데 나한테 그런 이야기를 해!"라고 반응하는 것은 설교를 사람의 말로 듣고 있다는 증거입니다. 설교자가 불순한 동기로 비난하고 정죄하기 위해 설교한 것이 아니라면, 즉 설교자가 하나님의 말씀을 전할 때 뜨끔했다면, 성령님이 역사하신 것이며, 우리는 그 말씀을 하나님의 말씀으로 받아들여야 합니다.

가만히 있을 수 없는 하나님 말씀

데살로니가 성도들이 사람의 말을 하나님의 말씀으로 받은 것보다 더욱 놀라운 사실은 그 말씀이 그들 가운데서 역사하고 있다는 것입니다. 바울 사도는 현재형(ἐνεργεῖται)으로 이 사실을 강조합니다. 누군가가 사람의 말을 하나님 말씀을 받아들였으며, 그 말씀이 지금도 역사하고 있다는, 가장 이상적인 '말씀의 역학'이 짧은 문장 안에 단순명료하게 나타나고 있습니다. 하나님 말씀을 제대로 들은 사람들은 그 말씀이 자기 속에서 일하는 것을 경험하고, 결국 변화합니다. 이처럼 하나님 말씀은 우리의 성숙에서 가장 중요한 요소입니다. 하나님 말씀 없이 성장하고 성숙하는 것은 불가능합니다.

한번은 제가 운동을 열심히 하는 도중에 식사량까지 줄인 적이 있습니다. 살이 정말 많이 빠져서 몸무게가 급격히 줄었습니다. 3킬로그램 정도 감량이 되어 기분이 너무 좋아서 체지방검사를 했는데, 그 결과는 충격적이었습니다. 근육이 2.5킬로그램 사라지고, 지방은 500그램밖에 줄지 않았습니다. 근육량을 2.5킬로그램 늘리기는 굉장히 어렵습니다. 운동 전문가는 제게 이렇게 조언했습니다. "적절한 영양분을 섭취하지 않으면서 운동하면 몸이 건강해지는 게 아니라 축이 납니다." 교회를 열심히 다니고 영적 훈련을 하고 기도를 하고 봉사와 사역을 해도, 우리의 양식인 하나님 말씀을 충분히 받아들이지 않은 상태라면, 열심히 할수록 우리가 축날 수 있습니다. 하나님 말씀이 우리의 성장과 성숙에서 가장 중요한 요소임을 잊어서는 안 됩니다.

지금 읽는 이 책의 내용도 어쩌면 한 번에 다 소화하기는 어려운 양의 하나님 말씀을 제공하는 것일 수 있습니다. 그냥 이 책을 읽어 재끼는 사람도 있고, 저자의 사역본과 한글 성경과 다른 언어의 성경을 비교하면서 정말 그러한지 상고하며, 그것들이 내 삶에 어떤 의미가 있는지 묻는 사람도 있을 것입니다. 책을 덮자마자 도전받은 부분을 다 잊어버리는 사람도 있고, 읽은 내용을 다시 곱씹어 보는 사람도 있을 것입니다. 하나님 말씀을 듣고 받아들이되 그 말씀이 우리의 양식과 에너지 원천이 되어 우리 가운데서 현재형으로 역사해야 합니다. 듣는 것이 중요하지만 다가 아니라는 점을 잊지 마십시오. 데살로니가 교회도 한국 교회도 모두 듣기는 했습니다. 하지만 그다음은 달랐습니다. 데살로니가 교회에서는 그 말씀이 역사했습니다. 지난 장에서 살펴보았듯이 성도들이 서로 본이 되고 서로 본받는 일이 일어났습니다. 하나님 말씀은 듣기만 하고 끝나는 것이 아니었습니다.

고난과 환난은 특권이다

14절부터 그다음에 나오는 내용 전체는 우리에게 고난과 환난이 있다고 말합니다. 고난과 환난이 하나님 말씀과 더불어 우리를 성장시킨다고 알려 줍니다.

> **14** 형제자매 여러분, 여러분은 그리스도 예수 안에서 유대에 있는 하나님의 교회들을 본받는 사람이 되었습니다. 왜냐하면 여러분은 그들이 유대인에게서 고난을 받은 것과 같이 여러분의 동족에게서 똑같은 고난을 받았기 때문입니다(살전 2:14, KHKV).

> **14** 형제들아 너희가 그리스도 예수 안에서 유대에 있는 하나님의 교회들을 본받은 자 되었으니 그들이 유대인들에게 고난을 받음과 같이 너희도 너희 동족에게서 동일한 고난을 받았느니라(살전 2:14, 개역개정).

먼저, "유대에 있는 하나님의 교회"라는 표현에서 교회의 이중 소속을 다시 한 번 확인할 수 있습니다. 교회는 물리적으로는 이 땅(여기서는 유대)에 있으나 영적으로는 하나님께 속해 있다는 교회의 정체성을 선명하게 보여 줍니다. 이러한 이중성에는 고난이 필수적으로 따라옵니다. 이 땅의 가치관과 하나님의 가치관은 너무나 많은 지점에서 충돌하기 때문입니다.

그리스도인이 참된 제자로 성장할 때 나타나는 표지는 앞서가는 신앙 선배들을 본받는 것인데, 본받는 내용은 바로 고난받는 것입니다. 참된 그리스도인 공동체는 고난을 피하지 않고 받아들였습니다. 이처럼 성경은 고난이 불가피하다고 계속 강조합니다. 반면, 한국 교회는 고난에 관해 거의 설교하지 않습니다. 누가 고난을 좋아하고 고난받고 싶어 하겠습니까. 그렇지만 성경은 그리스도인의 삶에, 그의 성장과 성숙에 늘 따라다니는 것이 고난이라고 이야기합니다. 신약성경의 숱한 예를 살펴볼까요.

"자녀이면 상속자이기도 합니다. 우리가 그리스도와 함께 영광을 받으려고 그와 함께 고난을 받으면, 우리는 하나님이 정하신 상속자요, 그리스도와 더불어 공동 상속자입니다"(롬 8:17). 바울 사도는 우리가 하나님의 자녀이면 상속자라고 하면서, 그리스도와 함께 영광을 받으려고 고난도 함께 받는 사람이 진짜 상속자라고 합니다. 그러니까 바울은 로마서에서 진짜 그리스도인의 표지를 고난이라고 밝히고 있습니다.

사도행전 14장 22절은 바울이 1차 전도여행이 끝나는 중에 돌에 맞아 죽게 되었을 때 일입니다. 죽은 줄 알고 내다 버렸던 바울이 일어나서 복음을 전한 다음에 한 말입니다. "그들은 제자들의 마음을 굳세게 해 주고, 믿음을 지키라고 권하였다. 그리고 또 이렇게 말하였다. '우리가 하나님나라에 들어가려면, 반드시 많은 환난을 겪어야 합니다'"(행 14:22). 바울은 그리스도인이라면 반드시 많은 환난을 겪어야 한다고 말합니다. 바울은 이를 기억하고 있다가 디모데에게 편지를 쓸 때 다시 언급합니다. "그리스도 예수 안에서 경건하게 살려고 하는 사람은 모두 박해를 받을 것입니다"(딤후 3:12).

빌립보서 1장 29절은 바울의 특별한 고백이지만 우리 모두의 이야기입니다. "하나님께서는 여러분에게 그리스도를 위한 특권, 즉 그리스도를 믿는 것뿐만 아니라, 또한 그리스도를 위하여 고난을 받는 특권도 주셨습니다"(빌 1:29). 우리에게 어떤 특권을 주셨나요? 그리스도를 믿는 것뿐만 아니라 그리스도를 위해 고난을 받는 특권도 주셨다고 바울은 이야기합니다.

골로새서 1장 24절은 바울이 자신을 두고 쓴 글이지만, 자신을 본받으라고 한 바울의 말을 기억하면 우리 모두에게 보내는 메시지임이 분명합니다. "이제 나는 여러분을 위하여 고난을 받는 것을 기쁘게 여기고 있으며, 그리스도의 남은 고난을 그분의 몸 곧 교회를 위하여 내 육신으로 채워 가고 있습니다"(골 1:24).

데살로니가전서 3장 4절을 같이 읽어 볼까요? "우리가 여러분과 함께 있을 때, 앞으로 우리가 환난을 당하리라는 것을 여러분에게 말해 왔는데, 여러분이 아는 대로 정말 그렇게 되었습니다" (살전 3:4, KHKV). "말해 왔는데"라는 표현은 반복해서 여러 번 말했다는 것입니다. 예수를 믿고 그의 가르침을 따르면 환난을 당한다고 했는데 여러분이 아는 대로 정말로 그렇게 되었다고 이야기합니다. 바울 사도는 빌립보, 데살로니가, 베뢰아, 아테네에서 유대인에게 끊임없이 공격당했습니다. 유대에 있는 교회와 데살로니가 교회가 겪은 고난의 공통점도 동족의 핍박이었습니다. 이처럼 고난은 가까운 사람에게서 올 가능성이 큽니다. 우리가 예수를 믿고 따르는 것을 이해하지 못하는, 가까이 있는 누군가로부터 어려움이 닥칠 때가 많습니다.

하나님나라 백성답게 살수록 찾아오는 것

바울 일행처럼 당시는 예수를 믿으면 고난을 피할 수 없었습니다. 하지만 지금은 다릅니다. 이 같은 고난은 사라진 것 같습니다. 대신 더 교묘해졌습니다. 고난을 받지 않고도 예수를 믿고 따르는데 별문제가 없어 보이는 세상에 살고 있습니다. 육체적·경제적·사회적·정치적 고난은 많이 줄어들었습니다. 그렇다면 "예수를 믿으면 환난을 피할 수 없습니다"라는 바울 사도의 가르침이 오늘날 상황에서는 시대착오일까요? 이는 하나님나라 복음으로 이해해야 합니다. 우리는 이 땅에 속해 있고, 이 세대에 속해 있습니다. 하지만 그리스도인이 진짜로 속한 곳은 어디입니까? 하나님나라입니다. "유대에 있는 하나님의 교회"에서도 살펴보았던 바입니다. 하나님나라 백성으로 그 나라의 가치를 지향하며 살아가면 부딪힐 수밖에 없습니다.

당연히 하나님나라 백성으로 살지 않으면 그에 따르는 어려움도 생기지 않습니다. 우리가 사는 세상은 하나님이 원래 의도하신 바에서 멀어진 상태이며, 여러모로 깨져 있으며 불의합니다. 가령 직장인이라면 공공연하게 만연한 부정과 불법을 일터에서 목격할 수도 있습니다. 사소한 것들은 관용하며 견딘다고 해도 어느 시점이 되면 도저히 동참할 수 없는 악이 다가올 때가 있습니다. 그리스도인이라면 어떻게 해야 할까요? 이때 흔하게 듣는 말이 있습니다. "에이~ 튀지 마. 모난 돌이 정 맞아." 맞습니다. 그리스도인은 모난 돌입니다. 정을 맞게 되어 있습니다. 그리스도인은 세상의 부정과 불법에 "그건 아닙니다"라고 손을 들고 말하는 사람이어야 합니다.

손을 들지 않고 입을 다물면 고난은 없습니다. 세상에서 하나님나라 백성답게 살지 않고 그 대가를 치르지 않으면 고난도 사라집니다. 그 결과는 무엇일까요? 성장하지 않습니다. 밤낮 그 자리에 남아 있습니다. 그리스도인의 소망이 예수 그리스도를 닮아 가고 마침내 그분을 직접 만나는 것이라면, 고난은 상수입니다. 피할 수 없습니다. 아니, 꼭 필요합니다. 오히려 고마운 것이라고 생각을 바꿔야 합니다. 예수를 닮아 가도록 이끄는 고난이기에 기쁘게 받아들일 수 있습니다. 그래서 바울 사도는 로마서 5장에서 이렇게 말합니다. "우리가 환난 중에도 즐거워하나니 이는 환난은 인내를, 인내는 연단을, 연단은 소망을 이루는 줄 앎이로다"(롬 5:3-4, 개역개정). 환난을 즐거워하는 것이야말로 그리스도인의 특징입니다. 환난을 통해 그리스도를 닮아 갈수록 성숙하고 변화하기 때문입니다.

십자가를 지지 않고 그리스도인으로서 성장하고 변화할 수 있을까요? 예수님도 "나를 따라오려는 사람은, 자기를 부인하고, 날마다 자기 십자가를 지고, 나를 따라오너라"라고 했는데, 오늘날 그리스도인은 십자가를 지지 않습니다. 하나님의 뜻을 이루려면 대가를 치러야 하는데, 이를 가벼이 여깁니다. 심지어 교회에서도 대가를 치르지 않아도 된다고 가르칩니다. 교회 와서 예배 잘 드리고, 헌금만 잘 하면 괜찮다고 말합니다. 대가를 치르는 일은 "주님의 종들"이 할 테니, 성도들은 하나님의 은혜를 누리면 된다는, 말도 안 되는 가르침이 횡행합니다.

운동할 때 20-30분 이상 자전거를 타면 슬슬 하기 싫어집니다. 그런데 이때부터 땀이 흘러나옵니다. 그 땀을 바라보면서 불필요한 지방이 타서 몸 밖으로 나온다고 생각하면 힘이 들고 하기 싫어도 견디게 됩니다. 결과를 알기에 견딜 수 있습니다. 건강한 몸을 얻기 위해서도 이런 수고가 필요한데, 하물며 영적 성숙을 위해 고난이 필요하지 않겠습니까. 가슴 운동과 등 운동을 하면 하루 이틀 후에 미세하게 손상된 근육이 회복되면서 고통이 찾아옵니다. 이때 근육이 자라납니다. 근육 운동 후 근육통이 올 때마다 저는 기쁩니다. 그만큼 제 근육이 크고 있다는 이야기니까요. 안 아프면 운동이 안 되었다는 증거입니다. 고통을 즐기는 이상한 사람이 되자는 말이 아니라, 성장을 위해서 고난을 피하지 말자는 말씀입니다. 고난을 피하지 않을 때 그리스도인은 성장할 수 있습니다. 부디 고난을 자처하는 그리스도인이 되기를 바랍니다.

홀로 서야 하는 때

지금까지 그리스도인의 성장과 성숙에 필요한 요소로 하나님의 말씀, 고난과 핍박을 말씀드렸습니다. 셋째 요소는 '이끄미와의 분리'입니다.

> **17** 형제자매 여러분, 우리가 잠시 여러분과 분리된 것은 얼굴이지 마음은 아니니 여러분의 얼굴을 보기를 간절함으로 더욱 힘썼습니다. **18** 그러므로 우리는 여러분들에게 가고자 하였고, 특히 나 바울은 여러 번 가고자 하였으나 사탄이 우리를 막았습니다(살전 2:17-18, KHKV).

> **17** 형제들아 우리가 잠시 너희를 떠난 것은 얼굴이요 마음은 아니니 너희 얼굴 보기를 열정으로 더욱 힘썼노라 **18** 그러므로 나 바울은 한번 두

번 너희에게 가고자 하였으나 사탄이 우리를 막았도다(살전 2:17-18, 개역개정).

17절의 "분리되었다"라는 단어는 신약성경에 딱 한 번 나오는데, 문자적으로 옮기면 '고아가 되었다'라는 뜻입니다. 일부 영어 성경은 "빼앗겼다having been taken away from you", "분리됐다being separated from you"로 번역하기도 합니다. 한 번역본은 "우리가 너희와 분리됨으로 너희를 고아로 만들었다we were orphaned by being separated from you"(NRS)라고 번역했습니다. 이처럼 바울 일행과 데살로니가 교회의 헤어짐은 자연스러운 이별이 아니라, 부모를 잃고 고아가 되는 것 같은 고통스럽고도 강제적인 분리였습니다. "떠났다"라는 번역보다는 더 센 의미가 필요해 "분리되었다"로 옮겼습니다. 바울 사도는 이 같은 강제적 분리를 극복하려고 여러 차례 재회를 시도했으나 사탄이 이를 막았다고 18절에서 밝힙니다.

사탄이 막았다는 것이 무엇인지에 관해서는 여러 추측이 있습니다. 유대인의 반대나 음모 때문이다, 육체의 가시였던 질병 때문이다, 보석금을 주고 데살로니가를 떠났기 때문에 법적으로 돌아갈 수 없었다, 고린도에서 여러 문제를 다루느라 돌아갈 수 없었다 등 여러 해설이 있으나 정확히는 알 수 없습니다. 하지만 이것 하나는 분명합니다. 바울은 정말 돌아가고 싶었습니다. 데살로니가 교회가 홀로 두기에는 너무나 어린 교회였기 때문입니다. 그런데 꼭 필요한 이 일이 방해를 받자, 사탄이 막았다고 안타까움을 토로합니다. 그런데 하나님은 오히려 이끄미와의 분리, 고통스럽고도 불가항력적인 분리를 통해서 데살로니가 성도들을 성장시키셨습니다.

어느 시점이 되면 우리를 이끌던 영적 지도자들이 사라지는 때가 옵니다. 이끌어 주는 사람이 있을 때 우리는 잘 성장할 수 있습니다. 하지만 그 사람마저 사라지는 때가 옵니다. 그때 하나님이 우리에게 바라시는 것은 무엇일까요? 하나님은 우리가 하나님 말씀을 의지해 스스로 살아가기를 간절히 바라십니다. 역설적이게도, 데살로니가 교회가 건강하게 성장한 이유는 바울 일행이 짧은 기간 사역하고 갑자기 사라졌기 때문입니다. 그러자 이들은 사람을 의지하고 바라보는 자세에서 벗어나 철저하게 하나님을 신뢰하기 시작했습니다. 너무나 어린 교회였으나 하나님은 이끄미와의 고통스럽고 불가항력적 분리를 통해 오히려 그들을 성장시켰습니다.

부족해도 바라보고 따라갈 수 있는 선배가 있는 것이 가장 좋습니다. 하지만 이끄미가 늘 같이 있을 수는 없습니다. 가령 내가 부부싸움을 하는 데 이끄미가 같이 있을 수는 없습니다. 삶의 어떤 현장들은 이끄미와 함께할 수 없습니다. 그때야말로 주님을 의지할 때입니다. 우리가 읽고 들은 하나님 말씀을 의지할 때입니다. 그 말씀이 우리 속에서 역사할 수 있도록 해야 합니다. 그때 어떤 일이 벌어질까요? 우리의 영적 근육이 강해지고 성장합니다. 우리는 이끄미를 따라가면서도 결국은 이끄미 너머에 있는 주님을 본받습니다. 그러므로 우리는 이끄미와 상호의존적 관계에 있지만, 궁극적으로는 이끄미를 넘어 주님을 의존하는 법을 배워야 합니다. 그때 진정한 영적 성숙이 일어납니다.

개인적으로 가장 고통스러웠던 시절에 저는 영적으로 지원해 주는 공동체가 없었습니다. 그때 저는 유학 중이었는데, 다니던 학교에서는 그런 공동체가 아직 형성되지 않았고, 사랑하는 사람들은 태평양 건너 한국에 있었습니다. 나를 지원해 줄 사람이 가까이 없다는 사실이 얼마나 힘들었는지 모릅니다. 그때 제가 할 수 있는 것이라고는 아침에 하나님께 나아가 기도하며 그 앞에 엎드리는 것밖에 없었습니다. 그 기도만이 제가 살아남을 수 있는 유일한 길이었습니다. 그렇게 보낸 2-3년이 저를 영적으로 강건하게 만들었으며, 바로 그 기간에 영적 근육이 가장 튼튼하게 자랐습니다. 하지만 당시에는 인생이 어둠에 휩싸이고 주변에는 아무도 없어서, 미국에 혼자 유배된 것처럼 느껴졌습니다. 지금 도와주는 사람이 없어서 너무 외롭고 힘들고 어렵다면, "하나님이 나를 특별훈련 캠프에 집어넣으셨구나. 이 기간에 살아남아야겠다"라고 마음먹으시기 바랍니다.

이끄미로서 함께 연합하여

그렇다고 "이끄미와의 분리가 성장에 중요한 요소니까, 오늘부터는 누구를 돌보지도 않고 돌봄을 받지도 않겠다"라고 해서는 안 됩니다. 바울 일행의 분리는 불가피하게 불가항력으로 일어난 일이었습니다. 오히려 바울 사도는 이끄미로서 데살로니가 교회 성도들을 도우려고 애를 많이 썼습니다. 3장 1절과 5절에 "참다 못해서"라는 말이 두 번이나 나옵니다. 얼마나 바울이 그들을 만나서 도와주려 했는지가 여실히 드러나는 대목입니다.

그러므로 이제 우리가 해야 할 일은 고난 속에서 성장하도록 돕는 이끄미가 함께 되는 것입니다. 이끄미는 어떤 면에서 팀으로 같이 일해야 합니다. 혼자 하면 안 됩니다. 나들목교회가 사람을 돌보는 일을 팀으로 하는 이유도 이 때문입니다. 바울도 사람을 도울 때 팀으로 함께 도왔습니다.

> **1** 그러므로 우리는 참다 못하여 우리만 아테네에 남아 있는 것을 좋게 생각하고 **2** 우리의 형제 곧 그리스도의 복음에 있어 하나님의 동역자인 디모데를 보냈습니다(살전 3:1-2, KHKV).

> **1** 이러므로 우리가 참다 못하여 우리만 아덴에 머물기를 좋게 생각하고 **2** 우리 형제 곧 그리스도의 복음을 전하는 하나님의 일꾼인 디모데를 보내노니 이는 너희를 굳건하게 하고 너희 믿음에 대하여 위로함으로(살전 3:1-2, 개역개정).

이끄미 팀을 만드는 것은 중요합니다. 목회자 개인보다는 목회자 팀이 교회를 이끄는 것이 낫고, 그보다 더 나은 것은 목회자와 성도가 팀을 이루어 사역하는 것입니다. 가정교회 같은 작은 공동체를 이끌 때도 목자나 리더가 모든 양육을 책임져서는 곤란합니다. 목자나 리더와 함께 공동체 구성원을 돌볼 중간 리더급 그리스도인이 필요합니다. 혼자 할 수 있는 게 아니라는 걸 알고, 팀을 만들어야 합니다.

그런데 여기서 놀라운 점은 바울 사도가 팀원을 대하는 태도입니다. 디모데는 바울을 통해 예수를 믿었고, 바울보다 어렸습니다. 하지만 바울은 디모데를 형제라고 부릅니다. 하나님의 동역자, 하나님과 함께 일하는 자라고 소개하기 전에 먼저 형제라고 말합니다. 우리 같으면 "디모데는 신앙도 어리고 나이도 어린 친구야. 나를 돕는 조수이고, 비서야"라고 말했을지 모릅니다. 하지만 바울은 그렇게 하지 않았습니다. 고난 가운데 있는 누군가를 도울 때 마땅한 동역자가 없으니 혼자 할 수밖에 없다고 부추기는 말은 여러분 뒤에서 사탄이 속삭이는 말입니다. 부족하고 어려도 함께 돕는 이들을 나의 형제이자 하나님의 동역자로 여기고, 팀을 이뤄서 함께 일하는 법을 배워야 합니다. 영적으로 성숙하지 못한 사람일수록 다른 사람을 낮게 봅니다. 성숙할수록 형제로, 하나님의 동역자로 여깁니다. 바울 사도는 그 마음을 가지고 있었습니다.

나들목교회는 특별한 어려움을 겪는 성도가 있으면 '목양특별소위원회'를 엽니다. 이혼, 파산, 중독, 우울증 같은 지극히 풀기 어려운 문제에 빠진 성도를 한 사람이 도맡아서 돕다가는 탈진하기 쉽습니다. 제대로 돕기도 어렵습니다. 여러 명이 한꺼번에 붙잡고 씨름할 때에야 잘 섬길 수 있습니다. 물론 늘 결과가 좋은 것은 아니나 함께 수고해서 한 사람을 살려 내는 일은 무척이나 귀합니다. 이해할 수 없는 고난이든 자신이 자초한 어려움이든 목양특별소위원회에서 신앙 선배들의 도움을 받으며 하나님 말씀에 의지해서 잘 헤쳐 나가는 사람은 심각한 어려움에서 점점 벗어나 영적으로 든든하게 자랍니다. 물론 그렇지 않은 경우도 있습니다. 어떤 때는 한 사람을 위해 대여섯 명이 아홉 달을 같이 씨름한 적도 있습니다. 그렇게 한 사람을 세우려 애쓰면서, '어려움을 겪는 사람은 절대 혼자서 도울 수 없구나. 여럿이 같이 기도하고 도와야 하는구나'라는 마음을 배우고 또 배웁니다. 이 같은 마음은 바울 사도에게서 먼저 배운 것입니다. 바울 사도도 참다 못해서 디모데를 보냈습니다.

이끄미가 해야 할 일 네 가지

그렇다면 디모데가 데살로니가 교회에 가서 이끄미로서 해야 할 역할은 무엇일까요? 2절 뒷부분과 3절 앞부분에서 바울은 세 가지를 제시합니다.

2 우리의 형제 곧 그리스도의 복음에 있어 하나님의 동역자인 디모데를 보냈습니다. 이는 여러분을 굳건하게 하고, 여러분의 믿음을 격려하며 **3** 아무도 이러한 여러 환난 가운데서 흔들리지 않게 하려는 것입니다(살전 3:2-3, KHKV).

---

2 우리 형제 곧 그리스도의 복음을 전하는 하나님의 일꾼인 디모데를 보내노니 이는 너희를 굳건하게 하고 너희 믿음에 대하여 위로함으로 **3** 아

"굳건하게 한다"라는 표현은 로마서 1장 11절에도 나옵니다. "나눈다μεταδίδωμι"와 "굳세게 한다στηρίζω"가 같이 나타납니다. "나눈다"는 앞 장에서 유모에 관해 이야기할 때 복음만이 아니라 우리의 생명을 나눈다고 했을 때(살전 2:8)도 나왔습니다. 로마서 1장 11절을 한번 볼까요? "내가 여러분을 간절히 보고 싶어 하는 것은, 여러분에게 신령한 은사를 좀 나누어 주어, 여러분을 굳세게 하려고 하는 것입니다. 이것은, 내가 여러분과 함께 지내면서, 여러분과 내가 서로의 믿음으로 서로 격려를 받고자 하는 것입니다"(롬 1:11-12). 이끄미가 하는 일은 자신이 가진 것을 나누어 주어, 그것을 받은 이들을 굳세게 하는 것입니다. "굳세게 한다"는 새로 회심한 사람들을 견고하게 세울 때 주로 사용한 단어(행 14:22; 15:32; 롬 1:11; 16:25; 살후 2:17)입니다.

이끄미가 해야 할 첫 번째 일이 굳세게 하는 것이고, 그다음은 격려입니다. 격려는 큰 도움이 됩니다. 다시 한 번 근육 운동 예를

들어보죠. 무게가 꽤 나가는 덤벨을 들 때, 너무 무거워 완전히 들어 올리지 못하고 동작을 더 진행하지 못한 채 부르르 떨면서 어쩌지 못하는 순간이 있습니다. 그때 누군가 옆에 와서 손가락으로 살짝 들어 주면 덤벨을 들어 올릴 수 있습니다. 그냥 옆에서 손가락으로 톡톡 쳐 주는 겁니다. 혼자 운동했으면 '안 올라가네' 하면서 그냥 끝났을 가능성이 큽니다. 그러면 운동이 안 됩니다. 어렵더라도 도움을 받아서 덤벨을 올렸다 내렸다 하면 실핏줄이 터지고 그러면서 운동이 되고 근육이 자랍니다. 격려는 누가 뭔가를 하려고 할 때 옆에서 손가락 정도를 대 주는 겁니다. 환난 가운데 넘어지려고 할 때 톡 건드려 줘서 일어나게 돕는 것이 격려입니다. 그리스도인이 교회로 모일 때마다 서로 격려해야 하는 이유가 이 때문입니다. 그리스도인의 싸움은 치열합니다. 포기하고 내려놓고 싶을 때가 많습니다. 그때 서로 톡 하고 쳐 주는 겁니다. 그러면 격려받은 사람은 덤벨을 잡아당겨 올릴 수 있습니다. 그것이 격려입니다.

굳세게 하고, 격려해 주는 일이 이끄미가 할 일입니다. 그다음에 마지막으로 할 일은 흔들리지 않게 하는 것입니다. 요동하지 않는 것은 영적으로 성숙한 사람의 특징입니다. 한번은 어떤 성도가 제게 이렇게 물었습니다. "하나님만 의지해야 하는 것은 알지만, 어떤 때는 기도하기도 싫고, 예배하기도 싫고 그렇습니다." 요동하고 있는 것입니다. 요동하던 삶이 제자리를 찾아서 자리를 잡아 나가는 것이 영적 성숙이라고 그에게 말해 줬습니다. 그러면서 그것을 배워 나가야 한다고 했습니다. 혹시 지금 흔들리고 있습니까? 자꾸 들썩들썩 요동하고 있습니까? 영적으로 성숙하지 않아서 그럴 수 있습니다. 성장해서 안정기에 들어가지 않았기 때문입니다. 때로는 안정된 사람도 하나님을 의지하지 않으면 또 흔들립니다. 그래서 요동하지 않도록 돕는 것이 이끄미의 중요한 역할 중 하나입니다.

마지막으로 이끄미가 해야 할 일이 하나 더 있습니다. 바로 중간 점검입니다. 5절을 보겠습니다.

> **5** 이런 이유로 나도 참다못하여 여러분의 믿음을 알아보려고 그를 보냈습니다. 이는 그 유혹하는 자가 어떻게든 여러분을 유혹하여 우리의 수고를 헛되게 하지 못하게 하려는 것이었습니다(살전 3:5, KHKV).

> **5** 이러므로 나도 참다 못하여 너희 믿음을 알기 위하여 그를 보내었노니 이는 혹 시험하는 자가 너희를 시험하여 우리 수고를 헛되게 할까 함이니(살전 3:5, 개역개정).

유혹이라는 단어가 두 번 나옵니다. 그중 하나는 원어에 관사까지 붙어서 "유혹하는 자"를 뜻합니다. 이 자가 누구입니까? 사탄을 가리킵니다. 바울 사도는 자기가 떠난 다음에 유혹하는 자들이 일어나 데살로니가 교회의 믿음을 흔들 것을 알았습니다. 바울은 은혜가 임하고 나면 즉시 사탄, 곧 유혹하는 자가 나타나 사람들을 흔들 것을 알고 있었습니다. 그래서 바울은 어떻게 해서든 그들의 믿음이 제대로 서 있는지 확인하고 싶었습니다. 이끄미가 해야 할 마지막 중요한 일은, 끊임없이 중간 점검을 하는 것입니다.

나들목교회에서는 성도 간에 일대일 제자훈련을 열심히 합니다. 13주 이상의 정해진 과정을 마치고 난 다음에도 두세 달에 한 번, 안정되면 여섯 달에 한 번씩 이끄미는 따르미를 만나서 중간 점검을 꾸준히 하라고 격려합니다. 제자훈련 중의 성경공부보다 배운 말씀 그대로 살아 내는 것이 더 중요하기 때문입니다. 사탄은 제자훈련 한 과정을 마쳤다는 것에 만족하게 해서, 어떻게 사는지를 간과하게 만듭니다. 이들의 속임수에 넘어가지 않도록 따르미를 찾아가서 다시 한 번 그들을 굳건하게 해 주고, 격려하고, 흔들리지 않게 도와주며 중간 점검을 합니다. 바울이 참다못하여 그들의 믿음을 알아보기 위해 디모데를 보냈듯이 영적 지도자들은 끊임없이 함께 걷는 형제들이 유혹에 빠지지 않도록 그들의 믿음을 점검해야 합니다.

이끄미의 면류관, 영광과 기쁨

데살로니가 교회가 고난 가운데서도 성장하고 성숙했던 비밀에는 이끄미의 비중이 컸습니다. 책을 읽는 독자 중에는 이렇게 생각하는 분이 있을지도 모릅니다. "이렇게까지 하면서 어떻게 살아요? 나 하나 겪는 어려움도 얼마나 크고 어려운데, 다른 사람 고난까지 참견해 가면서 그 사람을 성장시킵니까. 이끄미로 사는 건 너무 피곤할 것 같습니다. 아니, 불가능할 것 같습니다." 그러면 바울은 어떻게 가능했을까요? 그 비결이 2장 19-20절에 나옵니다. 제가 무척 좋아하는 구절입니다. 힘들 때마다 묵상하고 암송하는 구절이기도 합니다.

> **19** 그가 오실 때 우리 주 예수 앞에서 우리의 소망이나 기쁨이나 자랑할 면류관이 무엇이겠습니까? 그것은 여러분이 아니겠습니까? **20** 참으로 여러분은 우리의 영광이며 기쁨입니다(살전 2:19-20, KHKV).

> **19** 우리의 소망이나 기쁨이나 자랑의 면류관이 무엇이냐 그가 강림하실 때 우리 주 예수 앞에 너희가 아니냐 **20** 너희는 우리의 영광이요 기쁨이니라(살전 2:19-20, 개역개정).

그가 오시는 날이 있습니다. 우리 인생이 끝날 때가 있습니다. 살아온 날을 돌아보며 회개할 날이 옵니다. 그날에 우리가 그분 앞에서 자랑할 만한 면류관은 무엇일까요? 그분 앞에서 무엇을 자랑할 수 있을까요? 재산, 학위, 직위, 이런 것들을 하나님께 자랑할 수 있을까요? 하나님은 쳐다보시지도 않을 겁니다. 우리가 자랑할 것은 무엇입니까? 우리가 사랑했던 사람들입니다. 인간적인 사랑이 아니라 하나님나라 복음으로 사랑했던 사람들, 그들이 우리의 면류관입니다. 이 소망이 없다면 어떻게 자기 시간과 에너지를 계속 내서 다른 사람을 섬기겠습니까? 세상은 혼자 잘 살라고 끊임없이 속삭이는데, 어떻게 그 유혹을 거부하고 다른 이의 고난을 함께 짊어지고 함께 씨름하며 그를 세우려고 끝까지 애쓸 수 있을까요?

사역하다가 가끔은 지치고 마음 상할 때가 있습니다. 성도들이 잘 성장하면 좋겠지만, 어떨 때는 끊임없이 자기주장을 하면서 변하지 않을 때도 있습니다. 어떤 성도들은 교회 지도자들과 다투면서 자기 소견에 옳은 쪽으로 가겠다고 고집을 부리고, 하나님 뜻을 따라야 하는데 자기 뜻을 관철하려고 막 덤비기까지 합니다. 그럴 때마다 얼마나 마음이 힘든지 모릅니다. 1년 가까이 씨름했는데도 결국은 그 사람을 떠나보내야 할 때 참 힘이 듭니다. 그때마다 하나님이 위로해 주시는 말씀이 이 말씀입니다. 그분 앞에 설 때 이렇게 말할 수 있으면 더할 나위가 없겠습니다. "하나님, 제가 이 사람들을 세우기 위해, 살리기 위해 나름대로 씨름했습니다. 실패도 했고, 상처도 받았고, 어려움도 겪었고, 실수도 했지만, 사람들을 살리려고 애썼습니다. 주님."

사람을 살리는 일은 소중합니다. 하나님나라 복음으로 사람을 살리는 일에 당신의 인생을 드리십시오. 그것은 영원히 남을 것입니다. 물론 하기 싫으면 안 하셔도 됩니다. 하지만 그날 주님 앞에서 부끄러울지 모릅니다. 다른 이들은 면류관을 받고 있는데, 그 가운데서 아무것도 쓰지 않은 채 서 있을 수 있습니다. 그날이 옵니다. 영원에 투자한 사람, 사람에게 자기 인생을 들인 사람, 그리스도의 복음을 전하며 하나님의 동역자로 산 사람이 하나님 앞에서 고백할 것입니다. 저 역시 감히 이렇게 말할 수 있을 것 같습니다. "여러분은 저의 면류관입니다. 나들목교회는 저의 면류관입니다." 독자 가운데 가정교회 같은 작은 공동체나 교회의 한 부서를 섬기는 분이 있다면 '이 가정교회가, 부서가, 소모임에 있는 사람들이 나의 면류관이다'라는 마음으로 사역하시기 바랍니다. 이런 자세가 우리에게 필요합니다. 그렇지 않다면 얼마 가지 못해, 어려움을 당할 때 나가떨어질 것입니다. 맞습니다. 우리는 우리 모두의 면류관입니다. 그래서 다 같이 힘들고 어려워도 애쓰는 겁니다.

바울은 여기서 한 걸음 더 나아갑니다. 20절에 "참으로 여러분은 우리의 영광이며 기쁨입니다"라고 말합니다. 바울 사도는 이를 현재형으로 표현하고 있습니다. 미래 언젠가 찾아올 영광과 기쁨이 아니라, 이미 지금 맛보고 있는 영광과 기쁨이라는 것입니다. 마지막 날 쓸 면류관인 줄 알고 있지만, 그에 그치지 않고 "지금도 당신은 나의 영광이며 나의 기쁨입니다"라고 고백하고 있습니다.

예배 중에 문득 성도들을 다 안아 주고 싶을 때가 있습니다. 너무나 소중한 사람들이어서 다 안고 싶었습니다. 성도끼리 서로 안으면 이런 마음이 듭니다. "참 소중한 형제다. 참 귀한 사람이다."

우리는 서로의 자랑이며 영광이며 기쁨입니다. 이것이 공동체의 아름다움입니다. 지금 함께하는 교회 식구들을 만나면 그들의 손을 잡으면서 "너는 내 영광이야, 내 기쁨이야"라고 말씀해 보시면 어떨까요?

제자 공동체

저는 꾸준히 운동하며 식사를 조절해야 한다는 것을 알고 있습니다. 단지 건강하게 오래 살겠다고 그러는 것은 아닙니다. 건강한 몸을 유지해야 제가 감당해야 할 삶을 살아 낼 수 있음을 알기 때문입니다. 그래서 어떤 때는 하기 싫어도 운동복으로 갈아입고 운동을 시작합니다. 그리스도인에게는 어떤 목표가 있어야 할까요? 당신에게는 어떤 목표가 있습니까? 그리스도를 닮아 가고 하나님의 영광에 이르기를 바라십니까? 그런 목표가 있다면 고난을 피하지 마십시오. 십자가를 거부하지 마십시오. 그것들이 당신을 성장하게 하고, 마침내 그리스도 닮은 모습으로 하나님 앞에 서게 할 것입니다.

부족하지만 자신의 삶을 통해 누군가를 이끌 때, 그래서 한 걸음 한 걸음씩 이끄미로 성장할 때, 교회는 설교만 듣고 사라지는 구름떼 같은 사람들이 아니라, 진정으로 성장하는 그리스도인으로 가득 찰 것입니다. 그들이 고난 중에 분투하는 후배들을 군세게 하고, 격려하고, 흔들리지 않게 만들고, 꾸준히 중간 점검을 하면서 제자 공동체를 세워 갈 것입니다. 이런 공동체는 데살로니가 현상이 일어나는 교회라고 말할 수 있으며, 그때야 우리는 도시 곳곳에 건강한 공동체를 세워 나갈 수 있을 것입니다. 하나님은 당신을 이 같은 놀라운 삶으로 초대하셨습니다. 그날에 받을 면류관을 바라보며 이 길을 함께 걸을 수 있기를 간절히 소원합니다.

5.

성도의 참된 교제

데살로니가 현상이 일어나기까지는 복음을 전하고 실제로 본이 된 이끄미의 영향력이 컸습니다. 이끄미는 주를 먼저 따르며 따르미의 본이 되었고, 특히 고난을 겪으면서도 성숙해 가는 본을 보여 주었습니다. 이들은 유모처럼, 형제자매처럼, 아버지처럼 따르미를 돌보았습니다. 이처럼 전혀 새로운 공동체가 세워지는 데는 성도 간의 관계가 중요한 역할을 합니다. 성도 간의 인간관계를 보통은 '성도의 교제'라고 부릅니다. 교제라고 하면, 인사하고 안부 묻고, 같이 커피 마시며 살면서 어려운 점을 나누는 정도로 생각하기 쉽습니다. 하지만 초대교회 성도의 교제는 이를 뛰어넘습니다. 성도의 교제의 참모습을 살펴보기 전에, 오늘날 그리스도인 사이에 실제로 일어나고 있는 성도의 교제를 먼저 살펴보겠습니다.

성도의 교제라고 오해하는 것들

오늘날 성도의 교제에서 가장 큰 관심사는 무엇일까요? 가만히 살펴보면, 사람들은 상대에게는 별로 관심이 없고, 오히려 자신에게 관심이 더 있습니다. '저 사람에게 내가 어떻게 비칠까? 저 사람이 나를 어떻게 대하나?'에 무척 관심이 많습니다. 성도의 교제조차 굉장히 자기중심적입니다. 더 솔직히 말하면, 다른 사람이 자신을 인정해 주면 만족하고, 다른 사람이 자신을 가벼이 여기거나 좋아하지 않으면 적절하게 거리를 두거나 자신도 상대에게 비호감을 드러냅니다. 일반 사회의 인간관계와 별반 다르지 않은 방식으로 관계를 맺으면서, 단지 종교적 언어와 문화로 겉옷만 입힙니다. 사실 주 관심사는 자신입니다.

그렇다면 성도의 교제의 기반은 무엇일까요? 자기중심적으로 피상적 관계를 맺으면, 상대에 대한 내 생각, 많은 경우에 편견과 선입견인 그 생각이 기초가 됩니다. 자기 자신이 주 관심사이다 보니, 상대에 관한 진실한 관심은 부족하고, 상대에 관한 불충분하고 왜곡된 정보에 휘둘립니다. 진정한 관심을 갖고 이해하려고 애쓰지 않으면, 편견과 선입견을 깨지 못하고 상대를 단정하기 쉽습니다. 교회에서 다른 사람에 관한 뒷말이 무성한 이유도 이 때문입니다. 누군가를 진정으로 생각하고 이해하려 노력하면 자신의 편견과 선입견을 극복할 수 있겠지만, 그렇지 않으면 쉽게 판단하게 되고, 더 나아가서 자기 생각을 성도의 교제라는 이름으로 다른 사람들과 공유합니다. 이런 일은 믿음이 어리거나 세속적인 사람의 몫일 뿐입니다. 그들은 "내가 볼 때 어떻게 느낀다. 내가 볼 때는 이렇다"라면서 자기 생각을 성도 간의 교제의 기반으로 삼습니다.

이런 교제로 얻는 열매는 무엇일까요? 일반 사회에서도 마음이 통하는 사람과 대화를 나누고 나면 위로를 받습니다. 동질 집단에 속하여 얻는 안도감 같은 것도 있습니다. 사람들은 교회에서도 똑같은 기준을 적용합니다. 성도의 교제라고 하면서도 자기중심적이라서 비슷비슷한 사람들끼리 모이고, 거기에서 위로와 안도감을 얻습니다. 자기 시각에 근거한 파편적이고 왜곡된 지식으로 사람들을 판단하고, 자기와 잘 맞는 사람들과 이루어지는 관계에서 얻는 위로와 안도감이 성경이 말하는 성도의 교제일까요? 성도의 교제라고는 하지만, 껍데기만 있고 별 의미가 없는 관계에 우리가 질리는 이유는, 그 교제가 종교적 옷을 입었을 뿐 교회 밖 사람들이 맺는 인간관계와 별반 다르지 않기 때문입니다. 교회가 전혀 새로운 공동체가 아니라, 전혀 다르지 않은 공동체이기 때문입니다. 세상에 수많은 교회가 있어도 전혀 새로운 공동체, 전혀 다른 관계는 아주 희귀합니다.

전혀 새로운 공동체의 교제

그렇다면 전혀 새로운 공동체를 만들어 낸 성도의 교제는 어땠을까요? 데살로니가전서 3장 6-13절에서 바울은 성도의 교제를 가르치려고 의도하지는 않았지만, 중요한 이야기를 하면서 부지불식간에 이에 관해 알려 줍니다.

> **6** 지금은 디모데가 여러분에게서 우리에게로 와서 여러분의 믿음과 사랑과, 여러분이 항상 우리에 대해 좋은 기억을 가지고 있고, 우리가 여러분에게 그러하듯 여러분이 우리를 간절히 보고 싶어

한다는 기쁜 소식을 전해 주었습니다. **7** 그러므로 형제자매 여러분, 우리는 우리의 모든 곤경과 박해 가운데서도 여러분의 믿음으로 말미암아 여러분에 대해 위로를 받았습니다. **8** 여러분이 주 안에 굳게 서 있으니, 이제 우리는 산 것이기 때문입니다. **9** 우리 하나님 앞에서 여러분으로 말미암아 기뻐하는 모든 기쁨으로 인해 여러분에 대해 하나님께 어떤 감사로 보답할 수 있겠습니까. **10** 여러분의 얼굴을 보기 위해, 그리고 여러분의 믿음의 부족한 것을 보충하기 위해 우리는 밤낮으로 간절히 간구하고 있습니다. **11** 친히 하나님 우리 아버지와 우리 주 예수께서 여러분에게로 우리 길을 인도해 주시기를 바랍니다. **12** 또한 주님께서 우리가 여러분에게 하듯이 서로와 모든 사람을 위한 사랑에 있어 여러분을 풍성하고 또한 넘치게 하여 주셔서 **13** 여러분의 마음이 굳세어져 우리 주 예수께서 당신의 모든 성도와 함께 오실 때 하나님 곧 우리 아버지 앞에서 거룩함에 흠이 없게 하시기를 바랍니다(살전 3:6-13, KHKV).

---

6 지금은 디모데가 너희에게로부터 와서 너희 믿음과 사랑의 기쁜 소식을 우리에게 전하고 또 너희가 항상 우리를 잘 생각하여 우리가 너희를 간절히 보고자 함과 같이 너희도 우리를 간절히 보고자 한다 하니 **7** 이러므로 형제들아 우리가 모든 궁핍과 환난 가운데서 너희 믿음으로 말미암아 너희에게 위로를 받았노라 **8** 그러므로 너희가 주 안에 굳게 선즉 우리가 이제는 살리라 **9** 우리가 우리 하나님 앞에서 너희로 말미암아 모든 기

뻐으로 기뻐하니 너희를 위하여 능히 어떠한 감사로 하나님께 보답할까 **10** 주야로 심히 간구함은 너희 얼굴을 보고 너희 믿음이 부족한 것을 보충하게 하려 함이라 **11** 하나님 우리 아버지와 우리 주 예수는 우리 길을 너희에게로 갈 수 있게 하시오며 **12** 또 주께서 우리가 너희를 사랑함과 같이 너희도 피차간과 모든 사람에 대한 사랑이 더욱 많아 넘치게 하사 **13** 너희 마음을 굳건하게 하시고 우리 주 예수께서 그의 모든 성도와 함께 강림하실 때에 하나님 우리 아버지 앞에서 거룩함에 흠이 없게 하시기를 원하노라(살전 3:6-13, 개역개정).

이때 바울 사도는 데살로니가에서 갑자기 쫓겨난 터라 데살로니가 교회를 늘 걱정하고 있었습니다. 데살로니가에서 쫓겨난 바울은 실라와 디모데를 데리고 베뢰아로 내려갑니다. 둘을 거기에 두고 자신은 아테네로 이동합니다. 이후에 두 사람을 아테네로 부릅니다. 바울은 아테네 사역을 마치고 고린도로 이동합니다. 고린도로 이동하면서 디모데에게 이렇게 부탁합니다. "너는 데살로니가 교회에 가 봐야겠다. 그곳 상황을 좀 파악해 다오." 디모데를 데살로니가로 보내고(살전 3:5) 자신은 실라와 함께 고린도로 향합니다. 바울은 고린도에서 1년 6개월가량 사역했는데, 그 중간에 디모데가 데살로니가 교회 소식을 가지고 고린도로 옵니다.

6절에서는 디모데가 돌아와 데살로니가의 소식을 자신들에게 전했다고 말합니다. 그 소식을 들은 바울이 데살로니가 성도들을 다시 만나기를 간절히 바란다면서, 자신이 데살로니가 성도들을 얼마나 사랑하며, 어떤 자세로 대하는지를 이야기합니다. 이 이야기 속에서 성도의 참된 교제가 무엇인지를 살펴볼 수 있습니다. 그 교제는 두 단계에 걸쳐서 이루어지는데, 처음은 기본 단계이고, 다음은 심화 단계입니다.

참된 교제의 기본

첫 단계부터 살펴보겠습니다. 첫 단계는 성도의 참된 교제의 기본 단계로, 모든 성도가 거기에 이르러야 합니다. 6절을 앞 장에서 살펴본 5절과 연결해서 보겠습니다.

> **5** 이런 이유로 나도 참다못하여 여러분의 믿음을 알아보려고 그를 보냈습니다. 이는 그 유혹하는 자가 어떻게든 여러분을 유혹하여 우리의 수고를 헛되게 하지 못하게 하려는 것이었습니다. **6** 지금은 디모데가 여러분에게서 우리에게로 와서 여러분의 믿음과 사랑과, 여러분이 항상 우리에 대해 좋은 기억을 가지고 있고, 우리가 여러분에게 그러하듯 여러분이 우리를 간절히 보고 싶어 한다는 기쁜 소식을 전해 주었습니다(살전 3:5-6, KHKV).

---

5 이러므로 나도 참다 못하여 너희 믿음을 알기 위하여 그를 보내었노니 이는 혹 시험하는 자가 너희를 시험하여 우리 수고를 헛되게 할까 함이니

> **6** 지금은 디모데가 너희에게로부터 와서 너희 믿음과 사랑의 기쁜 소식을 우리에게 전하고 또 너희가 항상 우리를 잘 생각하여 우리가 너희를 간절히 보고자 함과 같이 너희도 우리를 간절히 보고자 한다 하니(살전 3:5-6, 개역개정).

바울은 참다못해 데살로니가 성도들의 믿음을 알아보려고 디모데를 보냈고(5절), 디모데는 마침내 데살로니가 성도들의 믿음과 사랑에 관한 기쁜 소식을 가져옵니다(6절). 여기서 바울은 성도의 참된 교제에서 나타나는 주된 관심과 기반, 열매가 어떻게 다른지 알려줍니다.

참된 교제라면 상대의 믿음에 관심을

성도들이 교제할 때 관심을 가져야 할 주된 내용은 자신이 상대에게 어떻게 받아들여지는지, 어떤 사람으로 여겨지는지가 아닙니다. 상대가 진리에 따라 살고 있는지, 그들의 믿음이 제대로 서 있는지, 그 믿음에 기초해서 사랑하며 살고 있는지입니다. 그래서 8절에서 바울은 "여러분이 주 안에 굳게 서 있으니, 우리가 이제 살았다"라고 합니다.

"주 안에서 굳게 서 있으니"(8절)에서 '주'는 '큐리오스κύριος'라는 단어인데, 당시에는 로마 황제를 칭할 때만 사용할 수 있었습니다. 그런데 데살로니가 성도들이 황제의 보호 아래 데살로니가라는 도시에서 번영과 풍요를 누리는 것이 아니라, 하나님나라의 주인이신 예수를 믿고 따르면서 그로 말미암아 새로운 생명을 얻고 살아간다는 소식이 바울에게 전해진 것입니다. 주 안에서 산다는 말은 이만큼이나 혁명적인 표현입니다. 그런데 단지 주 안에서 사는 것이 아니라 굳게 서 있다고 했습니다. 예수로 말미암아 삶 전체가 재편성되어 확고하게 자리를 잡았다는 뜻입니다.

이처럼 바울 사도의 주된 관심은 그들의 "믿음과 사랑"(6절)이었고, 그들이 얼마나 주 안에서 굳게 서 있는가였습니다. 우리의 관심은 무엇이어야 할까요? 우리가 서로 관심을 기울일 때 무엇에 주목해야 할까요? 얼마나 잘 사는지, 아이는 잘 크는지, 집은 구했는지, 직장에는 문제가 없는지도 물론 중요합니다. 그런 이야기도 해야 합니다. 하지만 그것들이 성도 간 교제의 핵심 주제는 아닙니다. 그 같은 이야기는 일반 사회에서 웬만큼 깊은 관계를 맺을 때도 나눕니다. 성도 간 교제의 핵심 주제는 믿음과 사랑입니다. 주 안에 굳게 서 있는가입니다. 이것이 빠지면 성도의 교제라기보다는 일반 교제입니다. 그래서 바울 사도 일행은 그것이 너무나 궁금했습니다. 참지 못해서 디모데를 보낼 정도로 사무치게 궁금했습니다.

참된 교제는 인격적 관계 위에서

그렇다면 핵심적인 관심을 놓치지 않는, 성도 간 교제의 기반은 무엇일까요? 바울은 "여러분이 항상 우리에 대해 좋은 기억을 가지고 있고, 우리가 여러분에게 그러하듯 여러분이 우리를 간절히 보고 싶어 한다"라고 적었습니다. 비록 짧은 기간 머물렀지만, 바울과 데살로니가 성도들 사이에 어떤 관계가 형성되어 있는지를 잘 보여 줍니다. 그런데 불행하게도 참된 교제의 기반인 인격적 관계는 바울이 데살로니가에서 쫓겨나면서 와해되었습니다. 서로 무슨 일이 일어나고 있는지 알 수 없는 소통의 단절이 발생했습니다. 그래서 바울은 디모데를 보냈습니다.

참된 교제의 기본은 인격적 관계이며, 인격적 관계를 가능하게 하는 것은 소통입니다. 소통이 없으면 인격적 관계는 세워지지 않습니다. 소통이 무척 중요합니다. 그런데 소통이 제대로 되려면, 직접 만나야 합니다. 바울 사도는 디모데를 직접 보내서 데살로니가의 소식을 가지고 옵니다. 그러고도 바울이 간절히 원하는 것이 무엇입니까? "여러분을 보러 갔으면 좋겠습니다. 여러분 얼굴을 보고 싶습니다"라고 말합니다.

참된 교제는 얼굴을 대하는 인격적 관계를 통해 이뤄지는 게 가장 좋습니다. 바울 역시 그래서 보고 싶어 하고, 만나고 싶어 합니다. 오늘날에는 소셜미디어를 통해서 다양한 관계를 맺지만, 이러한 소통이 얼굴을 맞대는 관계를 대체할 수는 없습니다. 어떤 때는 실제로 만나서 손을 잡고 눈을 보면서 상대의 잘못된 부분에 관해, 부족한 부분에 관해 진심을 다해 이야기해야 합니다. 그런데 그 내용을 소셜미디어에 일방적으로 써 버립니다. 또 큰 고통과 아픔 가운데 있는 사람은 가서 그냥 안아 줘야 합니다. 얼싸 안고 같이 울어야 합니다. 그런데 소셜미디어에 "힘들겠네요"라고 한 줄 붙이고 맙니다. 소셜미디어에도 분명 장점이 있습니다. 사람들을 실시간으로 연결하고, 정보를 빠른 속도로 전달합니다. 많은 일을 동시에 빠르게 처리해야 하는 도시 생활에서는 매우 유용할 수 있습니다. 하지만 인격적 깊이를 나누기는 어렵습니다. 그래서 바울 사도도 편지를 쓰고는 있지만, 대면적 관계를 가지려고 이렇게 애쓰는 것입니다.

참된 교제를 위해 미디어를 활용하는 것도 좋지만, 만나서 눈을 보고 손을 잡고 이야기하는 것이 더 중요합니다. 대면 관계, 인격적 관계를 맺는 것이 참된 교제의 기반이 되어야 합니다. 그래야만 내 시각으로 왜곡한 정보를 가지고 오해하거나, 피상적으로 이해해서 잘못된 말을 하거나 잘못된 도움이나 조언을 주는 것을 피할 수 있습니다.

직접 대면할 수 없을 때는 전달자의 역할도 무척 중요합니다. 디모데도 왔다 갔다 하면서 양측을 연결했습니다. 데살로니가 교회에 문제가 없었을까요? 실제로 문제가 있었기 때문에 바울이 나중에 부족한 것을 채우겠다고 편지에 씁니다. 데살로니가 성도들이 모두 다 바울 일행을 좋아했을까요? 100퍼센트가 다 좋아하는 관계는 전체주의적 억압 사회에서나 가능합니다. 바울을 불편해하는 사람도 있었을 상황에서 디모데는 매우 균형 있게 보고합니다. 디모데는 데살로니가의 교인 숫자가 늘었는지, 교회의 정치

구조가 어떻게 형성되었는지, 그런 것들을 보고하지 않습니다. 그들의 믿음과 사랑의 상태가 어떤지, 정말 봐야 할 것을 보고 와서 제대로 전달했습니다. 이처럼 성도의 교제가 일어날 때 전달자 역할을 맡은 사람이 지혜로워야 합니다. 가령 흠결이 많아 보이는 사람이 있을 때 그 사람의 흠결만 지적하면, 그로 더불어 일하시는 하나님이 아니라 인간의 약한 부분만 드러나서 성도의 교제가 오히려 약화될 가능성도 있습니다.

따라서 건강한 소통을 중심으로 인격적 관계를 맺는 것이 성도의 교제에서는 아주 중요한 기반입니다. 좀 더 깊은 교제로 들어가고 싶다면 얼굴을 맞대고 서로 눈을 보면서 이야기를 나누십시오. 이메일이나 문자나 소셜미디어로는 참된 교제를 맺는 데 한계가 있습니다. 깊은 나눔은 서로 얼굴을 보면서 이루어집니다.

참된 교제로만 닿을 수 있는 곳

그렇다면 참된 교제를 나누면 어떤 일이 벌어질까요? 당연히 위로와 힘을 얻습니다. 바울 사도는 이때 고린도에서 큰 어려움을 겪고 있었습니다. 그래서 7절에서 다음과 같이 말합니다.

> **7** 그러므로 형제자매 여러분, 우리는 우리의 모든 곤경과 박해 가운데서도 여러분의 믿음으로 말미암아 여러분에 대해 위로를 받았습니다(살전 3:7, KHKV).

> **7** 이러므로 형제들아 우리가 모든 궁핍과 환난 가운데서 너희 믿음으로 말미암아 너희에게 위로를 받았노라(살전 3:7, 개역개정).

7절을 원어로 보면 바울이 같은 말을 반복하는 걸 알 수 있습니다. "여러분의 믿음으로 위로를 받았습니다"라고 하면 될 말을 "여러분의 믿음으로 여러분에 대해 위로를 받았습니다"라고 데살로니가 성도들을 강조합니다. "여러분에 대해"라는 번역은 매우 문자적인 번역인데, 개역개정에서는 "너희에게", 새번역에서는 "여러분을 보고"라고 풀어 썼습니다. 9절도 마찬가지입니다. "여러분으로 말미암은 기쁨을 하나님께 어떻게 감사드려야 할까요"라고 하는 대신에, 굳이 "여러분으로 말미암은 기쁨으로 인해 여러분에 대해 하나님께 어떻게 감사드려야 할까요"라고 합니다. 문법적으로 불필요한 말까지 넣어서 감정을 드러낼 만큼 데살로니가 성도들에게 큰 위로를 받고는 감격합니다. 8절에서는 "여러분이 주 안에 굳게 서 있어서 우리가 이제 살겠습니다"라고 더 강력하게 말합니다. "이제는 마음이 놓인다", "이제는 살겠다"라는 표현입니다. 바울이 얼마나 노심초사했는지를 잘 보여 줍니다. 자신을 통해 복음을 받은 사람이 진리 위에서 사랑하며 살아갈 때, 주 안에서 굳게 서 있을 때, 그 모습을 인격적 관계를 통해서 알게 되면 말할 수 없는 기쁨이 찾아옵니다. 힘이 납니다.

나들목교회 가정교회 목자들이 그렇게 힘든데도 목자를 할 수 있는 이유가 있습니다. 대개 사람들은 빨리 변하지 않습니다. 세상을 좇아 살면서 자신이 그렇게 사는지도 잘 모를 때가 많습니다. 그런 사람을 붙들고 씨름하다 보면 아주 조금씩 변해 갑니다. 그러고는 어느 순간 주 안에서 굳건하게 자리 잡기 시작합니다. 그렇게 사람이 변하는 모습을 보면서 목자들은 말할 수 없는 기쁨을 맛봅니다. 거기서 목자를 계속할 힘이 나옵니다. 일주일마다 하루 저녁이 사라진다고 생각해 보십시오. 그것도 주말 저녁입니다. 휴가도 없고, 끝나는 기한도 없습니다. 쉽게 엄두 낼 만한 일이 아닙니다. 하지만 성도의 참된 교제를 통해 얻는 기쁨을 알기에 목자들은 그 일을 합니다.

한번은 예배 후에 예전에 같은 가정교회에 속했던 자매 대여섯 명이 밝은 얼굴로 모여 앉아 있는 모습을 지나치며 보았습니다. 그중 한 자매가 참 어려운 시간을 보내고 있었습니다. 따로 말을 건네지는 않았지만, 그들이 그 자매와 함께 있는 모습을 보고 어떤 상황인지 목회자로서 금세 알아챌 수 있었습니다. 그들이 서로 붙잡아 주는 모습을 보면서 제가 얼마나 큰 위로를 받았는지 모릅니다. '저들이 저렇게 서로 붙잡지 않으면 그 자매가 이 어려운 시절을 어떻게 헤쳐 갈까' 하는 마음에 가슴이 저렸습니다. 성도들이 서로 붙잡아 줄 때 얼마나 큰 위로가 되는지 아시나요? 그것이 성도의 참된 교제에서 오는 힘과 위로입니다. 그리스도인이라면 누구나 누려야 하고, 누릴 수 있습니다.

이처럼 그리스도인의 참된 교제는 일반 사회에서 나누는 교제와 다릅니다. 성도의 교제의 주 관심사는 무엇입니까? 진리입니다. 상대방이 진리를 제대로 받아들이고 그 진리에 걸맞게 사는지, 서로 사랑하며 살고 있는지에 초점을 맞춥니다. 상대방의 믿음, 곧 주 안에서 어떻게 굳세어지고 있는지가 초미의 관심사입니다. 그렇게 하려면, 진실한 정보를 주고받아야 합니다. 만약 누군가가 어떤 사람이나 사안에 관해 하나님의 관점에서 제대로 전달하지 않으면, 그의 말을 신뢰해서는 안 됩니다. 내가 듣고 싶은 소리를 듣는 게 아니라, 하나님이 무엇을 하고 계신지가 보고 싶기 때문입니다.

인격적 관계를 기반으로 성도의 참된 교제를 나누면 세상에서 만날 수 없는 기쁨을 맛보기 시작합니다. 바울이 적었듯이 "여러분이 주 안에 굳게 섰으니, 이제 내가 살 것 같다"라는 기쁨을 누립니다. 동아리나 동창 모임, 마음 맞는 직장 동료들 사이에서처럼 터놓고 이야기하는 정도를 성도의 교제라고 부를 수는 없습니다. 그것은 말 그대로 그냥 교제입니다. 성도의 참된 교제는 진리에 기초해서 인격적 관계를 맺으며 하나님 앞에서 서로 세워 나가면서 그 과정에서 오는 기쁨과 희열, 어떤 때는 큰 슬픔과 아픔을 경험하고는, '아, 이것이 사람됨이구나' 하는 것을 맛보는 것입니다.

이것이 성도의 교제의 기본 차원입니다. 주변에서 흔히 만나는 일반적인 성도의 교제와 데살로니가전서에 나타나는 성도의 참된 교제를 다음과 같이 비교해 볼 수 있습니다.

	일반적인 성도의 교제	참된 성도의 교제
관심	자기 자신	진리: 상대방의 믿음과 사랑
기반	자신의 생각과 선입견	진실한 소통을 통한 인격적 관계
열매	동질 집단에서 오는 위로와 안도감	서로가 세워짐으로 인한 기쁨과 안도감

그런데 이것이 성도의 교제의 전부는 아닙니다. 기본일 뿐입니다.

참된 교제의 심화

바울은 성도의 참된 교제가 이를 수 있는 심화 단계를 자연스럽게 언급합니다.

> **9** 우리 하나님 앞에서 여러분으로 말미암아 기뻐하는 모든 기쁨으로 인해 여러분에 대해 하나님께 어떤 감사로 보답할 수 있겠습니까(살전 3:9, KHKV).

> **9** 우리가 우리 하나님 앞에서 너희로 말미암아 모든 기쁨으로 기뻐하니 너희를 위하여 능히 어떠한 감사로 하나님께 보답할까(살전 3:9, 개역개정).

바울은 여기서 좀 이상한 이야기를 합니다. 그들이 너무 잘해서 기쁘고 고맙다고 그들에게 말하는 게 아니라, 하나님께 어떻게 감사해야 할지 모르겠다고 합니다. 이것이 참된 교제의 영성입니다. 수평적 관계에서 오는 기쁨이나 슬픔, 혹은 다른 어떤 것이든, 수직적 차원으로 승화합니다. 상대의 모습을 보고 잘했다며 칭찬하는 수평적 관계로 끝나지 않고, 하나님께 어떻게 보답할까를 생각하는 수직적 차원으로 바뀝니다. 왜 그래야 할까요? 모든 복의 근원이 하나님이기 때문입니다. 여러분이 잘해서도 아니고, 우리가 잘해서도 아니고, 우리 모두에게 복을 주시는 분이 하나님이시라서 그분께 기쁨을 보답하는 것입니다. 문장 맨 처음에 "하나님 앞에서"라고 표현한 이유도 이 때문입니다.

성도의 교제가 심화 단계로 들어가려면 그에 걸맞은 영성이 필요합니다. 우리는 수평적 차원에서 기쁨을 주고받을 수 있습니다. 함께 슬퍼하거나 괴로워할 수 있습니다. 하지만 거기서 끝난다면 기본 단계에서 멈추는 것입니다. 바울은 수평적 차원에서 누린 희로애락을 가지고 어디로 갔습니까? 수직적 차원으로 가져가서 하나님께 보답하려고 했습니다. 이것이 성도 간 참된 교제의 영성이라 부를 수 있는 차원입니다. 전혀 새로운 영역입니다.

수평적 차원의 교류가 수직적 차원으로 전환되니, 자연스럽게 간구가 따라 나옵니다. 하나님 앞에서 감사하는 것이기에 그 감사는 간구의 기도로 이어질 수밖에 없습니다.

10 여러분의 얼굴을 보기 위해, 그리고 여러분의 믿음의 부족한 것을 보충하기 위해 우리는 밤낮으로 간절히 간구하고 있습니다(살전 3:10, KHKV).

---

10 주야로 심히 간구함은 너희 얼굴을 보고 너희 믿음이 부족한 것을 보충하게 하려 함이라(살전 3:10, 개역개정).

이어지는 11절부터 13절까지는 간구의 내용이 나옵니다.

11 친히 하나님 우리 아버지와 우리 주 예수께서 여러분에게로 우리 길을 인도해 주시기를 바랍니다. **12** 또한 주님께서, 우리가 여러분에게 하듯이, 서로와 모든 사람을 위한 사랑에 있어 여러분을 풍성하고 또한 넘치게 하여 주셔서 **13** 여러분의 마음이 굳세어져 우리 주 예수께서 당신의 모든 성도와 함께 오실 때 하나님 곧 우리 아버지 앞에서 거룩함에 흠이 없게 하시기를 바랍니다(살전 3:11-13, KHKV).

---

11 하나님 우리 아버지와 우리 주 예수는 우리 길을 너희에게로 갈 수 있게 하시오며 **12** 또 주께서 우리가 너희를 사랑함과 같이 너희도 피차간과 모든 사람에 대한 사랑이 더욱 많아 넘치게 하사 **13** 너희 마음을 굳건하게 하시고 우리 주 예수께서 그의 모든 성도와 함께 강림하실 때에 하나님 우리 아버지 앞에서 거룩함에 흠이 없게 하시기를 원하노라(살전

3:11-13, 개역개정).

관계가 수직적 차원에 기초할 때 수평적 차원도 깊어집니다. 교회 형제자매들에게 기쁜 일이 생기면 함께 기뻐하십시오. 그들에게 슬프고 안타까운 일이 생기면 그 옆을 지키면서 같이 울어 주십시오. 조언이 필요하다면 조언도 해야 합니다. 하지만 그걸로 끝나면 안 됩니다. 그것을 가지고 하나님 앞으로 나아가서 수직적 차원으로 승화시키십시오. 수직적 차원으로 승화한 영성은 또다시 수평적 관계를 발전시키고, 그들을 위해 간구하게 됩니다. 이렇게 수평적 차원과 수직적 차원은 긴밀히 연결되어 서로를 더 깊게 만듭니다. 아이를 키울 때도 마찬가지입니다. 아이와의 관계에서 생기는 일들을 가지고 거기서만 머물지 말고 하나님 앞으로 가져가십시오. 그럴 때 더 깊고도 중요한 기도 제목들이 생겨날 것입니다. 그것이 영성입니다. 참된 교제의 영성입니다.

현재 무엇이 부족한지

참된 교제의 영성은 조금 더 구체적인 목표를 띠고 나타납니다. 먼저 현재적 목표가 10절과 12절에 나옵니다. 10절에서는 "여러분의 얼굴을 보기 위해, 그리고 여러분의 믿음의 부족한 것을 보충하기 위해" 간구한다고 말합니다. 바울은 도대체 무슨 근거로 그들의 믿음이 부족하다고 말할 수 있었을까요? 데살로니가 교회의 재정 구조나 리더십, 의사소통 방식에 문제가 있다는 것이 아닙니다. 그들의 믿음이 부족하다고 말하는 바울의 근거는 자신의 인간적 관점이나 세상적 관점에서 비롯되지 않았습니다. 바울 자신이 믿고 따르고 살아 내며 가르치는 진리에 비추어 볼 때 그들의 믿음이 부족하다는 것입니다.

앞에서 살펴본 성도의 교제의 기본 단계에서 주 관심사는 무엇이었습니까? 믿음과 사랑, 주 안에서 굳게 서 있는가였습니다. 그때의 관심은 제대로 서 있는가였는데, 심화 단계에서는 무엇이 부족한지를 분별하고 그것을 채우려고 합니다. 앞서 바울은 데살로니가 성도들의 사랑과 믿음으로 말미암아 기쁘다고 했는데, 일반적으로 사랑과 믿음 다음에는 소망이 따라 나옵니다. 1장 3절에서는 믿음의 행위와 사랑의 수고와 소망의 인내를 언급하는데, 3장에서 디모데가 전해 준 소식을 듣고는 그들의 믿음과 사랑 때문에 기쁘다고 합니다. 소망에 관한 이야기가 빠집니다. 정확히 알 수는 없지만, 제가 보기에는 바울이 데살로니가 교회에서 소망에 관한 문제를 발견한 것 같습니다. 실제로 종말론적 소망이 데살로니가전서의 주요 주제이기도 합니다. 데살로니가후서도 이 주제를 다룹니다. 나중에 8장에서 이 주제를 깊이 다룰 것입니다.

바울은 데살로니가 교회가 건강하게 잘 자라고 있으나 소망에 관해서는 부족한 부분이 있음을 발견했고, 그것을 채워 주고 싶다고 말합니다. 이끄미가 진리대로 살면서 본을 보일 때는 자신을 따라오는 이들에게서 무엇이 부족한지 보입니다. 만약 자신이 진리대로 살지도 않고, 본을 보이려 하지 않는다면, 따르미에게 무엇이 부족한지가 보이지 않을 겁니다. 그렇습니다. 이끄미가 진리가 무엇인지를 분명히 알고, 그 복음에 기초해 하나님과 인격적 관계를 맺고, 하나님나라 복음에 기초해 균형 있게 사는 법을 배우면서 실천할 때, 자기를 따라오는 이들의 부족함을 분별할 수 있습니다. 먼저 그렇게 살지 않고는 무엇이 부족하다고 말해 줄 수가 없습니다.

이쯤 되면 심화 과정은 특별히 잘 성장하고 훈련된 사람의 몫이라고 생각할 수 있습니다. 이미 이야기했듯이 그리스도인은 그리스도인이 되는 순간부터 이끄미가 됩니다. 막 회심한 사람은 아직 주님을 모르는 사람에게, 신앙생활을 처음 배우는 사람은 막 회심한 사람과 찾는이에게, 이렇게 우리는 누구나 상대적으로 조금은 앞선 이끄미입니다. 자신이 성장의 어느 여정에 있든지, 자신이 배운 내용을 살아 내고, 배우고 살아 낸 만큼 자기 뒤를 바짝 쫓고 있는 따르미를 도울 때 우리는 성숙해 나갑니다. 누구나 자신의 수준만큼 자기를 따라오는 자의 부족함을 분별할 수 있고, 그만큼 따르미를 섬길 수 있습니다.

그런 면에서 모든 그리스도인은 자신을 그리스도인 되게 만든 복음을 반복해서 나누면서, 복음의 내용을 심화해야 합니다. 한 번 믿고 구원받고 끝나는 것이 하나님나라 복음일 수 없습니다. 복음을 반복해서 나누는 일은 깊어지는 그리스도인에게는 필수입니다. 이와 함께 그리스도인의 삶을 배워 나가는 일 역시 중요합니다. 나들목교회의 수많은 임상을 통해서 펴낸《풍성한 삶으로의 초대》나《하나님나라의 도전》은 진지하게 진리를 찾는 이와 복음을 나누는 자료이며,《풍성한 삶의 첫걸음》은 그리스도인의 삶의 기본을 배우는 자료입니다. 이 자료가 아니어도 스스로 복음을 반복해 나누면서 심화할 자료가 필요합니다. 우리는 배우고 안 만큼이 아니라, 살아 낸 만큼 자신을 따라오는 사람을 분별하여 섬길 수 있고, 이러한 삶은 그리스도인이 신앙생활을 시작하자마자 함께 시작해야 합니다.

나들목교회 성도 가운데는 복음을 나누고 그리스도인의 삶의 기본을 소개하는 것을 넘어서서,《풍성한 삶의 기초》라는 일대일 제자훈련을 13주 동안 따르미와 함께 하며 씨름하는 이들이 많습니다. 가정교회를 이끄는 목자 중에는 이 과정을 열 번 이상 이끄미로 인도한 사람이 많습니다. 이들은 진리를 반복해서 습득한 탓에 함께 훈련하는 이들에게서 무엇이 부족한지를 잘 발견합니다. '이 친구는 자신과의 관계에서 뿌리가 없구나. 자신과의 관계가 더 깊어져야겠구나' 하고 소위 '영적 견적'이 나옵니다. 그러면 이를 두고 그 사람과 같이 기도하며 돕습니다. 그러면서 함께 자랍니다. 이처럼 진리대로 살면서 진리를 자꾸 연습하셔야 합니다. 성도 간에 참된 교제를 하려면 부족한 것을 분별해야 하고, 그러려면 자신이 먼저 진리대로 살아가는 연습을 하면서 앞으로 걸어 나가야 합니다. 그렇지 않으면 진전이 없습니다. 바울은 지금 그 이야기를 하고 있습니다.

여기서 사랑이 더욱 풍성해지는

바울이 10절에서 부족한 것을 보완했다면, 12절에서는 무척 흥미로운 표현으로 또 다른 목표를 제시합니다.

> **12** 또한 주님께서 우리가 여러분에게 하듯이 서로와 모든 사람을 위한 사랑에 있어 여러분을 풍성하고 또한 넘치게 하여 주셔서(살전 3:12, KHKV).

> **12** 또 주께서 우리가 너희를 사랑함과 같이 너희도 피차간과 모든 사람에 대한 사랑이 더욱 많아 넘치게 하사(살전 3:12, 개역개정).

"여러분이 서로 나누는 사랑에 있어서나 모든 사람에게 베푸는 사랑에 있어서나 풍성해지고, 또한 넘치게 해 달라"라고 간구합니다. 풍성한 것이 더 넘치게 해 달라고 강조합니다. "내가 온 것은 양으로 생명을 얻게 하고 더 풍성히 얻게 하려는 것이라"(개역개정)라는 요한복음 10장 10절을 떠올리게 하는 표현입니다. 풍성하게 얻되 넘치게 된다고 바울은 강조합니다.

성도 간의 참된 교제를 통해 우리가 현세에서 얻을 수 있는 것은 상대방이 더 풍성하게 열매를 거두도록 하는 것입니다. 그런데 재밌는 것은 더 풍성해지는 것이 지식이 아니라는 데 있습니다. 서로 나누는, 그리고 모든 사람에게 베푸는 사랑이 풍성해지기를 바울은 간절히 원하고 있습니다. 여기서 놀라운 사실을 하나 발견할 수 있습니다. 바울이 그들의 부족함을 채우기 원한다고 할 때는 진리에 관해 이야기하고, 풍성해지길 원한다고 할 때는 사랑을 이야기합니다.

기독교의 사랑은 진리를 기초로 합니다. 진리가 빠진 상태로는 사랑이 깊어지지 않습니다. 진리가 있어야 무엇이 옳은지 그른지, 무엇이 나은지 나쁜지를 분별할 능력이 생깁니다. 무엇이 하나님 뜻인지 세속적인지, 무엇이 성경의 가르침인지 교회에 들어온 세속적 영향인지를 분별하는 힘은, 진리를 제대로 알고 부족한 것이 보완되었을 때 발생합니다. 진리를 배우고 깨달아 부족한 것을 채우면 어디서 풍성해집니까? 사랑에서 더 풍성해집니다. 이것이 기독교입니다.

지식이 늘어나면 대개는 교만해집니다. 진리를 알아 가는 목적은 살아 내기 위해서, 그중에서도 핵심은 사랑하기 위해서인데, 그 사실을 놓치기 때문입니다. 기독교에서 진리를 탐구하는 목적은 그 진리로 다른 이들을 비난하고 몰아세우기 위해서가 아니라, 다른 이들을 섬기고 사랑해서 그 사랑을 풍성하게 하고 넘치게 하려는 것입니다. 성도의 참된 교제의 현재적 목적은 바로 이것입니다. 상대방이 진리에 굳건히 서서, 그 진리에 기초해 사랑이 풍성해지기를 바라며, 지혜롭고 깊이 있는 사랑을 하도록 도와주는 것입니다. 이것이 성도의 참된 교제의 현재적 목표입니다.

마지막 날 흠결 없기를

성도의 참된 교제에 현재적 목표만 있는 것은 아닙니다. 13절에서 바울 사도는 참된 교제가 이르러야 할 궁극적 목표를 알려 줍니다.

> **13** 여러분의 마음이 굳세어져 우리 주 예수께서 당신의 모든 성도와 함께 오실 때 하나님 곧 우리 아버지 앞에서 거룩함에 흠이 없게 하시기를 바랍니다(살전 3:13, KHKV).

> **13** 너희 마음을 굳건하게 하시고 우리 주 예수께서 그의 모든 성도와 함께 강림하실 때에 하나님 우리 아버지 앞에서 거룩함에 흠이 없게 하시기를 원하노라(살전 3:13, 개역개정).

이 장면은 스가랴 14장의 그림을 보여 줍니다. 주님이 그의 성도들과 함께 마지막 날에 다시 오십니다. "모든 거룩한 자들이 주와 함께"(슥 14:5, 개역개정)하며, "말 방울에까지 여호와께 성결이라 기록될"(슥 14:20, 개역개정) 날을 연상시킵니다. 그때 하나님 아버지 앞에서 거룩함에 있어 흠결이 없는 사람이 되기를 바울은 바라고 있습니다. 이것이 성도의 참된 교제의 궁극적 목표입니다.

오늘날 얼마나 많은 사역자가 현재적 열매에만 관심을 두는지 모릅니다. 궁극적 열매와 연결되지 않는 현재적 열매는 가짜입니다. 하나님 앞에까지 가지고 갈 수 없는 현재적 열매는 다 헛것입니다. 그런데 오늘날 얼마나 많은 그리스도인이 교회를 크게 짓고 활동을 많이 하고 은근히 자기 이름 내는 것에 열과 성을 다하는지 모릅니다. 그것이 마지막 날 하나님 앞에 갔을 때 거룩함에 있어서 흠결 없는 것일까요? 의문이 듭니다. 만약 우리가 하는 성도의 교제의 궁극적 목표가 그분이 다시 오실 때 그분 앞에 흠결 없이 서는 것이라면, 그런 종말론적 소망이 있다면, 지금 하는 우리의 사역과 삶 자체가 무척 달라질 것입니다.

그런데 불행히도 종말론적 차원을 결여한 채, 마지막 날 그분 앞에 서는 것에 대한 두려움도, 기대도 없는 그리스도인이 많습니다. 그래서 오늘이 전부인 양 상대를 조작하고 속이며 자기 명예만을 위해 살아갑니다. 그러니 전혀 새로운 공동체가 아니라 세상과 전혀 다르지 않은 공동체가 곳곳에 즐비합니다. 바울에게는 성도의 참된 교제가 바라보아야 할 궁극적인 지향점이 있었습니다. 바울 자신뿐 아니라 자신이 돌보는 사람들이 그렇게 되기를 간절히 바랐습니다.

그리스도인이 모르면 안 되는 삶

성도의 교제는 대단한 것입니다. 오늘날 종교적 옷을 입었으나 실제로는 일반 사회에서 맺는 관계보다 더 나을 게 없는 사귐을 성도의 교제라고 부를 수는 없습니다. 바울은 성도의 참된 교제에 관해 전혀 다른 이야기를 들려줍니다. 그 교제는 진리에 기초하고 있습니다. 그리스도인이라면 서로 만나서 안부를 물을 때, 진리 안에 굳건히 서 있는지에 관심을 좀 가져야 합니다. "저 사람은 왜 나를 이렇게 대하지?", "나는 인사했는데, 왜 그냥 가지?" 같은 이야기는 교회 밖에서 해도 충분합니다. 우리의 관심은 옆 사람이 주 안에 굳건히 서 있는지, 그의 믿음과 사랑이 잘 자라고 있는지에 있어야 합니다. 그러므로 잘못된 소통이나 왜곡된 정보, 비인격적 관계에 기반해서는 안 됩니다. 성도의 교제가 인격적 관계에 기반할 수 있도록 최소한의 노력은 하셔야 합니다. 그것을 배우고 기쁨을 누리는 것이 성도의 교제의 기본입니다.

바울은 한 걸음 더 나아가 진리의 영역에서 부족한 것을 분별해서 보충해 주고, 보완된 것을 바탕으로 사랑이 풍성해지기를 바랍니다. 성도의 교제 중에 발견한 것들을 하나님 앞에 가지고 나아가 수직적 관계로 승화시키고, 궁극적으로는 마지막 날 그분 앞에서 흠결 없이 서기를 바랍니다. 이렇게 하나님과의 관계로 발전하는 영성, 그리고 상대의 부족한 부분을 보완하는 것, 여기에 종말론적 시각까지 갖추는 것이 성도의 심화된 교제입니다.

실제로 바울은 데살로니가 성도들을 만나고 싶다고 이야기했고, 부족한 부분을 채워 주려고 편지(데살로니가전서와 후서)를 이어서 보냅니다. 몇 년 후에 바울은 3차 전도여행 때 마케도니아를 지나쳤다가 다시 돌아오며 데살로니가 교회를 두 번이나 방문합니다. 그때 무슨 일이 있었는지는 알 수 없지만, 아마도 바울은 그토록 만나기 바랐던 이들을 직접 보고 위로하고 격려했으리라고 저는 생각합니다. 심화된 성도의 교제가 이어졌을 것입니다.

왜 오늘날 교회가 바울이 바랐고 실제로 추구했던 공동체와는 동떨어진, 세상과 전혀 다르지 않은 공동체가 되었을까요? 여러 이유가 있겠지만 성도의 참된 교제가 무엇인지 잘 모르기 때문입니다. 성도의 교제는 인간적인 사회관계와는 다릅니다. 당신은 어떤 관계를 맺으며 인생을 채워 가고 싶은가요? 하나님은 참된 관계를 맺으며 살라고 우리를 부르셨습니다. 진리에 기초해 사랑이 깊어지고, 수평적 관계가 수직적 관계로 넓어지고, 현재적 관계가 영원으로 이어지는, 그런 놀라운 삶을 하나님은 준비하셨습니다.

그리스도인들조차 이 놀라운 성도의 교제를 알지 못한 채 세상에서 마음 맞는 사람들끼리 위로하고 격려하는 데 그저 만족하고 삽니다. 그러나 거기서 끝나 버리면 그리스도인으로서 그보다 비참한 삶은 없습니다. 우리는 척박한 도시 환경에서 세상 방식이 전부인 듯한 상황에 갇혀 세상의 교제와 별로 다르지 않은 성도의 교제에 만족할 수도 있습니다. 하지만 하나님나라에 속했음을 참으로 믿고 전혀 다른 성도의 교제를 배우고 누린다면, 어떤 일이 일어날까요? 우리 교회들도, 세상에서 흔히 만나는 그런 공동체가 아니라, 데살로니가 교회처럼 전혀 새로운 공동체로 발돋움할 수 있을 것입니다. 성도의 참된 교제가 교회를 세웁니다. 그 교회가 세상에 선한 영향력을 끼칠 수 있습니다. 그리고 그 공동체와 삶은 영원으로 이어집니다.

4부

전혀 새로운 삶의 방식

6.

성 SEX

사람은 자신이 속한 공동체에서 삶을 배웁니다. 어떤 공동체에 속하는지가 그 사람의 삶에 지대한 영향을 끼칩니다. 아이들은 말하는 방법, 생각하는 방법, 자신에 대해 느끼는 방법을 전부 가정에서 배웁니다. 가정이 삶의 방식을 배우는 학교인 셈입니다. 이렇듯 어떤 공동체에 속해서 살아가면 그곳에서 적절한 삶의 방식이 개인의 몸에 뱁니다. 집에서 어리광 부리던 아들이 군대 가더니 장병이 되어서 나타납니다. 그런데 제대하면 원래대로 돌아옵니다. 사람은 자신이 속한 집단에 맞는 삶의 양식을 빠르게 익히고 습득합니다. 교회도 마찬가지입니다. 교회에 출석하면 교인이 됩니다. 어떤 교회에 속하는지에 따라 어떤 그리스도인이 되는지가 결정됩니다.

지난 장에서 성도의 교제를 살펴보았습니다. 오늘날 성도의 교제가 일반 사회의 관계와 별반 다르지 않다고 이야기했습니다. 성도들의 삶의 방식이 언어나 문화 같은 외피만 종교적일 뿐, 그 알맹이는 세상 것과 똑같기 때문이었습니다. 성경은 하나님을 믿고 따르는 삶이 모호하지 않다고 반복해서 가르칩니다. 진리를 따라가는 삶이 무엇인지 선명하게 알려 줍니다. 바울 역시 전혀 새로운 공동체의 특징을 이야기하면서 삶의 구체적인 영역으로 초점을 옮기고 있습니다. 그러면서 놀랄 정도로 적나라하게 우리의 문제를 적시하면서, 전혀 새로운 공동체에 속한 사람이라면 삶의 현장에서 구체적으로 다르게 살아야 한다고 강조합니다.

데살로니가인의 교회는 데살로니가에 존재했습니다. 그래서 데살로니가라는 고대 도시의 영향을 받을 수밖에 없었습니다. 그러나 그들은 새로운 공동체였습니다. 바울 사도는 새로 태어난, 전혀 새로운 공동체가 세속 도시의 영향을 받는 세 가지 영역에 관한 신학적 시각과 구체적인 삶의 방식을 제시합니다. 전혀 새로운 공동체는 전혀 새로운 삶의 방식을 배우고 익히고 누렸습니다.

누구를 기쁘게 할 것인가

구체적으로 다룰 삶의 첫 번째 영역은 성입니다. 이어서 경제생활과 죽음을 다루려 합니다. 먼저, 성경 말씀을 보겠습니다.

> **1** 그러므로 형제자매 여러분, 끝으로 우리가 주 예수 안에서 여러분에게 부탁하고 권면하니, 여러분이 마땅히 어떻게 살아야 하며, 어떻게 하나님을 기쁘시게 해야 하는지를 우리에게 받은 대로 실제로 행하고 있으므로, 더욱 풍성하게 하십시오. **2** 왜냐하면 우리가 주 예수로 말미암아 여러분에게 무슨 지시들을 주었는지 여러분은 알고 있기 때문입니다. **3** 이것이 하나님의 뜻이니, 곧 여러분의 거룩함입니다. 여러분은 성적 부도덕함을 멀리해야 하고, **4** 여러분 각 사람은 자기 자신의 몸을 거룩함과 존중함으로 대할 줄 알아야 하고 **5** 하나님을 알지 못하는 이방인과 같이 격정적인 욕망으로 하면 안 됩니다. **6** 이런 일에 자기 형제자매들을 잘못 대하거

나 이용하지 말아야 합니다. 우리가 여러분에게 전에도 말하고 경고한 대로 주님께서는 이 모든 일에 대해 복수하십니다. **7** 이는 하나님께서 부정함으로가 아니라 거룩함으로 우리를 부르셨기 때문입니다. **8** 그러므로 거절하는 사람은 사람을 거절하는 것이 아니고 여러분에게 성령을 주신 하나님을 거절하는 것입니다(살전 4:1-8, KHKV).

---

1 그러므로 형제들아 우리가 끝으로 주 예수 안에서 너희에게 구하고 권면하노니 너희가 마땅히 어떻게 행하며 하나님을 기쁘시게 할 수 있는지를 우리에게 배웠으니 곧 너희가 행하는 바라 더욱 많이 힘쓰라 **2** 우리가 주 예수로 말미암아 너희에게 무슨 명령으로 준 것을 너희가 아느니라 **3** 하나님의 뜻은 이것이니 너희의 거룩함이라 곧 음란을 버리고 **4** 각각 거룩함과 존귀함으로 자기의 아내 대할 줄을 알고 **5** 하나님을 모르는 이방인과 같이 색욕을 따르지 말고 **6** 이 일에 분수를 넘어서 형제를 해하지 말라 이는 우리가 너희에게 미리 말하고 증언한 것과 같이 이 모든 일에 주께서 신원하여 주심이라 **7** 하나님이 우리를 부르심은 부정하게 하심이 아니요 거룩하게 하심이니 **8** 그러므로 저버리는 자는 사람을 저버림이 아니요 너희에게 그의 성령을 주신 하나님을 저버림이니라(살전 4:1-8, 개역개정).

바울은 구체적인 주제로 들어가기 전에 모든 사람의 주요 관심사에 관해 이야기합니다. "어떻게 살아야 하는가"는 모든 사람이 던지는 질문입니다. "난 어쩔 수 없어. 그냥 대강 살 거야"라며 인생을 포기한 사람이 아니라면, 누구나 어떻게 사는 것이 맞는지, 어떻게 사는 것이 잘 사는 것인지, 어떤 삶이 최선의 삶인지를 묻습니다.

전혀 새로운 공동체에 속한 이들의 주요 관심도 "어떻게 살아야 하는가"라는 보편적인 이 질문입니다. 다만 다른 점이 있다면, 이들의 질문이 "어떻게 사는 것이 하나님을 기쁘시게 하는 삶인가", "어떤 삶이 하나님이 보시기에 최선의 삶인가"로 바뀌었다는 것입니다. 이것이야말로 복음의 핵심입니다. 하나님나라 복음이 무엇입니까? 지금까지는 자신의 유익과 명예를 위해 살면서 자신이 중심이고 자신이 주인이었던 사람이, 하나님을 주인으로 모시면서 그분의 뜻과 영광을 위해 자신을 드리기 시작합니다. 그 같은 변화를 끌어내는 것이 하나님나라 복음입니다.

하나님나라 복음을 받아들인 사람은 코페르니쿠스적 혁명을 경험합니다. 내가 중심이고 모든 것이 나를 중심으로 돈다고 생각했던 사람, 즉 '천동설적 인생관'으로 살아가던 사람이 하나님이 중심이고 모든 것이 하나님 중심으로 돈다는 사실, 즉 '지동설적 인생관'을 깨닫습니다. 우리 영혼에 급진적 변화가 일어납니다. 지금까지는 '어떻게 하면 내가 행복하고 기쁠 것인가'에 초점을 맞췄다면, 지금부터는 '어떻게 하면 하나님을 기쁘게 할 것인가'로 삶이 바뀌기 시작합니다. 중심축이 바뀝니다. 지구에서 태양으로 바뀌듯, 나에게서 하나님에게로!

인간은 본질상 누군가를 기쁘게 하고 싶어 합니다. 인간이 가진 본능입니다. 아이들은 부모에게서 칭찬을 바랍니다. 부모의 인정을 바랍니다. 그것을 갈망합니다. 부모가 건강하게 칭찬하고 인정하면, 아이의 자아는 건강해집니다. 그러면 다른 사람이 자신을 어떻게 평가하는지를 별로 중요하게 생각하지 않고 거기에 크게 좌우되지 않습니다. '나는 나야'라는 생각이 굳건해집니다. 그런데 어릴 때 건강한 인정을 받지 못하면 늘 누군가의 인정을 갈구하며 삽니다. 계속 눈치를 보면서 주위 사람들을 기쁘게 하려고 애를 씁니다. 참 슬픈 일입니다. 부모가 아이에게 주어야 할 것은 돈이 아니라 칭찬과 인정입니다. 아이를 있는 그대로 인정해 주는 게 가장 소중한 일입니다. 그것에 인색하면 아이는 평생 고통스러운 감옥에 갇힙니다. 사람들 눈치를 보고 누군가를 기쁘게 해서 인정을 받으려고 합니다.

다른 사람을 기쁘게 하여 인정받으려는 마음 배후에 있는 근본적인 목적은 자신을 기쁘게 하는 것입니다. 다른 사람에게 인정받으면 자신이 기쁘기 때문입니다. 그래서 다른 사람에게 그렇게 잘 보이려고 애씁니다. 이 모든 노력은 결국 자신을 위한 것입니다. 인간은 그렇게 살아갑니다. 그런데 이런 사람이 하나님을 기쁘시게 하는 사람으로 변합니다. 하나님을 기쁘시게 했더니 내 기쁨이 충만해지는 경험을 합니다. 전에 알지 못했던 기쁨이 내 속에서 차오릅니다.

간혹 기독교를 오해하는 분이 계십니다. 하나님을 기쁘시게 하려면 자기 인생이 불행해져야 한다고 생각합니다. 내가 손해를 감수해야 하거나 인생이 재미없어진다고 짐작합니다. 심지어 그렇게 가르치는 사람도 있습니다. 아닙니다! 하나님을 기쁘시게 하면 내 속에 있던 모호하고 그림자 같고 선명하지 않던 기쁨이 진짜 기쁨으로 바뀝니다. 그래서 하나님을 기쁘시게 하면 진짜 기쁨이 찾아옵니다. 그렇지만 그리스도인은 자신을 기쁘게 하려고 하나님을 기쁘시게 하지는 않습니다. 하나님을 기쁘시게 하는 것은 수단이 아니라 절대적 목적이며, 그 결과 우리에게 놀라운 기쁨이 찾아옵니다[이 주제에 관한 더 자세한 내용은《기쁨, 진정으로 회복되어야 할》(넥서스크로스)에서 만나실 수 있습니다].

바울은 이것이 그리스도인의 삶이라고 말하며 약간은 감격해서 이야기합니다. 1절의 원문은 비문에 가깝습니다. 그래서 영어 번역 중에는 "실제로 여러분들이 잘 살고 있습니다"를 괄호에 넣기도 합니다(NAU, NRS). 조금 풀어서 쓴다면 "그러므로 형제자매 여러분, 끝으로 다시 여러분에게 부탁하고 권면하는데, 이미 여러분이 우리에게 받은 대로 마땅히 살아가며 하나님을 기쁘시게 해야 합니다. 하긴 여러분이 어린 교회임에도 잘 살아 내고 있지만, 계속 그렇게 더욱 풍성하게 살아가십시오." 바울은 권면하면서도 그들이 잘 해내고 있는 사실에 감격하고 칭찬하는 것을 잊지 않습니다.

거룩함이 하나님을 기쁘게 한다

이처럼 전혀 새로운 공동체가 추구하는 삶의 주된 관심은 하나님을 기쁘시게 하는 데 있습니다. 그렇다면 어떻게 해야 하나님을 기쁘시게 할 수 있을까요? 바울은 이어지는 3절에서 "이것이 하나님의 뜻이니, 곧 여러분의 거룩함입니다"라고 말합니다. 많은 사람이 거룩함을 오해합니다. 종교적으로 변하거나 근엄해지는 것으로 생각합니다. 심지어는 재미가 없어지는 것이라고 생각합니다. 거룩함이란 하나님을 닮는 것입니다. 원래 하나님의 형상을 따라 지어진 인간이 하나님을 닮는다는 것은 하나님이 가지고 계신 아름다움, 매력, 균형, 통합성 등을 우리 인격에서 회복하는 것입니다.

도덕주의자가 되어서 무엇이 옳고 무엇이 잘못인지, 할 일과 하지 말아야 할 일을 따지면서, 이를 기준으로 다른 사람을 정죄까지 하는 사람은 하나님에 관해 왜곡된 이미지를 가지고 있는 것입니다. 하나님은 우리가 생각하는 모든 아름다움을 다 가지고 계십니다. 그것들이 아주 균형 있게 어우러져 계십니다. 그래서 매력이 넘치십니다. 이 모든 것이 통합되어 있는 분입니다. 그런 분을 닮는 것이 거룩함입니다. 전혀 새로운 공동체에 속한 한 사람 한 사람을 향한 하나님의 뜻은 바로 그분을 닮으라는 것, 곧 거룩해지라는 것입니다.

성도들이 제게 와서 묻습니다. "목사님, 하나님 뜻이 뭘까요?

저는 하나님 뜻을 모르겠어요." 누구와 결혼해야 할지, 어느 대학을 가야 할지, 어떤 직장을 선택해야 할지, 어디로 이사 가야 할지 도통 모르겠다고 합니다. 그럼 저는 이렇게 되묻습니다. "하나님이 점쟁이입니까?" 우리를 향한 하나님의 뜻은 모호하지 않습니다. 우리는 하나님 뜻을 모르지 않습니다. 하나님의 뜻은 우리의 거룩함입니다. 우리가 어떤 결정을 내리든 그 결정을 통해서 하나님을 닮아 가기를 바라십니다. 우리가 내린 결정으로 하나님을 더 닮아 가고 하나님을 더 사랑하게 된다면 그 결정은 하나님의 뜻입니다. 하지만 그 결정이 우리에게 수억만 금을 가져다준다 해도 하나님을 닮아 가게 하지 않는다면, 하나님에게서 멀어지게 한다면, 그 결정은 하나님의 뜻이 아닙니다. 하나님의 뜻을 분별하는 것은 그렇게 어렵지 않습니다.

하나님의 뜻은 우리의 거룩함입니다. 앞 장에서 읽은 데살로니가전서 3장 13절에서 바울은 "여러분의 마음이 굳세어져 우리 주 예수께서 낭신의 모든 성도와 함께 오실 때 하나님 곧 우리 아버지 앞에서 거룩함에 흠이 없게 하시기를 바랍니다"라고 했습니다. 하나님의 뜻은 우리가 예수를 믿고 거룩함을 맛보기를, 그리고 그 거룩함이 깊어지고 온전해져서 주님 오실 때 거룩함에 있어서 흠이 없는 상태에까지 이르는 것입니다.

거룩함은 모호하지 않고 구체적이다

그러니 거룩함은 어느 날 갑자기 생기는 것이 아니라, 평생을 통해 하나님을 닮아 가며 완성해 가는 것입니다. 이를 위해 바울은 2절에서 자신들이 데살로니가 성도들에게 "무슨 지시들을 주었는지 여러분들은 알고 있"다며 상기시킵니다. 거룩함은 구체적인 지시로 이어집니다. 거룩함은 절대 모호하지 않습니다.

'지시'라는 단어는 복수입니다. 그래서 우리말 표현으로는 다소 어색하지만, 복수임을 강조하기 위해 "지시들"이라고 옮겼습니다. 바울 일행이 데살로니가 교회에 여러 내용을 가르쳐 지키게 했음이 분명합니다. 6절에서도 "우리가 여러분에게 전에도 말하고 경고한 대로"라고 하고, 앞서 본 2장에서도 "여러분이 아는 것과 같이"라고 하면서 끊임없이 자신들이 가르친 내용을 상기시킵니다. 이처럼 거룩함은 구체적으로 지시를 내릴 수 있는, 삶의 구체적인 지침들을 포함합니다.

하지만 바울 일행이 이러한 지시들을 자의적으로 정하지는 않았습니다. 바울은 "주 예수로 말미암아 여러분에게 무슨 지시를 주었는지"라며 지시들의 출처를 분명히 밝힙니다. 몇몇 영어 성경은 이 표현에 "권위"라는 단어를 첨가합니다(NAU, NIV, NLT). 주 예수로 말미암는다는 것은 "주 예수의 권위에 근거해서"라는 말입니다. 바울 사도의 권위가 아니라 예수의 권위로 그들에게 지시했습니다. 이 말은 아주 중요합니다. 하나님 없이 자신을 기쁘게 하며 살았던 이들에게 누가 주인인지를 선명하게 제시하기 때문입니다. 바울은 삶의 구체적인 지침을 주님이신 예수께 다 받았다고 말하고 있습니다.

기독교는 거룩함에 관해 모호하게 말하지 않습니다. 예수의 권위에 근거해서 지침을 줄 수 있을 정도로 구체적입니다. 바울은 3-8절에서 성적 부도덕, 9-12절에서 일상의 경제생활, 13-18절에서 죽음으로 인한 이별을 다룹니다. 성과 경제와 죽음은 우리 마음을 휘어잡고 몰두하게 만드는 중요한 요소입니다. 그것들에 어떻게 대응하며 살아야 하는지에 관해 바울은 구체적인 지침을 제시합니다.

훈련 없이는 변하지 않는다

그리스도인의 삶은 구체적이며 실제적입니다. 하나님나라 복음은 선명하며, 이를 받아들인 그리스도인은 선명한 삶을 추구하게 됩니다. 그런데도 많은 그리스도인의 삶이 선명하지 않고 모호한 이유는 하나님나라 복음을 두루뭉술하게 이해하기 때문입니다. 그래서 바울은 아주 구체적인 지침을 이미 일러 주었고, 다시 상기시킵니다. 이렇게 반복해서 언급하는 이유는 무엇일까요? 성도들이 한 번 들어서는 그대로 살지 못한다는 사실을 알기 때문입니다. 다시 말해 같은 지침을 반복해서 들려주는 것은 기억하고 훈련하라는 뜻입니다.

훈련하지 않으면 변하지 않습니다. 교회에서 한 성도가 제게 이렇게 토로했습니다. "목사님, 저는요. 신앙생활을 오래 했는데도 변하질 않아요." 그리스도인이 변하지 않는 데는 세 가지 이유가 있습니다. 첫째는 그가 진정한 그리스도인이 아니기 때문입니다. 주님을 인생의 주인으로 진실하게 받아들이지 않으면 변하지 않습니다. 교회만 다니는 교인이어서는 변하지 않습니다. 진정한 회심 없이 진정한 변화는 없습니다. 둘째는 기독교의 진리를 제대로 이해하지 못했기 때문입니다. 사람들은 흔히 그리스도인으로 사는 것을 착하게 윤리적으로 살아가는 것으로 생각합니다. 회심했다고 해도 예수께서 무엇을 가르쳤는지 배워 나가지 않으면 기독교는 윤리적 종교 이상이 될 수 없습니다. 그런데 하나님나라 복음을 제대로 이해하고 받아들이고 있는데도 변하지 않는다면, 셋째 이유 때문입니다. 훈련하지 않기 때문입니다. 진리를 실생활에서 연습하지 않으니까 변하지 않습니다. 진정으로 예수를 믿고 따르면 변할 수밖에 없습니다.

훈련이 무엇일까요? 자신에게 밴 옛 습관을 새로운 습관으로 바꾸는 것입니다. 지금까지 하나님 없이 살았고, 교회를 다녔어도 세속적으로 살았다면, 몸과 마음과 영혼에는 모두 어그러진 습관이 배어 있을 것입니다. 진리를 알고 하나님을 새롭게 알면 몸과 마음과 영혼의 습관이 바뀌어야 합니다. 하지만 이미 굳어진 습관이 하루아침에 새로운 습관으로 바뀔 리는 만무합니다. 어떻게 해야 할까요? 훈련이 필요합니다.

많은 그리스도인이 교회를 오래 다녀도 변하지 않는 까닭은 대개는 셋째 이유, 훈련하지 않기 때문입니다. 교회만 다니면 변하는 줄 아는 분도 계십니다. 일주일에 한 시간 예배드려서 인생이 바뀌는 교회가 있다면 문전성시를 이룰 것입니다. 기독교는 그렇게 약속하지 않습니다. 주일 예배 때는 정신만 번쩍 듭니다. '이렇게 살면 안 되는구나! 나와 전혀 다르게 사는 사람도 있구나!' 그런데 이렇게 정신만 번쩍 들어서 돌아가면 곤란합니다. 그다음 주일에도 똑같이 정신만 번쩍 들 가능성이 큽니다. 깨달은 내용으로 연습을 해서 변해야 합니다. 그래서 바울이 이렇게나 세세하게 지침을 내리고 또 상기시키는 것입니다.

모든 훈련은 쉽지 않습니다. 몸에 배지 않았기 때문입니다. 운동하는 사람이라면 누구나 경험하듯이, 가장 먼저 운동을 시작하는 훈련을 해야 합니다. 운동하지 않으려는 습관이 몸을 지배하기 때문입니다. 어렵게 운동을 시작해도 몸에 피로가 쌓입니다. 그래서 하기 싫어집니다. 그러나 이 피로를 극복하면서 체력이 늘어난다는 사실을 믿고 반복해서 훈련하면, 결국 운동이 습관이 됩니다. 그러면 몸이 점점 좋아지고 피로도 극복하고 건강해져서 더욱 활기찬 삶을 살게 됩니다. 결국, 습관을 바꾸는 훈련이 열쇠입니다.

영적 훈련도 마찬가지입니다. 기도가 대표적입니다. 나들목교회에서는 주기도문으로 기도를 연습할 때, 하루에 30분씩 기도하는 훈련을 합니다. 기도 내용은 차치하고라도 30분간 기도하는

게 쉽지 않습니다. 처음에는 열심히 기도하고 나서 시계를 보면 5분밖에 지나지 않아 허탈해 합니다. 어떤 분은 5분 기도하다가 20분 정도 졸다가 깨서 5분 더 기도하면 30분이 지나간다고 합니다. 기도를 이렇게 배워 가기 시작합니다. 많은 사람이 기도는 졸면서 배우는 거라고 말하는 이유가 여기에 있습니다. 졸더라도 훈련해야 하기 때문입니다. 기도하는 시간이 짧은데 기도가 깊어지기는 어렵습니다. 기도하는 훈련을 거쳐야 기도가 비로소 습관이 됩니다.

성 넘치는 사회

경건 훈련은 물론이고, 세상에서 맞닥뜨리는 여러 이슈에 관해서도 잘 배우고 훈련을 거듭해서 새로운 습관을 들여야 하고, 결국에는 옛 습관을 대체해야 합니다. 바울이 구체적 지침을 제시하는 첫 번째 요소인 성sex을 살펴봅시다.

> **3** 이것이 하나님의 뜻이니, 곧 여러분의 거룩함입니다. 여러분은 성적 부도덕함을 멀리 해야 하고, **4** 여러분 각 사람은 자기 자신의 몸을 거룩함과 존중함으로 대할 줄 알아야 하고, **5** 하나님을 알지 못하는 이방인과 같이 격정적인 욕망으로 하면 안 됩니다(살전 4:3-5, KHKV).

> **3** 하나님의 뜻은 이것이니 너희의 거룩함이라 곧 음란을 버리고 **4** 각각 거룩함과 존귀함으로 자기의 아내 대할 줄을 알고 **5** 하나님을 모르는 이방인과 같이 색욕을 따르지 말고(살전 4:3-5, 개역개정).

3절 뒷부분을 보면 "성적 부도덕함"을 멀리하라고 경고합니다. 영어로는 'fornication'(NRS)이라고 하고, 우리말로는 '음란'이라고 번역합니다. 음란이라는 단어가 모호해서 대다수 영어 번역도 "성적 부도덕함sexual immorality"(NAU, NKJ, NIV) 또는 "성적인 죄sexual sin"(NLT)라고 옮겼습니다. 그럼 성적 부도덕이 무엇일까요? 5절에 그 내용이 나옵니다. 바울은 이방인처럼 "격정적인 욕망으로 하면 안 됩니다"라고 합니다. 격정적인 욕망에 맡기면 안 되는 대상이 곧 4절에 나오는 "자기 자신의 몸"입니다. 4절의 "몸"에 관해서는 나중에 더 자세히 살펴보기로 하고, 먼저 세상이 성을 어떻게 다루는지를 살펴보겠습니다.

5절에서 세상 사람들은 "격정적인 욕망"을 따른다고 표현했는데, 이 단어는 번역하기가 쉽지 않습니다. 영어 성경은 "욕망이 강한 열정lustful passion"(NAU, NRS, NLT)이나 "격렬한 욕망passionate lust"(NIV)이라고 번역했는데, 우리말로는 뭐가 좋을지 궁리하다가 격정적인 욕망으로 옮겼습니다. 몸에서부터 강력한 욕망이 일어나 휘몰아쳐서 우리를 휘어잡는다는 뜻입니다. 우리를 휘어감아 덮치듯 다가오는 욕망이라고 풀어서 설명할 수 있을까요? 바울은 그런 욕망에 따라 자신의 몸을 다루면 안 된다고 가르칩니다.

그런데 자신의 몸을 격정적인 욕망에 맡긴다는 것은 무슨 뜻일까요? 이 말뜻을 조금 더 이해하려면 "하나님을 알지 못하는 이방인과 같이"라는 표현에 주목해야 합니다. 이방인은 "하나님을 알지 못하는" 자이니 이들을 단지 무신론자라고 보면 안 됩니다. 하나님을 믿는다는 유신론자도 어떤 하나님을 믿는가가 중요한데, 여기서 바울이 말하는 하나님은 성경에 나타난 바로 그 하나님입니다. 그분은 인간을 하나님의 형상으로 만드셨습니다. 그러나 인간의 죄 때문에 그 형상이 깨어졌습니다. 그런데도 하나님은 인간을 너무 사랑하셔서 예수 그리스도를 통해 인간에 담긴 하나님의 형상을 회복해 나가고 계십니다. 그러니까 바울은 이방인이 하나님을 알지 못한다고 무시하는 게 아니라, 그들은 그럴 수밖에 없다고 말하는 것입니다. 하나님을 모르면 자신을 휘어감아 덮치듯 몰아치는 격정적 욕망을 어찌할 수 없고, 그 욕망에 따라 살 수밖에 없습니다. 하나님을 알지 못하면 성령이 우리 속에 계시지 않기 때문에 우리 속의 성적 충동을 이겨 내기 어렵습니다. 하지만 하나님을 알면 달라집니다. 하나님을 모르는 이방인과는 다르게 살 수 있습니다.

사실 성적 충동만큼 강한 것이 없습니다. 온갖 말도 안 되는 끔찍한 일들에 성이 개입되어 있습니다. '인간이 어떻게 그런 이상한 짓을 할 수 있지?'라고 생각할 수 있지만, 그만큼 강력한 욕망입니다. 내 몸을 성적 욕망을 채우는 도구로 사용하고, 다른 사람의 몸도 할 수만 있으면 자신의 욕망을 해소하는 도구로 사용합니다. 너무나 강력한 욕망이라서 주체하지 못하고, 남성이든 여성이든, 동성이든 이성이든, 나이가 비슷하든 아니든 상관하지 않고, 심지어 동물까지도 욕망을 배설하는 대상으로 삼습니다. 그래서 인간의 역사가 시작한 이래로 성적 착취는 늘 있었고, 남성 중심 사회에서는 여성과 약자들이 늘 착취의 대상이 되었습니다. 이런 남성 중심 성 착취는 최근까지도 계속되고 있습니다.

바울이 이 편지를 쓸 당시도 별반 다르지 않았습니다. 바울이 편지를 쓰고 있는 고린도는 당시 가장 성적으로 타락한 도시로 여겨졌습니다. 그래서 '고린도 소녀Korinthian girl'라는 별칭은 매춘부를 뜻했습니다. "그 사람, 고린도 사람 됐어He is Korinthianized"라는 말은 "매춘에 아주 푹 빠졌어"라는 뜻이었습니다. 바울이 그런 도시에서 지금 이 편지를 쓰고 있습니다. 데살로니가 역시 당시 고대 도시들처럼 문란했습니다. 도시 곳곳에 성적 문란함이 그야말로 널려 있었습니다.

서울은 어떤가요? 성적인 자극으로 가득 찬 곳 아닙니까? 어디서든 성을 구매할 수 있습니다. 그리 비싼 돈도 필요 없습니다. 주택가, 학교 앞에서까지 전화 한 통이면 됩니다. 서울만의 문제가 아니라, 도시화한 한국의 모든 지역에서 일어나는 일입니다. 매매춘만이 문제가 아닙니다. 텔레비전에서 쏟아지는 몸짓과 노래들은 불과 몇십 년 전에는 상상도 못 했을 정도로 자극적입니다. 성적 노출과 자극이 오히려 매력이 되는 시대, 이를 부추기는 시대에 살고 있습니다.

바울이 살던 고대에는 노예제도로 사회를 유지했고, 대다수 노예가 밤에는 성적 노리개로 주인에게 봉사했습니다. 당시 지배층 남성이 아내와 성관계를 맺는 일은 거의 없었습니다. 아내는 자식들의 어머니일 뿐 성관계를 맺는 상대는 아니었습니다. 오늘날은 어떤가요? 일부일처제는 허울뿐입니다. 법적으로는 일부일처제이지만, 여자친구, 남자친구를 따로 둔 사람이 적지 않습니다. 어떤 사람은 농담 삼아 "가족하고 무슨 섹스를 하냐"라고 합니다. 우리가 사는 세상도 바울 당시와 별로 다르지 않습니다. 인간의 성욕은 어쩔 수 없다면서, 다른 사람이 보지 않는 데서 조용히 풀어야 한다고 말합니다. 돈과 힘이 있다면 성을 구매해서 그 기쁨을 극대화하는 것이 무슨 상관이냐며 암묵적으로 동의합니다. 또한, 현대인들은 이 같은 태도나 취향을 문화적·예술적으로 승화한 듯 보이는 작품들에 둘러싸여 있습니다.

자신의 몸을 어떻게 대할 것인가

바울이 보기에 이방인은 하나님을 모르기 때문에 자신을 휘감는 성적 욕망을 어쩔 수가 없었습니다. 그렇다면 그리스도인은 어떻게 해야 할까요?

4 여러분 각 사람은 자기 자신의 몸을 거룩함과 존중함으로 대할 줄 알아야 하고, **5** 하나님을 알지 못하는 이방인과 같이 격정적인 욕망으로 하면 안 됩니다. **6** 이런 일에 자기 형제자매들을 잘못 대하거나 이용하지 말아야 합니다. 우리가 여러분에게 전에도 말하고 경고한 대로 주님께서는 이 모든 일에 대해 복수하십니다. **7** 이는 하나님께서 부정함으로가 아니라 거룩함으로 우리를 부르셨기 때문입니다. **8** 그러므로 거절하는 사람은 사람을 거절하는 것이 아니고 여러분에게 성령을 주신 하나님을 거절하는 것입니다(살전 4:4-8, KHKV).

---

4 각각 거룩함과 존귀함으로 자기의 아내 대할 줄을 알고 **5** 하나님을 모르는 이방인과 같이 색욕을 따르지 말고 **6** 이 일에 분수를 넘어서 형제를 해하지 말라 이는 우리가 너희에게 미리 말하고 증언한 것과 같이 이 모든 일에 주께서 신원하여 주심이라 **7** 하나님이 우리를 부르심은 부정하게 하심이 아니요 거룩하게 하심이니 **8** 그러므로 저버리는 자는 사람을 저버림이 아니요 너희에게 그의 성령을 주신 하나님을 저버림이니라(살전 4:4-8, 개역개정).

바울은 4절에서 "여러분 각 사람은 자기 자신의 몸을 거룩함과 존중함으로 대할 줄 알아야 하고"라고 말합니다. "자신의 몸"과 "대한다"라는 단어는 둘 다 우리말로 옮기기가 참 어렵습니다. 먼저 몸부터 살펴봅시다. 개역개정과 새번역은 "아내"라고 번역했습니다. "각 사람은 자기 아내를 거룩함과 존중함으로 대할 줄 알아야 합니다(살전 4:4, 새번역)". 여기서 몸이라는 단어의 원어는 '스큐오스σκεῦος'로 '그릇'이라는 뜻인데, 영어로는 'vessel'로 옮깁니다. 베드로전서 3장 7절에서 "아내가 여성으로서 자기보다 연약한 그릇임을 이해하고 함께 살아야 합니다"라고 한 데서 그릇이라는 단어를 아내로 번역하는 경향이 생겼습니다. 하지만 아내가 남편보다 연약한 그릇이라고 한 것은 남편 역시 그릇이라는 뜻입니다. 아내는 연약한 그릇, 남편은 좀 덜 약한 그릇이라는 의미이므로, 그릇을 무조건 아내라고 번역하는 것은 적절하지 않습니다. 데살로니가전서 4장 초반부가 성적 유혹을 다루기 때문에 할 수 없이 아내라고 옮긴 우리말 번역이 지금까지는 많았습니다. 하지만 바울 사도가 아내를 가리키려 했다면 아내라는 단어를 쓰면 되지, 이런 식의 은유를 사용할 이유가 없습니다. 아내를 굳이 그릇이라고 바꿔서 이야기할 이유가 없습니다.

'스큐오스'라는 단어를 아내라고 번역하지 않으면 어떻게 번역해야 할까요? 대개는 몸이라고 번역하는데, 그래서 저도 몸이라고 했습니다. 영어 성경도 대부분 'body'라고 번역했습니다. 고린도후서 4장 7절에는 "우리는 이 보물을 질그릇에 간직하고 있습니다"라는 표현이 나옵니다. 이때의 그릇이 '스큐오스'입니다. 우리 몸에 예수 그리스도를 모셨다는 뜻을 나타내기 위해 그릇이라는 은유를 사용했습니다. 이 은유에서는 그릇이 우리 몸이 됩니다. 그런데 몸을 그릇에 은유한 용례는 이외에는 거의 나타나지 않고, 1-2세기 문헌에서도 눈에 띄지 않습니다. 물론 구약성경에도 나오지 않습니다. 그뿐만 아니라 자신의 몸을 거룩함과 존중함으로 대해야 한다고 적으면서, 이방인은 격정적인 욕망으로 한다고 했는데, 이 또한 앞뒤가 맞지 않습니다. 왜냐하면 이방인도 자기 몸을 위해 운동도 하고, 잘 먹고, 관리도 열심히 합니다. 6절에는 "이런 일에 자기 형제자매들을 잘못 대하거나 이용하지 말아야 합니다"라고 했는데, 자기 몸의 거룩함과 존중함을 위해 형제자매들을 이용하는 것은 또 무엇일까요? 난해한 면이 많습니다. 그렇지만 아내보다는 몸으로 번역하는 것이 그나마 낫습니다.

마지막 세 번째 선택지는 완곡어법입니다. 고든 피Gordon Fee 같은 학자들이 주장하는 바입니다. 저 역시 이쪽이 타당하다고 생각합니다. '스큐오스'를 남성의 성기를 가리키는 완곡어법이라고 보는 해석입니다. 구약성경에도 같은 표현이 등장합니다. 다윗이 제사장 아히멜렉에게로 피신했을 때, 그와 부하들은 너무 굶주려서 아히멜렉에게 먹을 것을 달라고 청합니다. 이에 아히멜렉은 거룩한 빵밖에 없다면서, 다윗의 부하들이 여자만 가까이하지 않았다면 줄 수 있다고 답합니다. 그러자 다윗이 이렇게 말합니다. "원정길에 오를 때에 늘 그렇게 하듯이, 이번에도 우리는 이삼일 전부터 여자와 가까이하지 않았습니다. 비록 이번 출정이 보통의 사명을 띤 길이기는 하지만, 제가 출정할 때에 이미 부하들의 몸은 정결했습니다. 그러니 오늘쯤은 그들의 몸이 얼마나 더 정결하겠습니까?"(삼상 21:5) 개역개정은 '스큐오스'라는 원어를 더 분명하게 옮깁니다. "우리가 참으로 삼 일 동안이나 여자를 가까이하지 아니하였나이다. 내가 떠난 길이 보통 여행이라도 소년들의 그릇이 성결하겠거든 하물며 오늘 그들의 그릇이 성결하지 아니하겠나이까." 여기서 말하는 몸과 그릇이 바로 '스큐오스'이며, 부하들의 신체 일부를 가리킨다고 봅니다. 남성 성기를 직접 지칭하기가 어려우므로 은유적으로 다른 단어를 사용한 것입니다. 바울 역시 그릇이라는 은유를 사용했으나, 매우 구체적으로 무언가를 지칭하는 것은 분명합니다. 남성 성기를 은유적으로 표현하되 비하하지 않는 단어를 우리말에서 찾기가 어려워 여기서는 그나마 나은 "자기 몸"이라고 번역했지만, 이 단어는 단순히 몸이 아니라 남성의 성적 기관을 뜻한다고 보는 것이 가장 적절한 해석입니다.

여기서 우리가 한 가지 짚고 넘어가야 할 것이 있습니다. 이 성경 말씀이 남성에게만 해당하는 것은 아닙니다. 신약성경이 남성 중심 문화에서 쓰였기 때문에, 당시에는 "아델포스!" 즉 "형제들아!"라고만 했습니다. 하지만 그 말에는 형제뿐만 아니라 자매도 포함됩니다. 그래서 우리말로는 "형제자매들아!"라고 옮겼습니다. 마찬가지로 성적 유혹에 관한 말씀도 남성뿐만 아니라 여성에게도 해당하며, 여성도 자신의 몸의 일부를 거룩함과 존중함으로 대해야 합니다.

거룩함과 존중함으로

"몸"에 이어서 살펴볼 단어는 "대한다"입니다. 바울은 마음속에 성적 충동이 일어날 때 이를 풀어내는 도구로써 몸의 일부를 사용하지 말고, 거룩함과 존중함으로 몸의 일부를 대해야 한다고 이야기합니다. 여기서 "대한다"의 원어인 '크타오마이κτάομαι'는 '통제하고 제어한다'는 뜻입니다. 원어의 뜻은 '획득하다acquire', '소유하다possess'(NAU, NKJ)이지만, 우리는 몸을 이미 소유했으므로 '관리하다', '통제하다control'(NRS, NIV, NLT)라는 뜻으로도 쓸 수 있습니다.

그렇다면, 거룩함은 무엇일까요? 앞서 거룩함은 하나님을 닮아 가는 것이라고 했습니다. 자기 몸, 특히 성적인 기관을 거룩함으로 대한다는 말은 결국 하나님의 뜻에 걸맞게 성을 사용한다는 것입니다. 성은 무엇일까요? 세상에서 이야기하는 성은 쾌락의 도구입니다. 반면, 성경은 성을 우리 인격의 핵심을 이루는 한 부분이라고 봅니다. 그래서 성은 전인격적 사랑과 헌신의 숨김 없는 표현입니다. 그러므로 우리는 우리 몸과 성을 다룰 때 하나님 뜻에 맞게, 하나님을 닮아 가는 방식으로 사용해야 합니다. 하나님은 우리가 성적 영역에서도 하나님을 닮아 가길 원하십니다.

또한, 몸을 존중함으로 대한다는 것은 원래 목적에 맞게 대우한다는 뜻입니다. 우리가 손을 함부로 막 써서 다치게 하면 손을 존중하는 게 아닙니다. 손은 땅 파는 도구가 아닌데, 손으로 땅을 계속 파면 손이 망가집니다. 땅은 삽으로 파야 합니다. 이처럼 목적에 맞지 않게 사용하는 것이 존중하지 않는 것입니다. 따라서 존중함으로 대한다는 것은 원래 목적에 따라 잘 보호하고 적절하게 사용하는 것입니다.

언뜻 보면 바울이 혼전 순결과 일부일처제를 원칙적으로 가르치고 있다고 생각할 수 있지만, 이 본문은 단순히 윤리적 지침을 제시하는 것이 아닙니다. 자신의 몸의 일부, 자신의 성기를 거룩하게 대하며, 하나님 뜻에 맞게 제어하며 살라는 말입니다. 그러니까 단지 결혼 생활과 관련해서 순결해야 한다는 가르침이 아니라, 성이 우리 삶에서 아주 중요한 부분이며, 결혼 여부를 넘어서서, 우리의 몸과 성적 기관을 쾌락의 수단으로 함부로 사용하지 말고, 적절한 방식에 따라 존중하고 하나님을 닮아 가는 거룩을 추구하며 잘 사용하라는 당부입니다.

주로 남성에게 그런 경향이 있습니다만, 요즘은 많은 사람이 자신의 성적 기관을 쾌락의 도구로 사용합니다. 그래서인지 자신의 성적 기관을 비하하는 말들을 함부로 합니다. 옮기기도 부끄러운 말들을 거리낌 없이 합니다. 심지어 성적 관계를 일종의 배설로 여깁니다. 하나님을 모르는 사람에게는 발생할 수밖에 없는 일입니다. 하나님을 알게 되면 성이 얼마나 고귀한지를, 또 성이 사랑하는 사람에게 생명을 주는 행위임을 알게 됩니다. 하나님을 모르는 사람은 격정적 욕망에 휩쓸려 자기 몸의 이 소중한 부분을 마구 사용할 수밖에 없습니다. 그러나 하나님을 알게 된 이상, 거룩함과 존중함으로 그 몸을 다루어야 합니다. 선을 넘는 쾌락과 부

적절한 사랑을 위해, 권력을 얻기 위해, 돈벌이 수단으로, 우리 몸과 성적 기관을 쓰면 안 됩니다. 그럼 어떻게 구체적으로 우리 몸과 성적 기관을 거룩함과 존중함으로 대할지는 마지막 부분에서 추가로 더 이어 가겠습니다.

타인의 몸을 어떻게 대할 것인가

그에 앞서, 그렇다면 자신의 몸이 아닌 타인의 몸은 어떻게 대해야 할까요? 6-7절에서 이어지는 내용입니다.

> **6** 이런 일에 자기 형제자매들을 잘못 대하거나 이용하지 말아야 합니다. 우리가 여러분에게 전에도 말하고 경고한 대로 주님께서는 이 모든 일에 대해 복수하십니다. **7** 이는 하나님께서 부정함으로가 아니라 거룩함으로 우리를 부르셨기 때문입니다(살전 4:6-7, KHKV).

> **6** 이 일에 분수를 넘어서 형제를 해하지 말라 이는 우리가 너희에게 미리 말하고 증언한 것과 같이 이 모든 일에 주께서 신원하여 주심이라 **7** 하나님이 우리를 부르심은 부정하게 하심이 아니요 거룩하게 하심이니(살전 4:6-7, 개역개정).

6절의 "이런 일에"는 "이런 일을 하거나 이것을 실행할 때"를 뜻하며, 곧 "성적으로 연관된 일을 하거나 그와 관련된 생활을 할 때"를 가리킵니다. 바울은 그때 어떻게 하라고 이야기하나요? "형제자매들을 잘못 대하거나 이용하지 말아야 합니다"라고 합니다. 상대를, 특히 한 공동체 안에 있는 사람을 자신의 격정적 욕망의 대상으로 삼으면 안 됩니다. 다른 누군가를 자기 욕망의 대상으로 여기지 않는 자세를 취하려면, 다른 그리스도인은 물론이고 세상 모든 사람을 하나님의 형상을 지닌 자로 보아야 합니다. 인간은 타인을, 성뿐만이 아니라 다른 어떤 것을 위한 수단으로 삼아서는 안 됩니다. 모든 인간이 하나님의 형상을 지녔기 때문입니다. 그런데 형제자매를 '잘못 대한다'라는 것은 경계선을 넘어 자신의 쾌락을 위해 그들을 사용하는 것입니다. 상대를 도구화하는 것입니다. 우리는 그 선을 넘지 말아야 합니다.

다음은 다른 사람을 '이용하지 말라'라고 합니다. 이는 상대를 착취하거나 우월적 지위를 동원해 부려 먹는 것입니다. 이 같은 관계는 이성 사이만이 아니라 동성 간에도 일어날 수 있습니다. 물론 연인이나 부부 사이에도 당연히 적용되는 이야기입니다. 우리가 성과 관련한 행위를 할 때 상대가 누구든, 동성이든, 이성이든, 연인이든, 부부든, 적절한 선이 있으니 그 선을 넘지 말고, 상대를 착취하지 말아야 합니다. 자신의 몸을 거룩함과 존중함으로 대할 뿐 아니라, 타인 역시 선을 넘거나 착취하면 안 된다고 바울은 강조하고 있습니다. 성과 관련한 다양한 상황과 구체적인 이슈는 잠시 후에 다루겠습니다.

그러면서 놀라운 말을 덧붙입니다. 전에 경고한 대로 주님이 이 모든 일에 복수하신다고 이야기합니다. 이 말은 시편을 인용한 것처럼 보입니다. "주님, 주님은 복수하시는 하나님이십니다. 복수하시는 하나님, 빛으로 나타나십시오"(시 94:1). 약한 자, 과부와 나그네와 고아를 착취하는 자들에게 복수하시는 분으로 하나님을 묘사합니다. 신약성경에서는 이곳에서만 사용된, 굉장히 강력한 단어입니다. 제가 이 성경 말씀을 "하나님께서 보응하신다" 또는 "하나님께서 심판하신다"라고 번역하지 않고 "하나님께서 복수하신다"라고 옮긴 이유는 이 단어의 강렬한 특수성 때문입니다. 하나님은 복수하시는 분입니다. 하나님은 약한 자를 이용하고 착취하는 행위에 대해 복수하십니다. 고대 사회에서 과부와 나그네와 고아는 자기 방어 능력이 없는 사람들입니다. 이 본문은 성적 쾌락을 위해 자기보다 약하거나 방어 능력이 없는 사람을 착취하고 이용하면 하나님이 직접 복수하신다는 것입니다. 그만큼 성은 인간 내면에서 소중한 자리를 차지합니다. 주먹으로 한 대 맞는 것과 성폭력은, 같은 폭력이지만 완전히 다른 폭력입니다. 언어폭력과 성폭력 역시 완전히 다릅니다. 성폭력은 사람에게 아주 깊은 상처를 남깁니다. 성은 가볍지 않습니다. 성은 놀이 기구도, 쾌락을 위한 도구도 아닙니다. 인격의 핵심을 이루는 한 부분입니다. 그래서 바울은 이토록 엄중하게, 경계선을 넘어서 누군가를 착취하면 하나님이 복수하실 것이라고 경고하고 있습니다.

이 성경 말씀을 깊이 살피면서 도전을 받았습니다. 성경이 성 관련 이슈를 이렇게 노골적으로 다루는지 몰랐습니다. 저도 그냥 아내를 대할 때 거룩함과 존중함으로 대해야 한다는 정도로 알고 있었습니다. 그런데 이 성경 말씀을 더 깊이 보고 여러 자료를 찾아 공부하면서 단순히 아내에 국한된 이야기가 아닌 것을 깨달았습니다. 단지 몸에 관한 이야기도 아니었습니다. 그러면 앞뒤가 안 맞는 곳이 너무 많습니다. 그런데 우리의 성적 기관을 완곡어법으로 표현했다고 하니 맥락이 맞아떨어지고 바울의 실제적인 지침이 선명해지기 시작했습니다. 저는 단지 다른 사람에게 피해 끼치지 않고 살면 된다고 생각했습니다. 하지만 성경은 우리가 우리 몸을, 더 정확히는 우리의 성적 기관을 거룩함과 존중함으로 대해야 한다고, 또한 다른 사람을 성적인 영역에서 선을 넘어 탐하거나 착취하면 안 된다고, 무척 구체적이고 정확하게 가르치고 있습니다.

성에 관한 구체적인 지침

바울도 이토록 구체적으로 이야기했고, 성 문제가 오늘날 우리에게도 쉽지 않은 주제인 만큼 저도 오늘날 문화와 생활에서 만나는 성과 관련한 지침을 세세하게 나누겠습니다. 구체적인 지침을 말씀드리기 전에 세 가지를 먼저 전제해야 합니다.

첫째, 성에 대한 하나님의 뜻을 이해해야 합니다. 기독교는 인간의 욕망을 억제하는 종교가 아닙니다. 욕망을 적절한 방법으로 거룩하게 사용하기를 원합니다. 인간은 동물이 아니므로 본능에 따라 살아서는 안 됩니다. 또한, 인간은 목석이 아니므로 욕망을 억누르기만 해서도 안 됩니다. 동물이 아니고 목석도 아닌, 하나님을 닮은 형상으로서 성적 욕망을 어떻게 바르게 사용할지를 알아야 합니다. 이것이 성경이 가르치는 것이므로, 성에 대한 하나님의 뜻을 먼저 이해해야 합니다.

둘째, 자신과 타인의 몸을 거룩함과 존중함으로 대하기 위한 기준을 세우십시오. 기준선이 있어야 합니다. 그 선을 넘어가면 착취하고 이용하는 것이며, 하나님이 복수하는 대상이 될 수 있습니다. 기준선을 선명하게 세우십시오.

셋째, 순간순간 성령을 따라 행하고, 복수하시는 하나님을 기억하십시오. 성에 관해 앞에서 가르친 내용을 저버리는 것은 사람을 저버리는 것이 아니라, 성령을 주신 하나님을 저버리는 것이라고 바울 사도는 8절에서 바로 이어 이야기합니다. 왜 그럴까요? 하나님을 받아들인 사람은 그 안에 성령님이 계십니다. 따라서 성령을 따라 행하지 않고 그 이야기를 무시하면 성령을 저버리는 것이 됩니다. 그러므로 순간순간 성령을 따라서 행하고, 복수하시는 하나님을 늘 기억하십시오. 그래야 성적 영역에서 균형을 잡을 수 있습니다.

여기까지가 큰 틀에서의 지침입니다. 그럼 이제부터는 일상에서의 성을 하나하나 구체적으로 예를 들어 가면서 이러한 지침을 어떻게 적용할 수 있는지를 살펴보겠습니다. 각각의 영역을 신학적이고 실제적으로 더 깊이 다루면 좋겠지만, 성 관련 이슈들은 이후 저작에서 더 자세히 다룰 예정이므로, 여기서는 제한된 지면에서 실제적인 지침 중심으로 살펴보겠습니다.

스킨십

가장 먼저, 스킨십입니다. 요즘은 교회에서도 스킨십이 흔합니다. 이성이나 동성 간에 악수도 하고 등도 치고 어깨도 도닥거립니다. 가볍게 안아 주는 모습도 종종 볼 수 있습니다. 그런데 이런 것들에 관한 경계선이 모호합니다. 개개인의 문화적 차이 때문입니다. 주일 예배 후에 어떤 자매들은 스스럼없이 제게 와서 안깁니다. 저도 자연스럽게 안아 줍니다. 하지만 어떤 자매들은 반가운 마음에 제가 다가서면 몸을 뒤로 뺍니다. 서로 문화가 다른 것입니다. 상대의 문화를 존중하고 맞추어야 합니다. 그런데 만약 상대가 나를 불편하게 하는 말이나 행동을 하면 어떻게 해야 할까요? 그때는 말씀하셔야 합니다. "목사님, 저를 너무 사랑해 주셔서 어깨를 도닥거려 주시는 것은 감사하지만, 사실 목사님이 그럴 때마다 저는 좀 불편해요." 목회자의 경우도 마찬가지입니다. "자매가 날 오빠처럼 생각해서 팔짱 끼는 거는 알겠어요. 그런데 너무 편하게 팔짱 끼는 건 적절하지 않은 것 같아요." 이렇게 이야기해야 합니다. 선을 정해서 이야기하는 것이 좋습니다.

물론 많은 교회나 공동체에서는 이성 간의 신체 접촉을 아예 금하기도 합니다. 그런 문화가 그 공동체에서 자연스럽다면, 그것도 좋습니다. 그러나 공동체의 친밀함은 악수, 토닥거림, 포옹 등의 신체적 접촉을 통해서도 자연스럽게 이루어지므로, 이런 면에서 적절한 선과 상대방을 배려하고 맞추는 성숙한 문화, 무례하지 않은 지혜로운 소통이 필요합니다.

이성 간의 일대일 만남

둘째는 이성 간의 일대일 만남입니다. 교회에서도 이성이 일대일로 만날 일이 많습니다. 사역이나 선배 리더와의 상담을 비롯해 형제자매인데 만나지 못할 이유는 없습니다. 하지만 일대일로 이성을 만날 때는 만나기 전에 자신의 배우자나 영적 지도자에게 알리고 만나길 권합니다. 나들목교회 사역자에게는 중요한 원칙 중 하나입니다. 이성 성도와 일대일로 만나야 할 때는 사전에 배우자나 영적인 지도자에게 알려야 하고, 만남의 장소도 공개된 열린 공간이어야 합니다. 이를 지키지 않으면 징계를 받습니다. 왜 이런 지침을 정했을까요? 처음부터 죄를 짓겠다고 이성을 만나는 사람은 거의 없습니다. 만약 죄를 짓겠다고 마음먹고 만난다면 사전 보고를 해도 죄를 짓습니다. 어떻게 말리겠습니까? 하지만 대부분은 처음에는 그런 마음이 없었지만, 아무에게도 알리지 않고 은밀한 곳에서 만났다가 감정적으로 흔들려 선을 넘습니다. 교회가 건강한 공동체라면 친밀한 관계로 엮여 있을 것입니다. 남녀가 서로 오빠처럼 누이처럼 대합니다. 그런 관계에서 기준선이 희미하면 사탄이 약한 부분을 밀고 들어올 가능성이 큽니다. 사역이나 상담을 위해서라도, 아무도 모르게 밀폐된 공간에서 만남이 이루어지면 사탄은 우리의 약점을 파고들 것입니다. 따라서 이성 간의 일대일 만남에는 기준이 꼭 필요합니다. 이성 성도를 만날 때는 사전에 알리고 공개된 장소에서 만나는 것이 교회의 건강한 문화가 되어야 합니다.

이런 문화는 둘 중 한 사람이 기혼자이거나 사역자일 때는 꼭 지켜야 하는 지침입니다. 하지만 청년의 이성 교제는 좀 다릅니다. 이성 교제는 미혼자에게 주어지는 특권이지만 지혜롭게 진행해야 합니다. 가능하면 한 공동체의 형제자매로 만나다가 그 관계가 풍성해져 이성 관계로 발전하는 것이 좋습니다. 관계가 깊어지면 일대일로 만나게 됩니다. 청년 모임이 건강한 공동체라면, 이성 교제를 시작할 때 믿을 만한 친구나 영적 지도자에게 먼저 알리고 기도와 조언을 구하는 일이 자연스럽게 일어납니다. 그러나 허락을 받거나 보고해야 하는 문화는 그다지 바람직하지 않습니다. 서로가 서로에게 책임을 지는 건강한 공동체를 세울 필요가 여기에 있습니다.

범람하는 성 관련 콘텐츠

셋째는 범람하는 성 관련 콘텐츠입니다. 영화, 드라마, 뮤직비디오, 각종 화보까지 성적으로 너무 자극적인 장면이 걸러지지 않고 흘러 다닙니다. 심지어 초등학생까지도 야한 동영상을 보면서 큽니다. "볼 수도 있지, 뭐. 그러면서 크는 거야"라고 생각하는 사람도 있습니다. 아닙니다. 어릴수록 그 충격은 말할 수 없이 큽니다. 더 위험한 것은 성에 관해 아주 왜곡된 이미지를 형성할 수 있고, 그것이 고착되어 성인이 된 후 이성과의 관계에 커다란 장애를 발생시킬 수 있습니다. 성인이라고 괜찮을까요? 제 친구가 조기축구회에서 운동하면서 목사라고 이야기하지 않았더니 같이 축구하는 회원들이 계속 야한 동영상을 보내왔다고 합니다. 세상에서는 친한 남성들끼리 음란물을 돌려보는 문화를 이상하게 여기지 않습니다. 야한 동영상을 보는 것은 적어도 다른 사람에게 피해는 주지 않는다고 생각하는데 이는 큰 오산입니다. 그 동영상은 누군가를 착취해서 만든 것이며, 그 산업에 속한 수많은 사람이 착취당하고 있습니다. 거기에 일조하는 행동입니다. 이웃을 사랑하는 그리스도인으로서 적절하지 않은 행동입니다. 그뿐 아니라, 자신에게도 나쁜 영향을 주어서 이성을 성적 대상으로만 바라보게 됩니다. 지나가는 사람이나 일상에서 마주치는 누군가를 성적 대상으로 바라보게 만듭니다. 전혀 건강하지 않습니다. 하나님을 닮은 모습이 아닙니다. 성이 철저하게 도구화된 모습입니다. 문제는 성 관련 콘텐츠가 성인은 물론이고 어린이와 청소년에게도 무방비로, 무차별하게 열려 있다는 것입니다. 이런 현상은 도시라는 환경에서 더욱 심각하게 나타납니다. 그러므로 다양한 매체에서 쏟아져 나오는 성적으로 문란한 콘텐츠를 접할 때, "저런 것은 보지 않겠어. 이 선은 넘지 않겠어"라는 자기만의 기준이 필요합니다. 또한, 교회 공동체에서도 이러한 주제에 관한 공부와 토론이 필요합니다. 그래서 혼란에 빠져 있는 많은 사람에게 세속 문화와 세속 도시에서 어떻게 살아갈지를 구체적으로 제안해야 합니다.

"고립된 성행위"

다음으로 살펴볼 것은 속칭 자위masturbation라고 불리는 행위입니다. 이를 송인규 교수는 "고립된 성행위"라고 표현했습니다. 성경의 성 윤리는 15-18세에 결혼하던 고대 사회를 배경으로 합니다. 당시는 성적 호르몬 분비가 왕성해지기 전에 대개 결혼했습니다. 그래서 성경에는 고립된 성행위에 관한 가르침이 없습니다. 그런데 요즘은 평균 초혼 연령이 30대 초반입니다. 성적 호르몬이 폭발하는 10대 후반에서 20대를 다 지나고 난 다음에 결혼합니다. 그러다 보니 현재의 젊은이들에게 성적 순결을 어떻게 가르칠지는 제게도 큰 고민이었습니다. 그런데 앞서 살펴본 성경 말씀이 고립된 성행위에 관해서도 중요한 가르침을 주고 있다는 것을 알았습니다. 자신의 성적 기관을 거룩함과 존중함으로 대하는 것이 무엇인지 생각해 봐야 합니다. 대개는 교회에서 그 부분을 배우지도 못하고 이야기조차 하지 않기 때문에 성적 충동을 개인적으로 알아서 해소합니다. 성적 욕망을 어떻게 조절해서 자신의 몸을 거룩하고 존중하는 방식으로 사용할 수 있는지 잘 배우지 못합니다. 이를테면, 밥은 먹지만, 아무 때나 과식하고 함부로 먹는 식입니다. 바르게 먹는 법을 배우지 못해서 아무 데서나 먹고, 먹는 시간도 먹는 방법도 제멋대로인 것과 같습니다. 그리스도인 공동체에서 정확히 가르치고 알려 줘야 할 부분입니다. 특히 지금까지 이 부분은 주로 남성의 문제로 여겨졌습니다. 그동안은 여성의 성을 너무 억제해서 이 문제에 관해 여성끼리도 대화하지 않았고, 또 그렇게 심각하지 않았습니다. 그런데 요즘은 여자아이들도 어릴 때부터 야한 동영상을 보면서 성적인 문이 모두에게 활짝 열렸습니다. 오늘날에는 고립된 성행위가 남녀 차이가 없을 정도로 젊은 세대의 공통 숙제가 되고 있습니다. 그런데 이런 문제를 교회는 물론 가정에서도, 소수를 제외하고는 이야기하지 않습니다. 성에 눈뜨기 전부터 이 주제에 관해 교회 공동체가 이야기해야 합니다. 어떻게 우리 몸을 거룩함과 존중함으로 대할지, 성적 욕망을 어떻게 조절하고 다스리며 잘 사용할지를 생각하고 이야기 나눠야 할 때가 됐습니다.

연인 간의 성

다음은 연인 간의 성입니다. 사랑하면 성적으로 결합하는 것이 무슨 문제냐는 것이 요즘 세상의 생각입니다. 반면, 성경은 성적 결합은 영원한 언약을 맺는 사람에게 생명을 주듯이 이루어지는 것이라고 가르칩니다. 사랑하니까 괜찮다는 할리우드식 성적 결합을 지지하지 않습니다. 자신의 몸을 존중하지 않을 뿐만 아니라 상대의 몸도 존중하지 않는 자세입니다. 물론 적절한 스킨십은 필요합니다. 저 역시 결혼 전에 스킨십을 즐겼고, 스킨십은 하나님이 주신 선물이라고 생각합니다. 하지만 중요한 선이 있습니다. 연인끼리 중요한 선을 함께 그으십시오. 성적 흥분을 일으켜 그것에 휩쓸리는 데까지 스킨십이 발전하는 것은 바람직하지 않습니다. 하나님을 모르는 사람들은 격정적인 욕망이 사랑이라고 생각해서 그것에 몸을 맡기지만, 성령을 모시는 우리는 격정적인 욕망에 자신을 맡기지 않습니다. 서로 자제하지 못하는 선까지 가기 전에 멈출 수 있는 기준을 마련해야 합니다. 이를 위해 스킨십하는 장소를 한정하는 것도 좋습니다. 둘만 은밀한 곳에서 너무 오랜 시간을 보내는 것은 현명하지 않습니다. 어떤 연인은 모텔에 가서 손만 잡고 잤다고 합니다. 인내력 훈련하는 것도 아니고, 불가능한 일에 쓸데없이 도전할 필요는 없습니다. 그래서 적절한 선을 미리 정해야 합니다. 서로 존중하는 밑바탕이 필요합니다.

결혼을 약속하고 약혼까지 했는데 괜찮지 않냐고 말하는 분도 있습니다. 제 생각에는 결혼을 약속하고 약혼까지 했다 하더라도 결혼식 전까지는 성적 결합을 유예하는 것이 더 아름답습니다. 결혼식 전에 무슨 일이 일어날지 알 수 없고, 하나님 앞에서 혼인했음을 완전히 고백하는 예배를 드린 다음에, 그때 자신의 모든 것을 정표로 주는 것이 가장 아름다운 이상적 모습입니다. 왜냐하면, 그것이 우리 몸을 거룩함과 존중함으로 대하는 것이기 때문입니다.

결혼한 부부의 성

결혼한 부부 사이에서는 어떨까요? 부부는 일단 결혼을 소중히 여겨야 합니다. 요즘은 너무 쉽게 이혼을 고려하는 경향이 있습니다. 조금만 성격이 차이나도 이혼을 생각합니다. 삼십 년이 넘는 사역을 통해, 성격 차이가 없는 부부는 스무 쌍 중 한 쌍 정도에 불과하다는 사실을 발견했습니다. 제 아내와 저도 맞지 않는 부분이 있습니다. 한번은 제가 아내에게 물어봤습니다. 아내는 이성교제와 결혼 생활에 관해 공부를 많이 한 사람이라서 제가 이렇게 물었죠. "여보, 당신하고 나 같은 커플이 와서 결혼하겠다고 하면 당신은 어떻게 조언할 거야?" 저는 0.3초 만에 답이 나오는 사람입니다. 아내는 3년쯤 묵혔다가 나옵니다. 그래서 아내가 무슨 이야기를 하면 3년이 걸려서 나온 답이라 무조건 들어야 합니다. 그런데 이 질문에는 0.3초 만에 답이 나왔습니다. 벌써 3년 이상 생각하고 있었다는 겁니다. 답은 충격적이었습니다. "헤어지라 그래요." 저도 그렇게 생각하고는 있었지만, 즉답을 들으니 마음이 좀 상하긴 했습니다. 사실 우리 부부가 주님을 모르고, 결혼에 대한 주님의 뜻을 몰랐다면, 성숙은커녕 심각한 결과를 맞이했을지도 모릅니다. 성격 차이로 이혼해야 한다면 저와 아내는 헤어져야 합니다. 결혼은 두 사람이 성격 차이를 극복해 나가면서 인격을 완성해 가는 과정입니다. 그러므로 결혼을 존중하셔야 합니다. 물론 성경의 가르침이 이혼을 무조건 금지하는 것은 아닙니다. 배우자의 폭력이나 외도 등 상대가 가정을 전혀 책임지지 않는 모습을 보일 때, 신앙에 관해 전혀 다른 길을 걸을 때, 이미 하나님 앞에서의 언약이 깨져서 회복은 요원하고 당사자들이 심각하게 망가질 때 등 하나님이 인정할 수 있는 이혼 사유가 있습니다. 그럴 때는 어쩔 수 없이 이혼을 인정할 수 있습니다. 결혼이 인간을 잡아매는 족쇄는 아닙니다. 그러나 결혼의 언약을 신성하게 지키는 것이 가장 아름다운 일입니다. 이 기준선을 너무나 쉽게 제거하면 하나님이 복수한다고 말씀하십니다.

결혼한 부부에게 성은 하나 됨을 누리고 재확인하는, 하나님이 주신 복입니다. 부부간의 대화가 많고 깊을수록 성적 친밀함도 높다는 것은 통계로도 자주 확인됩니다. 부부의 성적인 연합이 약할수록 혼외 관계도 자주 일어납니다. 아내와 남편은 대화와 성적 연합을 통해서, 삼위일체의 하나 되심을 세상에 드러내는 거룩한 존재입니다(엡 5장). 그런데 이런 아름답고 거룩한 성이 부부 관계에서도 하나님이 의도하신 대로 발전하지 않는 경우가 많습니다.

예를 들어, 부부 사이에 성을 착취하거나 강요하는 경우가 있습니다. 인격적 관계 맺음의 꽃이 성적인 결합임을 이해하고, 성을 통해 교제하면서 자유와 쉼과 기쁨과 환희를 누리십시오. 그래서 부부 사이에도 선이 있어야 합니다. 남성과 여성이 원하는 성적 친밀함의 표현과 성적 결합은 방법과 빈도부터 다 다릅니다. 대화를 통해서 부부만의 문화를 만들어 가야 하는데, 나이가 들면서 이것 또한 달라집니다. 세월이 지남에 따라 두 사람이 정한 기준도 바뀌어야 하고, 잘 조절해야 합니다. "대한다"의 원어인 '크타오마이'의 뜻이 '관리한다', '통제한다'였음을 잊지 마시기 바랍니다.

자신의 결혼 생활을 소중히 여길수록 다른 사람의 결혼도 소중하게 여겨야 합니다. 부부들끼리 만났을 때 상대 부부를 흔들리게 하는 행동과 말은 자제해야 합니다. 부부와 미혼인 성도가 만날 때도 마찬가지입니다. 가령 가정교회 모임에 속한 미혼 여성 성도가 목자 부부 중에서 남성 목자를 더 신뢰할 수 있습니다. 그래서 자꾸 남성 목사와만 둘이서 만나려고 합니다. 이러한 행동은 상대의 결혼을 존중하지 않는, 무척 어리석은 행동입니다. 반대로 결혼한 남성 성도가 미혼인 여성 성도와 편하게 어깨동무도 하고 스킨십을 하는 행위는 자신의 배우자를 힘들게 만드는 일입니다. "내가 딴생각하는 것도 아닌데, 왜 그래?"라고 말하는 것 또한, 아주 어리석은 짓입니다. 선을 넘어서는 것입니다. 배우자는 자신에게 제일 소중한 사람입니다. 그를 힘들게 하는 행동은 하지 말아야 합니다. 내 몸과 내 주변 사람의 몸을 존중하고 거룩함으로 대하는 방법이 무엇인지를 깊이 생각해 보아야 합니다.

숨은 어둠을 햇빛 아래로

성에 관한 구체적인 지침까지 짚느라 이번 장은 좀 길어졌습니다. 그만큼 우리에게 중요한 주제입니다. 결국, 하나님이 우리에게 "거룩하기를 원한다"라고 말씀하실 때는, 우리가 성적인 결합을 할 때도 거룩하기를 바라시는 것입니다. 바울은 데살로니가 교회에 보내는 편지에 그 바람을 담았습니다. 제가 여러분에게 이렇게까지 자세히 전할 수 있는 이유는 바울 사도가 먼저 그렇게 했기 때문입니다.

이런 종류의 이야기는 꺼내기가 쉽지 않습니다. 성 관련 이야기는 조용하고 은밀하게 해야 하는 이야기처럼 여겨집니다. 그런데 바울은 그 이야기를 끄집어내서 이야기하고 있습니다. 옷장 속에 숨어 있던 성을 예배당 안으로 가져왔습니다. 우리도 공동체에서 성에 관한 이야기를 해야 합니다. 성을 숨기면 안 됩니다. 성에 관한 이야기를 다시 시작해야 합니다.

우리가 사는 세상은, 특히 도시는 성으로 가득 차 있습니다. 상업적 콘텐츠는 물론이고 문화와 예술적 표현이라는 이름으로 우리를 거의 질식 상태로 만들고 있습니다. 이처럼 성이 우리 인생에 큰 영향을 끼치고 있음에도, 이에 관해 아무런 논의도 하지 않고, 하나님을 기쁘시게 하는 방법이 무엇인지 고민하지도 않은 채, 세상에서 배운 대로, 여러 매체에서 여과 없이 보여 주는 대로, 폭력적이고 서로 착취하는, 엉터리 같은 성적 관계를 흉내 내면서 비참해지고 있습니다.

이제 우리는 성과 관련한 이야기를 끄집어내서 교회 공동체에서 이야기해야 합니다. 그 부분은 사생활이니까 건들지 말라고 하면서, 속에서부터 망가지고 허물어져 가는 인생이 되어서는 안 됩니다. 다른 사람이 보지 않는 곳에서도 여전히 하나님을 닮아 가는, 그래서 마땅히 행할 바가 무언인지를 아는, 성을 통해서도 하나님을 기쁘시게 하는 삶을 당신이 추구하기를 하나님은 간절히 바라고 계십니다. 성으로 가득 찬 도시 한복판에서 하나님나라를 살아 내는 이들에게 성은 결코 가볍고 사소한 일이 아닙니다. 앞서 간략히 제시한 제안들을 참조해 성에 관한 성경의 원리와 구체적인 지침이 무엇인지에 관해 공동체에서 공개적으로 대화가 이루어지고, 배움과 누림이 일어나기를 기대합니다.

도시에서 살아가는 우리 모두를 향한 하나님의 뜻은 거룩함이며, 성은 이 거룩한 부르심을 따르는 과정에서 절대 피할 수 없는 영역입니다. 거룩함을 추구하며 성령님을 거절하지 않고 충실히 따르는 멋지고 풍성한 삶을 당신과 우리가 모두 누리면 좋겠습니다.

7.

경제생활과 죽음

지난 장에서 성을 살펴보았는데, 이런 주제를 다루면, 자신은 세상 방식에 절어 있어서 이미 삶의 많은 부분이 훼손되었다고 생각하는 사람이 많습니다. 또는 몸에 인이 박인 습관이 있어서 성경의 가르침은 비현실적이라고 생각합니다. 다른 어떤 죄보다 성으로 인한 죄가 사람에게 끼치는 영향이 큽니다. 다른 죄는 몸 밖에서 일어나지만, 성 관련 죄는 대개 우리 몸 안에서 일어나기 때문입니다. 그렇지만 다른 모든 죄와 마찬가지로 이 죄로 훼손된 부분도 하나님의 은혜와 능력으로 회복할 수 있습니다. 성경의 가르침을 배우고, 그에 따라 살아가려 애쓰는 이들과 함께 걸어갈 때, 어둠에 싸여 허물어졌던 삶은 회복됩니다. 지금까지 우리 몸에 습관으로 붙어 있었던, 거룩함이 아닌 부정함은 하나님의 부르심을 따르는 삶을 훈련하면서 새로운 습관으로 바뀝니다. 이것이 성장의 여정입니다. 성적 영역은 어둠에 묻어 놓을수록 넘을 수 없는 벽으로 다가옵니다. 거룩함에 이르기 위해 바울 사도가 첫 번째로 끄집어낸 주제가 성이라는 점은 이천 년 전 고대 사회나 오늘날 도시 사회나 이와 관련한 문제가 엄중하고, 반드시 짚고 넘어가야 할 영역임을 보여 줍니다. 이토록 치열하게 영적 싸움이 일어나는 영역에서 우리는 부르심을 따라 하나님을 닮아 갑니다.

성과 더불어 경제생활은 고대 사회는 물론이고 현대 도시 생활에서도 무척 중요한 주제입니다. 개인의 삶만이 아니라, 심지어 대통령 선거에서도 경제는 제일 중요한 사안이 되었습니다. 그런가 하면, 인류 문명 전체를 통틀어 인간이 넘어설 수 없는 가장 확실한 한계가 죽음입니다. 자신의 죽음이 당장은 멀어 보여서 비현실적으로 다가오지만, 가까운 사람을 차례로 떠나보내면서 죽음이 절대 멀리 있지 않다는 사실을 깨닫습니다. 이번 장에서는 지난 장의 "성"에 이어서 "경제생활과 죽음"에 관한 전혀 새로운 삶의 방식을 살펴보겠습니다. 하나님나라 복음을 받아들여 진정으로 회심하고, 살아 계시고 참되신 하나님을 섬기며 따라야 하는, 그것도 데살로니가 같은 도시 속에서 살아야 하는 우리에게는 무척 중요한 주제입니다.

형제 사랑

데살로니가전서 4장 9-12절입니다. 같이 한번 읽어 볼까요?

> **9** 형제 사랑에 관하여는 여러분에게 쓸 필요가 없습니다. 왜냐하면, 여러분 스스로가 서로 사랑하라는 하나님의 가르침을 받아 **10** 온 마케도니아에 있는 모든 형제자매에게 이것을 행하고 있기 때문입니다. 형제자매 여러분, 우리는 여러분이 더욱 그렇게 하기를, **11** 또한 여러분에게 명한 것과 같이 조용히 살기와, 자신의 일을 하는 것과, 여러분 자신의 손으로 일하기를 열망할 것을 권면합니다. **12** 그리하여 여러분이 바깥 사람에 대하여 단정하게 행하고, 아무런 부족함이 없어야 합니다(살전 4:9-12, KHKV).

9 형제 사랑에 관하여는 너희에게 쓸 것이 없음은 너희들 자신이 하나님의 가르치심을 받아 서로 사랑함이라 **10** 너희가 온 마게도냐 모든 형제에 대하여 과연 이것을 행하도다 형제들아 권하노니 더욱 그렇게 행하고 **11** 또 너희에게 명한 것 같이 조용히 자기 일을 하고 너희 손으로 일하기를 힘쓰라 **12** 이는 외인에 대하여 단정히 행하고 또한 아무 궁핍함이 없게 하려 함이라(살전 4:9-12, 개역개정).

형제자매를 사랑하는 것에 관해서는 "쓸 필요가 없습니다"라고 바울은 말합니다. 데살로니가 교회가 잘하고 있는 부분입니다. 그런데 바울은 더 잘했으면 좋겠다고 덧붙입니다. 10절에서 "여러분이 더욱 그렇게 하기를…권면합니다"라고 말합니다.

10절 하반절부터 11절까지의 명령어는 번역하기가 조금 까다롭습니다. 10절에 "권면하다"라는 단어가 다음에 나오는 네 개의 부정사와 어떻게 연결되는지에 따라 번역이 달라지기 때문입니다. 그래서 영역본들도 약간씩 다르게 번역하고 있습니다. 저는 11절 첫머리에 나오는 "열망하라φιλοτιμεῖσθαι"라는 부정사로 표현된 명령어가 뒤이어 나오는 부정사로 표현된 세 가지 명령어, 곧 "조용히 살기, 자신의 일을 하기, 자신이 손으로 일하기 ἡσυχάζειν… πράσσειν… ἐργάζεσθαι"를 꾸며 준다고 보는 것이 가장 좋다고 생각해서 앞에서처럼 번역했습니다.

그렇다면 이들이 잘 하고 있었고, 더욱 풍성히 하라고 권면 받았던 '형제 사랑'은 무엇이었을까요? 어떻게 형제를 사랑했을까요? 바울은 더욱 그렇게 하라고 권면하면서, 열망해야 할 세 가지 권면을 덧붙였는데, 이 모두가 경제생활과 연결되어 있습니다. 이후에 조금 더 살펴보겠지만, 형제 사랑은 우리의 경제생활과 밀접하게 연관되어 있습니다. 게다가 12절에서는 "바깥 사람에 대하여 단정하게 행하고, 아무런 부족함이 없어야 합니다"라고 경제생활에 관한 내용을 확장합니다. 바울은 형제 사랑을 이야기하면서, 우리가 흔히 예상하듯 "친절하게 말하고 서로 위로하고 칭찬하십시오" 같은 식의 말로 하는 사랑 대신에, 경제생활에 관해 권면합니다. 이 점이 무척 독특합니다.

하나님나라 백성의 경제생활

여기서 특히 주목할 내용은 "서로 사랑하라는 하나님의 가르침을 받아"입니다. "하나님의 가르침을 받아θεοδίδακτοί"라는 표현은 한 단어인데, 구약과 신약 어디에도 나오지 않고 오직 이곳에서만 등장합니다. 앞서 우리는 하나님의 가르침의 핵심이 하나님나라 복음임을 이미 살펴보았습니다. 하나님의 가르침을 받아들인 사람들, 곧 하나님나라를 받아들인 사람이 반드시 직면하는 주제가 있습니다. 그것은 하나님나라의 백성이 된 형제자매를 사랑하는 것입니다. 그런데 사랑이라는 주제는 경제생활과 연관이 깊습니다. 경제생활은 먹고 살아가는 삶의 방식입니다. 먹고 사는 일처럼 단순명료한 일도 없지만, 그것만큼 중요한 일도 없습니다. 하나님나라 관점으로 경제생활을 어떻게 해야 하는지는, 이미 하나님에게서 가르침을 받은, 서로 사랑하는 것과 밀접한 관계가 있다고 바울은 이야기합니다.

하나님을 모르고 살았던 때의 경제생활은 모든 게 자기중심이었습니다. 철저하게 나 자신과 가족의 필요가 우선이었고, 나 자신의 리더십에 의해 움직였습니다. 그렇다면 하나님이 중심인 경제생활은 어떻게 다를까요? 하나님의 가르침을 받아서 그분의 다스림을 받는 경제생활은 무엇일까요? 이 같은 질문에 도움이 되는 성경 말씀이 고린도후서 8장 1-5절입니다.

그 전에, 앞에서 읽은 데살로니가전서 1장을 기억하십니까? 바울이 데살로니가 교회에 편지를 쓰면서 다음처럼 칭찬했습니다. "여러분은 마케도니아와 아가야에 있는 모든 믿는 자에게 본이 되었습니다. 여러분으로부터 주님의 말씀이 단지 마케도니아와 아가야에만 울려 퍼진 것이 아니라, 모든 곳에서 하나님을 향한 여러분의 믿음이 알려졌으므로 이에 대해 우리가 더 말할 필요가 없습니다"(살전 1:6-8, KHKV). 이 편지를 쓴 지 4-6년이 지난 다음에 고린도 교회에 보내는 편지에서 마케도니아 지역의 교회들을 언급합니다. 그 교회들은 데살로니가 교회의 영향을 받아 세워졌습니다. 그들의 특징이 고린도후서 8장 1-5절에 나옵니다.

1 형제자매 여러분, 우리는 하나님께서 마케도니아 여러 교회에 베풀어 주신 은혜를 여러분에게 알리려고 합니다. **2** 그들은 큰 환난의 시련을 겪으면서도 기쁨이 넘치고, 극심한 가난에 쪼들리면서도 넉넉한 마음으로 남에게 베풀었습니다. **3** 내가 증언합니다. 그들은 힘이 닿는 대로 구제하였을 뿐만 아니라, 오히려 힘에 지나도록 자원해서 하였습니다. **4** 그들은 성도들을 구제하는 특권에 동참하게 해 달라고, 우리에게 간절히 청하였습니다. **5** 그들은, 우리가 기대한 이상으로, 하나님의 뜻을 따라서 먼저 자신들을 주님께 바치고, 우리에게 바쳤습니다(고후 8:1-5, 새번역).

이 편지를 받은 고린도 교회는 예루살렘 교회가 기근으로 경제적 어려움을 겪자 헌금을 보내기로 했습니다. 하지만 1년이 지나도록 헌금을 하지 않고 있었습니다. 마케도니아 교회들은 고린도 교회와 달리 남을 돕고 베푸는 일에 인색하지 않다고 바울은 적고 있습니다. 데살로니가 교회를 중심으로 한 마케도니아 교회들의 경제 상황이 좋지는 않았습니다. 더군다나 정치적으로나 사회적으로나 핍박을 받으면서 큰 시련을 겪고 있었습니다. 그 당시 마케도니아와 팔레스타인 지역에는 역사 기록에 남을 정도로 아주 심한 기근이 찾아왔습니다. 예루살렘 교회도 힘들고 어려웠지만, 이들도 마찬가지였습니다. 그런데도 넉넉한 마음으로 예루살렘 교회와 주변 교회들을 도왔습니다. 자신이 어렵더라도 남을 돕는 것이 데살로니가 교회를 본받은 마케도니아 교회들의 특징이었습니다.

교회들이 어려울 때 경제적으로 서로 돕는 모습을 보고 주변 사람들이 놀랐습니다. '형제 사랑'을 말만이 아니라, 재산을 나누면서 했기 때문에 놀랄 수밖에 없었습니다. "세상에! 이 사람들 왜 이러는 거야?" "자신을 위해 써도 모자랄 판에, 경기도 안 좋은데 왜 남을 돕는 거야? 도대체 왜?" 공동체의 일원을 돕는 교회의 행동은 수많은 사람을 주님께로 돌아오게 만드는 근거가 되었습니다. 이처럼 초대교회는 주변 사람들의 이목을 끌고 칭찬을 받았는데, 대개는 공동체 안에 있는 가난한 자들을 도왔기 때문이었습니다. 넉넉한 마음으로 베풀었습니다. "힘이 닿는 대로" "힘에 지나도록" 도왔습니다. "이 정도만 돕자"라고 하지 않고, 최선을 다해서 "이건 좀 심해"라고 할 정도로 도왔습니다.

그들은 이 일을 "성도들을 구제하는 특권"이라고 여겼으며, 동참하게 해 달라고 간절히 청했습니다. 하나님나라 백성의 특권으로 생각하기 시작했습니다. 거듭 말씀드리지만, 그리스도인일지라도 하나님나라가 임했다는 사실을 발견하지 못하면, 하나님을 모르는 사람이 기부하는 수준을 넘어서지 못합니다. 내가 가진 것을 나누어 준다는 시혜 수준에 머뭅니다. 반면, 하나님나라가 이미 임했다고 깨달은 이들은 경제생활에 관한 사고가 근본적으로 바뀝니다. 지금까지는 자신을 위해 벌고 자신을 위해 쓰기에 급급했지만, 이제부터는 하나님이 맡기신 모든 것을 적절히 쓰고 관리해서 자신보다 어려운 형제들을 돕는 쪽으로 경제생활의 패러다임이 바뀝니다. 죽어서 천국 가는 것 정도로 기독교를 한정하는 이들에게는 나타나지 않는 변화입니다. 하나님나라가 이미 시작됐다고 깨달은 이들에게만 나타나는 현상입니다.

말로만 하지 않는 형제 사랑

그래서 그들은 "하나님의 뜻을 따라서 먼저 자신들을 주님께 바치고, 우리에게 바쳤습니다"(고후 8:5). 참 중요한 표현입니다. 기독교는 "하나님께 바쳤으니까 됐어요"라고 말하는 종교가 아닙니다. "하나님을 사랑하니까 그걸로 충분해요"라고 말하는 종교가 아닙니다. 하나님을 사랑하십니까? 그러면 형제를 사랑하십시오. 하나님께 자신을 드리셨습니까? 그러면 형제에게도 자신을 실제로 드리십시오. 눈에 보이는 형제를 사랑하지 않는 사람이 어떻게 보이지 않는 하나님을 사랑할 수 있겠습니까? 이것은 요한일서의 중심 가르침이기도 합니다.

초대교회 성도들은 형제 사랑을 다른 무엇이 아니라 경제생활에 근거해서 했습니다. 쉽게 말해 돈을 써 가면서 사랑을 실천했습니다. 이는 중요한 문제입니다. 오늘날에는 개인의 경제생활은 철저히 개인 문제이기 때문에 서로 관여하지 않는 것을 예의로 생각합니다. "돈이 제일 중요해"라고 말하면서도 얼마나 벌고 어떻게 쓰는지는 쉬쉬합니다. 그러다 보니 돈을 어떻게 모으고, 어떻게 쓰고 관리하는지를 터놓고 배울 기회가 없습니다. 단지 가능한 한 많이 모아서 자신을 위해 쓰라고만 배우고 가르칩니다. 그러다가 좀 여유가 생겨 기부도 하면 좋다고 덧붙입니다. 그 정도입니다. 그런데 성경은 그렇게 가르치지 않습니다. 지금까지 해오던 자기중심적 경제생활에서 벗어나, 하나님나라 백성으로서 하나님 중심의 경제생활로 나아가라고 바울은 강조합니다.

나들목교회는 '십일조 헌금' 대신에 '청지기 헌금'을 드리려 노력하고 있습니다. '십일조'는 구약시대 율법 중 하나로, 빈부 차가 크지 않은 농경사회 때 제정되었습니다. 구약의 모든 가르침이 그리스도 안에서 완성되었을 뿐 아니라, 오늘날 개인 수입은 편차가 너무 커서 10퍼센트라는 기준을 일괄 적용하기도 현실적으로 어렵습니다. 그래서 나들목교회에서는 10퍼센트를 기준으로 하되 각자의 믿음에 따라 1년에 몇 퍼센트(또는 얼마)를 헌금할지를 매년 결정합니다. 자신에게 맡겨진 모든 것을 청지기로서 관리한다고 생각하고, 그중 일부를 헌금으로 드린다고 해서 '청지기 헌금'이라고 부릅니다. 십일조 헌금을 청지기 헌금으로 바꾸면, 헌금이 줄 것이라는 우려가 있었습니다. 하지만 그렇게 하는 것이 성경적이며 동시에 현대적이라고 생각해서 실행했고, 놀랍게도 헌금은 오히려 늘어났습니다. 성도들이 자신을 하나님나라 백성이자 청지기로 자각하기 시작했다는 방증이기도 합니다.

하나님나라를 받아들인 사람은 자신의 재정을 자기 것이 아니라 하나님 것이라고 여기며, 자기 마음대로 사용하던 습관에서 벗어나 하나님 중심으로 사용하는 방법을 배웁니다. 절대 쉬운 일이 아닙니다. 특히 오늘날처럼 "돈은 많을수록 좋고, 네 것은 네 마음대로 써도 돼"라는 풍조가 만연한 시대에, "내 돈은 내 것이 아니야. 하나님이 맡기셨으니 잘 관리해야 해"라는 태도를 취하기란 무척 어렵습니다. 경제생활에 관한 새로운 습관과 태도는 서로 터놓고 이야기해야 배울 수 있습니다. 교회에서 그냥 "각자 알아서 하세요"라고 해서는 절대 형성되지 않습니다. 바울 역시 데살로니가 성도들에게 경제생활에 관해 공개적으로 가르쳤습니다. 그들이 더 할 말이 없을 정도로 형제 사랑을 잘 실천하고 있다, 경제적으로 그렇게 하고 있다며 칭찬합니다. 그러면서 더욱더 그렇게 하기를 권면합니다.

자신의 경제생활

지난 장에서 살펴본 성 역시 교회에서는 잘 다루지 않는 주제입니다. 그런데 바울은 이어서 돈까지 주제로 올려놓습니다. 기독교 영성은 기도하는 데서만 나타나지 않습니다. 기도 생활에서 나타나는 영성은 반드시 우리의 성생활과 경제생활에서도 나타나야 합니다. 성생활과 경제생활 중에는 드러나지 않고, 기도 중에만 나타나는 영성, 그런 영성은 반쪽짜리, 기껏해야 피상적인 영성이며, 가짜일 수도 있습니다. 이것이 성경의 가르침입니다.

그래서 바울은 경제생활에 관해 이야기하면서, 형제를 돕고 사랑하려면 경제활동을 해야 한다고 강조합니다. 이어서 바울은 11절에서 공동체 안에서 추구해야 할 덕을 열거합니다. "여러분들에게 명한 것과 같이 조용히 살기와, 자신의 일을 하는 것과, 여러분 자신의 손으로 일하기를 열망할 것을 권면합니다." 개역개정이나 새번역에는 원어의 뉘앙스가 제대로 반영되지 않았습니다만, 바울은 데살로니가 성도들에게 이것들을 '열망'하라고 말합니다. '열망하다φιλοτιμεῖσθαι'라는 이 단어는 '야심을 품다, 꿈을 꾸다' 등으로 번역할 수 있습니다. 즉 강력하게 소원하고 바라라고 그들에게 권면했습니다. 조용히 살기, 자기 일에 전념하기, 자기 손으로 일하기, 이런 일들에 야심을 가지라고 강하게 요청합니다. 하나님나라 백성이 야심을 품어야 할 영역이 경제생활인 것입니다.

성도의 경제생활에서 첫 번째로 중요한 것은 '자신의 경제생활'입니다. 이 가르침의 배경은 바울이 데살로니가전서 5장 14절에서 "게으른 자들을 권계"하라고 한 데서 찾을 수 있습니다. "게으른 자τοὺς ἀτάκτους"의 원래 뜻은 '열에서 이탈하는 것, 열을 흔드는 것, 규모 없음'입니다. 이런 자들을 훈계하라고 했는데, 이 문제가 해결되지 않았는지 데살로니가후서에서 다시 한 번 언급합니다. "우리가 너희와 함께 있을 때에도 너희에게 명하기를 누구든지 일하기 싫어하거든 먹지도 말게 하라 하였더니 우리가 들은즉 너희 가운데 게으르게 행하여 도무지 일하지 아니하고 일을 만들기만 하는 자들이 있다 하니"(살후 3:10-11, 개역개정). 여기서도 "게으르게 행하여"라는 표현이 나옵니다. 바울이 데살로니가전서에서 한 번 썼으나 해결되지 않아서 데살로니가후서에서 한 번 더 자세히 가르칩니다.

이 같은 상황을 배경으로 바울은 '자신의 경제생활'에 관해 세 가지를 데살로니가 성도들에게 권면합니다. 첫 번째는 조용히 사는 것입니다. 조용히 산다는 것은 다른 사람의 도움을 받지 않고 자신의 삶을 건강하게 이끄는 것입니다. 두 번째는 자기 일에 전념하는 것입니다. 이는 다른 사람의 일에 참견하지 않고, 자신이 살아야 할 삶에 먼저 최선을 다하는 것입니다. 바울이 데살로니가후서에 썼듯이, 당시 데살로니가 성도 중에는 자신의 경제적 삶은 제대로 꾸리지 못하면서 다른 사람의 여러 문제에 감 놔라 배 놔라 훈계하고 참견하는 사람이 있었던 것 같습니다. 바울은 그러지 말고 자신의 경제생활에 집중하라고 합니다. 세 번째는 자기 손으로 일하는 것입니다. 바울은 데살로니가전후서에서 "우리가 본을 보이지 않았습니까, 밤낮으로 일하면서 여러분에게 본을 보이지 않았습니까"라며 노동의 중요성을 강조합니다.

우리가 공동체 생활을 하면서 덕을 쌓아야 하는데, 그 덕은 개인의 경제생활에서 비롯됩니다. 다른 사람의 도움을 받지 않고 조용히 자기 삶에 집중하며, 자기 손으로 직접 노동하면서 살아야 합니다. 그런데 노동을 강조할 때 한 가지 조심해야 할 것이 있습니다. 바로 실업 문제입니다. 바울의 초점은 노동하기 싫어하는 사람에게 있지, 노동할 기회를 잃어버린 사람에게 있지 않습니다. 일하고 싶어도 하지 못하는 사람에게 "너는 왜 일을 안 하니? 공동체에 덕이 안 돼"라고 해서는 안 됩니다. 바울 당시에 일하지 않는 이유는 여러 가지였습니다. 노동을 천시하는 사람도 있었고, 과격한 종말론을 따르면서 "예수님이 곧 오실 테니 일할 필요 없어"라고 주장하는 사람도 있었습니다. 바울은 실업 문제가 아니라, 바로 이런 그릇된 풍조에 일침을 가하고 있습니다.

우리 역시 바울의 권면을 깊이 생각해 보아야 합니다. '나는 경제생활을 제대로 하고 있는가, 나는 노동을 제대로 하고 있는가' 하는 질문을 던져야 합니다. 자신의 생산과 소비가 제대로 균형을 이루는지 살펴보아야 합니다. 그리스도인 가운데는 '자신의 경제생활'에 관한 이야기를 꺼내면 "그런 것은 영적이지 않다"라면서 탐탁지 않아 하는 사람도 있습니다. 하지만 이 같은 태도는, 교회에서는 속칭 영적인 신앙생활에만 집중하고 자신의 경제생활은 뒤로 밀어 놓자는 말과 같습니다. 바울은 둘을 분리하지 않고, 자신의 경제생활을 성실하게 수행하면서, 조용한 삶, 남의 문제보다는 자기 일에 전념하는 삶, 자기 손으로 직접 노동하는 삶을 살라고 강조합니다.

노동은 우리가 무언가를 하고 있다는 것입니다. 이 세상이 돌아가도록, 가정이 유지되도록 뭔가를 하고 있다는 것은 중요합니다. 다른 사람의 필요와 사회적 필요를 채우면서 사회적 가치를 창출하는 것이 노동입니다. 하나님의 세상 경영에 참여하는 것이라고도 할 수 있습니다. 그러므로 돈을 버는지 아닌지보다는 실제로 노동하며 어떻게 기여하고 있는지가 중요합니다. 가사노동처럼 임금을 받지 않는 노동을 무시한다면 가족 공동체는 어떻게 되겠습니까?

자신이 어떻게, 왜 노동하는지도 중요하지만, 노동을 통해 획득한 것을 어떻게 소비하는지도 중요합니다. 둘 사이에 균형이 있어야 합니다. 그런데 둘의 균형을 잃은 사람이 많습니다. 가령 과도하게 카드 빚을 계속 지는 것은 생산과 소비의 대표적인 불일치입니다. 일은 별로 하지 않으면서 소비만 하는 사람에 가깝습니다. 성경은 이 같은 행위를 지지하지 않으며, 부끄러운 줄 알라고 경고합니다. 그런데 오늘날 풍조는 어떻습니까? 적게 일하고 많이 벌어서 풍족하게 소비하면 복 받았다고 말합니다. 하지만 성경은 창피한 줄 알라고 합니다. 기독교 공동체 안에서는 일은 적게 하고 큰 이익을 챙기려는 태도를 조심해야 한다고 성경은 가르칩니다. 일하지 않고 큰돈을 버는 것은 악한 사회 구조와 맞물려 있습니다. 그러므로 기독교 공동체는 이 같은 경향에 물들지 말아야 합니다. 그리스도인은 횡재를 복이라고 생각하지 않습니다.

생산과 소비의 균형을 통해 그리스도인이 궁극적으로 하려는 것은 무엇입니까? 형제를 돕는 것입니다. "공부해서 남 주냐"라는 말이 있습니다. 맞습니다. 기독교는 공부해서, 돈 벌어서 남 주는 것입니다. 그리스도인은 남 주려고 공부하고, 남 주려고 돈을 법니다. 물론 성경은 그 전에 조용히 살면서, 스스로 일해서 경제적으로 안정되어야 한다고 말합니다. 그러니까 공동체 안에서 덕을 추구하는 것은, 말을 부드럽게 하고 상대를 온유하게 대하는 것을 넘어서서, 경제적으로 형제를 도울 수 있도록 자신의 경제생활을 먼저 단단히 하는 것입니다.

이웃에 본이 되는 경제생활

성도의 경제생활에서 두 번째 중요한 것은 "이웃에 본이 되는 경제생활"입니다.

> **12** 그리하여 여러분이 바깥 사람에 대하여 단정하게 행하고, 아무런 부족함이 없어야 합니다(살전 4:12, KHKV).

> **12** 이는 외인에 대하여 단정히 행하고 또한 아무 궁핍함이 없게 하려 함이라(살전 4:12, 개역개정).

'자신의 경제생활'이 온전해지면 결과적으로 바깥 사람을 품위 있게 대하게 되고 아무런 부정한 일이 일어나지 않습니다. "바깥 사람"이라는 말은 그리스도인 공동체가 안팎을 구별할 수 있을 정도로 선명하게 형성되어 있음을 나타내는 표현입니다. 이는 그리스도인의 선명한 소속감과 교회 공동체의 구별된 정체성을 가리키는 것이지, 배타성을 강조하는 말이 아닙니다. 이에 비해 오늘날 교회는 안팎의 구별이 모호합니다. 공동체가 형성되어 있지 않기 때문입니다. "바깥 사람"이라는 작은 표현에서도 데살로니가에 등장한 전혀 새로운 공동체가 선명한 소속감과 정체성을 가지고 있었음이 드러납니다.

나들목교회가 가족이 되는 것을 중시하는 이유도 이 때문입니다. 이 교회 갔다가 저 교회 갔다가 하는 그리스도인이 많은 요즘이라, 그분들을 다 가족이라 부르기도 어렵고, 그렇게 해서는 선명한 소속감과 정체성을 지니기가 어렵습니다. 그래서 나름의 과정을 거쳐 나들목교회 가족이 되기 전까지는 손님이라고 부릅니다. 그러나 가족이 된 분들에게는 서로 책임지기를 바라며 응원하고 격려합니다. 더불어 교적에 이름만 있는 교인이 없도록 가족이 된 성도들도 매년 재헌신합니다. 오늘날처럼 이동성이 두드러지는 도시 문화에서는 이 같은 과정 없이 공동체를 형성하기란 매우 어렵습니다.

공동체 바깥의 사람에 대해 "적절하게 행하며εὐσχημόνως"라는 표현을 대다수 영어 성경은 "적절하게properly"라고 옮겼는데, NIV는 "바깥 사람에게 존경을 받으며win the respect of outsiders"라고 의역했습니다. 교회 공동체 내의 경제적 삶이 바깥 사람이 볼 때도 "어, 제법 괜찮은걸"이라고 할 정도여야 하며, 더 나아가 존경을 받을 만해야 합니다. 과도하게 자신을 위해 소비하는 것이나 자기 가족을 굶기면서까지 교회에 바치는 것, 둘 다 적절하지 않습니다. 그것은 믿음이 아닙니다. 바깥 사람에게 "내가 저럴까 봐 교회를 못 다녀"라는 소리를 듣게 만드는 행위는 잘못된 것입니다.

바울은 맨 마지막에 결론처럼 "아무런 부족함이 없어야 합니다"라고 이야기합니다. 이 문장은 문자 그대로 "부족함이 없도록"(NAU, NKJ)이라는 뜻이지만, "다른 사람을 의지하지 않아야 합니다"(NRS, NIV, NLT, 개역개정, 새번역)라고 의역할 수도 있습니다. 바깥 사람에게 존경받을 만하게 독립적인 경제생활을 하는 모습입니다. 비그리스도인들도 그리스도인의 경제생활이 적절하다고 여기며, 다른 사람을 의지하지 않고 살아가는 그리스도인의 모습을 볼 수 있어야 합니다.

바울은 여기서 데살로니가 교회의 문제 하나를 넌지시 보여 줍니다. 아이러니하게도 성도들이 공동체 내의 가난한 형제를 위해 과도하게 헌금을 한 것 같습니다. 그랬더니 스스로 일하지 않고 도움만 받으면서 살아가는 형제들이 생겨났고, 그러면서도 그들은 다른 형제의 일에 이러쿵저러쿵 참견했습니다. 그 모습을 바깥 사람이 보면서 "저건 좀 이상하잖아"라고 한 배경이 바울의 권면 뒤에 숨겨져 있습니다. 데살로니가 교회는 나눔을 과도하게 잘했습니다. 그랬더니 무슨 문제가 생겼습니까? 나눔을 받는 사람 가운데서 게으름과 규모 없음이 나타났습니다. 이는 놀라운 소식입니다. 하지만 한국 그리스도인이 관심을 가져야 할 것은, 게으른 자들이 나타났다는 것 이전에, 그런 사람들이 생겨날 정도로 과도하게 나누는 공동체가 탄생했다는 점입니다. 공동체 내의 가난한 형제자매를 위한 나눔이 오늘날 교회에서는 찾기 어렵다는 점을 생각하면, 데살로니가 교회는 전혀 새로운 공동체라고 말하기에 조금도 부족하지 않은 면모를 보여 주었습니다.

헌금과 사생활

나들목교회에는 특수한 헌금이 둘 있습니다. 바나바 기금과 지정 헌금입니다. 바나바 기금은 어려운 형제자매들을 돕기 위해 의료, 주택, 교육 등과 관련해서 지출하는 헌금입니다. 지정 헌금은 상대를 정해서 하는 헌금입니다. 자신을 알리지 않고 그 사람을 돕고 싶을 때 사용하는 방법입니다. 따져 보니 한 달에 평균 1천만 원 정도가 지정 헌금으로 오갑니다. 이는 공동체 가족들이 가계별로 각각 한 달에 15-20만 원 정도씩을 주고받는 액수입니다. 잘하고 있지만, 공동체 내에 어려운 분도 상당히 많아서 조금 더 힘을 내자고 말합니다.

우리는 우리의 생산과 소비를 견주어 보아야 합니다. '나는 생산하는 사람인가? 나는 소비만 하는 사람인가? 나는 적절한 노동을 하고 있는가? 나는 나의 노동에 걸맞은 소비를 하고 있는가?' 둘의 균형을 맞추고 남는 것을 자신보다 어려운 형제에게 나누면서, 공동체 내에서 어려운 사람들이 점점 줄어드는 일을 경험해야 합니다.

그런 면에서 헌금하는 훈련이 필요합니다. 그런데 헌금하는 훈련을 하려면 그 전에 교회의 헌금이 어떻게 쓰이는지 자세히 들여다봐야 합니다. 돈을 어떻게 쓰는지를 보면 그 교회가 어떤 교회인지 알 수 있습니다. 일단 교회 재정이 모든 성도에게 공개되지 않는 것은 매우 이상한 일입니다. 세상의 여러 조직도 투명하게 예결산을 공유하는데, 하나님나라 공동체가 그렇지 않다는 것은 수치스러운 일입니다. 성도들은 청지기로서 성실하게 헌금해야 하지만, 그 헌금이 청지기 공동체답게 사용되는지에도 관심을 가져야 합니다.

헌금 중 적지 않은 부분은 성도들을 돕는 데 사용해야 합니다. 성도를 돕는 데 헌금이 부족하다면 더 검소하게 살면서 더 헌금할 이유가 충분합니다. 공동체 내의 어려운 사람들을 돕는 것이야말로 제일 먼저 해야 할 일입니다. 왜일까요? 이것은 단지 자선이나 구제의 차원이 아닙니다. 우리 가운데 하나님나라가 임했으며, 우리는 그 하나님나라를 받아들인 사람들입니다. 그러면 우리 가운데 가난한 사람이 없어야 합니다. 그것이 그리스도인이 믿는 바입니다.

저는 그리스도인들에게 같은 공동체에 속한 형제자매들과 함께 자신의 경제생활을 점검해 보라고 권하고 싶습니다. '그렇게 하는 교회가 어딨어요?'라고 반문할 수 있습니다. 아닙니다. 교회는 원래 그런 곳입니다. 교회는 돈 문제를 네 마음대로 하라며 내버려 두는 곳이 아닙니다. 성 문제도 마찬가지입니다. 사적 영역이라며 어떻게 해도 상관없다고 하지 않습니다. 그런 기독교가 기독교일까요? 밤낮 진리를 이야기하면서도 구체적인 삶의 현장은 하나도 손대지 않고 "그건 사생활이야"라고 말하는 것이 옳을까요? 그것이 과연 진리일까요? 실제 삶을 다루지 않는 진리는 참된 진리가 아닙니다.

하지만 억지로 하지는 말아야 합니다. 하나님나라 비전을 이해하고 품은 만큼, 공동체적 관계가 형성된 만큼 하면 됩니다. 그래서 부족하다면 배워야 합니다. 공동체로 성장해 가면서, 그 공동체에 속하고, 공동체 안에서 배울 만한 사람이 있으면 그에게서 배워야 합니다. "와! 저렇게도 살 수 있구나. 나도 조금씩 배워 나가야겠다"라는 마음이 중요합니다. 그렇게 생활방식이 점진적으로 변화하는 것, 그래서 공동체 바깥의 사람들이 우리의 경제생활을 보면서 "왜 저렇게 살아? 참 이상하네, 저 사람들. 근데 참 존경할 만하네!"라고 할 정도가 되는 것, 그것이 주님이 공동체로서 우리에게 기대하시는 바입니다.

죽음은 멀지 않다

바울은 먹고사는 문제를 다룬 다음에, 죽음의 문제를 다룹니다.

> **13** 형제자매 여러분, 우리는 여러분이 자는 자들에 대해서 모르기를 원하지 않는데, 이는 소망을 가지지 않은 다른 사람들과 같이 슬퍼하지 않기 위함입니다. **14** 만약 우리가 예수께서 죽으셨다가

다시 사신 것을 믿는다면, 이와 같이 하나님께서 잠든 자들도 예수로 인해 그와 함께 데리고 오실 것이기 때문입니다. **15** 우리는 주님의 말씀으로 여러분에게 이것을 말하니, 주님께서 오실 때까지 살아남아 있는 우리가 잠든 자들보다 결코 앞서지 못할 것입니다. **16** 주님께서 친히 호령과 천사장의 소리와 하나님의 나팔소리와 함께 하늘로부터 내려오실 것이고 그리스도 안에서 죽은 자가 먼저 일어날 것이고, **17** 그 후에 살아남아 있는 우리가 그들과 함께 구름 속으로 이끌려 올라가서 공중에서 주님을 영접할 것입니다. 그리하여 우리가 항상 주와 함께 있을 것입니다. **18** 그러므로 이런 말로 서로 위로하십시오(살전 4:13-18, KHKV).

---

13 형제들아 자는 자들에 관하여는 너희가 알지 못함을 우리가 원하지 아니하노니 이는 소망 없는 다른 이와 같이 슬퍼하지 않게 하려 함이라 **14** 우리가 예수께서 죽으셨다가 다시 살아나심을 믿을진대 이와 같이 예수 안에서 자는 자들도 하나님이 그와 함께 데리고 오시리라 **15** 우리가 주의 말씀으로 너희에게 이것을 말하노니 주께서 강림하실 때까지 우리 살아 남아 있는 자도 자는 자보다 결코 앞서지 못하리라 **16** 주께서 호령과 천사장의 소리와 하나님의 나팔 소리로 친히 하늘로부터 강림하시리니 그리스도 안에서 죽은 자들이 먼저 일어나고 **17** 그 후에 우리 살아 남은 자들도 그들과 함께 구름 속으로 끌어올려 공중에서 주를 영접하게 하시리니 그리하여 우리가 항상 주와 함께 있으리라 **18** 그러므로 이러한 말로 서로 위로하라(살전 4:13-18, 개역개정).

책의 앞부분에서 고대 도시의 상황을 이야기했습니다. 당시 평균 수명은 지금처럼 길지 않았습니다. 고대 도시에서는 죽음이 빈번해서, 낙태하거나 사산한 영아의 시체는 물론이고 때로는 어른의 시체까지 길거리에 방치했습니다. 지금 우리가 상상하는 곳과는 전혀 달랐습니다. 한반도 북쪽의 이야기를 들으면서 가슴 아팠던 점도 아이들이 훼손된 시신을 아무렇지 않게 보며 자란다는 것이었습니다. 즉결 처형도 자주 목격했으며, 해골을 막대기에 끼워서 논 적 있다는 이야기도 들었습니다. 그런 끔찍한 일이 일상처럼 일어나는 곳은 어땠을까요? 고대 도시는 죽음이 언제든 드리울 수 있는 매우 불안정한 사회였습니다. 예수를 믿고 따르는 공동체에서도 사별하는 사람이 자꾸 생겨났습니다.

사별만큼 슬픈 일은 없습니다. 정말 고통스럽습니다. 그런데 바울은 "슬퍼하지 말라"고 합니다. 그런데 "슬퍼하지 말라"에 집중하면 안 됩니다. "소망을 가지지 않은 다른 사람들과 같이"를 눈여겨보아야 합니다. 정확히 말하면 "이유를 가지고 슬퍼하되", "이런 말로 서로 위로하라"라고 합니다. 그래서 바울은 죽음에 관해 운을 떼면서 "여러분이 자는 자들에 대해서 모르기를 원하지 않는데"라고 시작합니다. "모르기를 원하지 않는데"를 직역하면 "알지 않기를 원하지 않는데"입니다. 부정에 부정을 겹쳐서 "정말 알았으면 좋겠다"라는 간절함을 표현합니다.

그렇다면 죽음이 일상인 고대 도시에서 데살로니가 성도들이 알았으면 하고 바울이 바랐던 것은 무엇일까요? 그것을 모르면,

하나님을 알지 못해 소망이 없는 자들처럼 슬퍼할 수밖에 없다고 말합니다. 슬퍼하긴 하되 바른 이유로 슬퍼하기를, 그리고 이제부터 알려 줄 내용으로 서로 위로하라고 권면합니다.

그리스도인의 장례식

어떤 그리스도인은 장례식에서 하나도 슬프지 않다고 합니다. 과연 그리스도인은 슬프지 않아야 할까요? 사랑하는 사람을 당분간 못 보는데, 살아서는 다시 만나지 못하는데, 슬프지 않을 수는 없습니다. 심지어 예수님조차 우셨습니다. 신약성경에서 제일 짧고 간단한 성경 구절은 요한복음 11장 35절입니다. "예수께서는 눈물을 흘리셨다ἐδάκρυσεν ὁ Ἰησοῦς." 영어로는 딱 두 단어입니다. Jesus wept. 예수께서 우셨다. 예수님은 나사로가 죽었다고 우는 사람들을 보시면서 비통해 하며 눈물을 흘리셨습니다. 사람을 잃는 것은 슬픈 일입니다. 그 앞에서 슬퍼하는 것은 당연합니다.

그런데 누군가 사별했을 때 사람들은 대개 모호한 바람과 의미 없는 위로를 건넵니다. "좋은 데 가셨을 거예요." 그런데 정작 그 말을 하는 사람조차도 그곳이 어딘지 잘 모릅니다. 그저 막연한 소망을 전합니다. 바울은 막연한 소망을 지닌 사람처럼 슬퍼하지 말라고 합니다. 그래서 18절에서 "이런 말로 서로 위로하십시오" 라고 합니다. 모호하게 하지 말고 진리를 가지고 선명하게 위로하라고 합니다.

실제로 장례식장에 가면 무슨 말을 해야 할지 막막합니다. 저도 어릴 때 처음 갔던 장례식에서 무슨 말을 해야 할지 몰랐습니다. 망자에 대한 슬픔과 아픔이 가득한 그곳에서 도대체 뭐라고 해야 할지 감도 오지 않았습니다. 목사가 되고 난 다음에 장례식장에서 처음 설교할 때도 정말 막막했습니다. 30대 중반의 목사가, 새파랗게 젊은 사람이, 죽음에 관해 잘 알지 못하는 내가 무슨 해 줄 말이 있나 싶어서 앞이 깜깜했습니다.

그런데 하나님의 진리를 조금씩 알아 가면서 장례식에 온 분들을 제가 위로할 수 있게 되었습니다. 무엇으로 위로할 수 있을까요? 진리로 위로합니다. 진리로 소망을 가질 수 있습니다. 나들목교회는 교회 안에 돌아가시는 분이 생기면 조그만 화환을 보냅니다. 그 화환에는 글귀가 하나 붙어 있습니다. "헤어짐의 슬픔, 하늘의 소망." 헤어짐은 슬픔입니다. 하지만 이어지는 하늘의 소망으로 위로합니다. 사별한 이들과 함께 바른 이유로 슬퍼하고 진리로 위로하려는 마음입니다.

죽음은 잠시 잠드는 것

그러면 우리는 슬퍼하되 어떤 이유로 위로할 수 있을까요? 첫째, 죽음이 무엇인지 다시 이야기해야 합니다. 그리스도인에게 죽음은 자는 것입니다. 바울은 13절, 14절, 15절에서 "잠든 자들"이라는 표현을 반복해서 씁니다. 동일한 대상을 16절에서는 "그리스도 안에서 죽은 자"라고 말합니다. 그리스도 안에서 죽은 자들은 죽기는 죽었으나, 잠시 잠들었다가 깨듯이 부활의 생명으로 다시 살아나는데, 이것이 "잠든 자들"이라는 표현에 담긴 뜻입니다.

14절에서 바울은 예수 그리스도께서 죽었다가 다시 살아나셨으므로 죽음이 끝이 아니라고 강조합니다. 사람들은 예수의 부활을 신화라고 이야기하고 싶어 하는데, 죽음으로 모든 것이 끝난다고 믿기 때문입니다. 초대교회 때부터 예수의 부활을 신화가 아니라 역사적 사실이라고 증언하는데, 그 이유는 무엇보다 그들이 부활한 예수를 만나서 부인할 수 없었고, 예수의 부활을 통해 죽음 이후에도 생명이 있다는 놀라운 소망을 붙들었기 때문입니다. 부활하신 그리스도 안에 있는 사람에게 죽음은 지나가는 것입니다. 예수의 부활을 보고 우리는 "죽음이 끝이 아니구나. 그 후에 새로운 생명이 찾아오는구나. 우리가 이해할 수 없는 생명이 있구나" 하고 깨닫습니다. 문지방을 지나가듯 죽음 너머의 생명을 소망하는 이들, 다시 사신 첫 번째 선례인 예수 그리스도를 따르는 이들, 이들이 그리스도 안에 있는 사람들입니다. 그래서 바울을 비롯한 초대교회 그리스도인들은 죽음을 완전한 종결이 아니라 자는 것으로 표현했습니다(고전 11:30; 15:6, 18, 20, 51; 비교. 벧후 3:4).

우리는 고된 노동을 한 다음에 잠을 잡니다. 쌓인 피로와 무수한 기억이 자는 동안에 사그라지고 새로운 시작이 찾아옵니다. 이처럼 자는 것은 노동을 멈추고 쉬면서 새로워진다는 뜻입니다. 그리고 잔다는 것은 의식이 있는 채로 휴식하는 것이 아니라, 완전히 곯아떨어진 다음에 깨어나는 것입니다. 예수님은 사람들이 나사로가 아프다고 하자, "우리 친구 나사로는 잠들었다. 내가 가서, 그를 깨우겠다"(요 11:11)라고 합니다. "잠들었다"라는 표현을 가장 먼저 한 분이 예수님입니다. 사람들은 예수님의 그 말을 나사로가 병이 나아 잠들어 쉰다는 말로 알아들었습니다. 하지만 예수님은 나사로가 죽은 줄 알고 있었습니다. 하지만 죽었다고 하지 않고 잔다고 말씀했습니다.

죽음에 대한 이러한 인식이 충격적이지 않습니까? 이 사실을 알고 계셨나요? 하나님을 믿는 사람은 인생의 어느 시점에 잠들었다가 그다음에 깰 것입니다. 이 사실에 관해서 바울은 이야기하고 있습니다. "흉악한 데살로니가에 살면서 이런저런 이유로 사랑하는 사람과 사별했나요? 그 사람은 지금 자고 있는데 곧 깰 겁니다." 혹시 최근에 사랑하는 사람을 떠나보낸 분이 계신가요? 그가 예수 그리스도 안에 있었다면 잠시 자다가 깰 것입니다.

죽음에 관한 당신 생각은 어떤가요? 깨고 난 다음에 새로운 삶이 시작됩니다. 당신이 상상할 수 없는 삶이 시작됩니다. 어제저녁 피곤해서 집에 돌아왔어도, 자고 나니 새로워져서 새 힘을 얻고 일상을 다시 시작하듯이, 피곤과 아픔과 괴로움으로 점철된 이 땅의 삶은 잊히고 새로운 세계에서 깨어납니다. 우리에게는 이 소망이 있습니다. 그래서 그리스도인은 죽음에 관해 전혀 다른 시각을 갖고 있습니다. 바울은 그 진리로 위로하라고 합니다.

만나는 날이 옵니다

바울은 이어서 마지막 날에 엄청난 재회가 일어난다고 말합니다. 많은 사람이 마지막 날에 관한 이 구절을 신화라고 생각합니다. 왜냐하면 표현 자체가 '정말 이런 일이 일어날 수 있을까?' 싶을 정도이기 때문입니다. 하지만 이 말씀은 신화가 아닙니다. 바울은 사실이라는 전제하에 이것으로 서로 위로하라고 말합니다. 그러나 이 성경 구절을 오해하면 안 됩니다. 여기서 수많은 이단이 나왔습니다. 신화가 아니므로 구절 하나하나를 문자적으로 읽으면 안 됩니다. 묵시문학의 표현을 사용한 구절을 문자 그대로 받아들여 하늘로부터 내려온다고 보면 곤란합니다. 예수님이 서울로 내려오시면 지구 반대편의 뉴욕은 어떻게 되는 걸까요? 성경이 지금 무척 중요한 바를 말하고는 있으나 묵시문학의 표현을 입고 있으므로, 이러한 성경 구절을 읽을 때는 모든 것을 문자적으로 해석하는 것을 경계해야 합니다.

그렇다면 우리는 이 성경 구절에서 무엇을 배울 수 있을까요? 이 본문은 중요한 네 가지를 알려 줍니다. 첫째, 예수님이 다시 오신다는 것입니다. "주님께서 오실 때"에 쓰인 '파루시아παρουσία'라는 단어는 '나타나다', '임재하다', '현현하다'라는 뜻입니다. 이 단어는 내려오는 것을 가리키지는 않습니다. 성경에 '파루시아' 이외에 '내려온다'라는 표현은 많지 않은데, 16절에 독특하게 "하늘로부터 내려오신다"라고 합니다. 하늘로부터 내려오신다는 표현은 공간적 이동을 묘사한 게 아닐 가능성이 큽니다. 예수님은 다른 차원에서 우리에게 나타나실 것입니다. 이를 1세기 상황에서 당시 언어로 표현하려다 보니 하늘로부터 내려온다는 말 이외에는 다른 방법이 없었을 것입니다. 그런데 이를 문자 그대로 예수께서 하늘에서 구름을 타고 내려온다고 읽으면 안 됩니다. 주님의 호령, 천사장의 소리, 하나님의 나팔 소리, 이 모든 소리 하나하나를 해석하면서 "이것은 모르셨지요. 그 뜻은 이러합니다"라고 미혹하는 것이 이단입니다. 이 모든 표현은 주님이 다시 오실 때의 압도적인 이미지, 강력한 영광 가운데 오실 그 모습을 알려 주는 것입니다. 본문 전체를 하나로 읽는 것이 단어 하나하나에 의미를 부여해 따로따로 읽는 것보다 건전하게 성경을 이해하는 방법입니다.

둘째는 잠든 자들이 먼저 일어난다는 것입니다. 그때까지 살아남은 자들은 이들보다 앞서지 않습니다. 잠든 자들이 먼저 부활을 경험합니다. 셋째는 살아남은 자들이 그다음에 구름 속으로 이끌려 올라간다는 것입니다. 이 또한 공간적 이동으로 보면 안 됩니다. 묵시문학의 표현으로 우리가 다른 차원으로 같이 들어가는 것을 의미합니다. 우리가 하늘로 두둥실 올라간다는 뜻이 아닐 가능성이 큽니다. 부활은 우리가 새로운 차원의 세계로 옮겨 간다고 보는 것이 정확합니다.

이 일들이 일어나면 어떤 순간이 우리를 찾아올까요? 잠든 자들이 먼저 일어나고, 그때까지 살아남은 자들이 먼저 부활한 이들과 함께 새로운 차원으로 옮겨 갑니다. 모두 함께 새로운 차원으로 들어가 "주님을 영접할 것입니다." "함께"라는 단어가 반복해서 두 번 나옵니다. 이는 두 번의 재회를 보여 줍니다. 우리보다 먼저 가셨던 분이 부활에 이르고, 우리도 부활에 이르러 함께 만납니다. 그리고 모두 함께 주님을 만납니다. 우리가 사랑했던 사람과 재회할 뿐만 아니라, 우리가 그토록 사랑하고 사모했던 예수님과 재회합니다.

이런 과정을 통해 전혀 새로운 사회가 열립니다. 전혀 새로운 사회의 특징은 무엇일까요? 맨 마지막 구절에 나옵니다. "그리하여 우리가 항상 주님과 함께 있을 것입니다." 이 땅에 있는 전혀 새로운 공동체인 교회도 주님을 믿고 따릅니다. 하지만 마지막 날에는 믿음으로 고백하고 따르는 정도가 아니라 주님과 늘 같이 있습니다. 그 주님과 그 사회가 그리스도 안에 있는 우리에게, 이미 자고 있거나 아직 살아 있는 모두에게 열립니다. 그러므로 이런 사실로 서로 위로하라고 바울은 이야기하고 있습니다.

누구도 피할 수 없나니

죽음은 우리에게 아주 중요한 문제입니다. 둘 중 하나입니다. 제가 당신의 장례식에 가든지, 당신이 제 장례식에 오든지. 그 외의 일은 일어나지 않습니다. 누가 먼저 죽느냐의 차이일 뿐 우리는 죽음을 피할 수 없습니다. 죽음은 우리 가까이에 있습니다. 고대 사회의 죽음이 현대 사회의 죽음보다 그나마 나은 점은 인간의 실존을 정직하게 보게 한다는 것입니다. 오늘날의 죽음은 계속 연기됩니다. 병원은 어떤 모양으로든 계속 생명을 연장합니다. 그래서 현대 사회는 마치 우리가 죽음을 정복할 수 있는 양 우리를 속입니다. 속지 마십시오. 죽음은 확실한 사실입니다. 죽음은 우리 곁에 붙어 있습니다.

그리스도인은 누구도 피할 수 없는 그 죽음을 막연하게 생각하지 않습니다. 죽음은 자다가 깨는 것입니다. 노동과 수고를 마치고 잠들었다가 깨어나 새로운 아침을 맞듯이, 새로운 세계를 맞이하는 것입니다. 깨어나 보니 내가 사랑했던 아버지와 어머니, 한참 전에 돌아가신 할머니와 할아버지, 그분들이 계십니다. 그뿐만 아니라 우리 삶의 주인이시고 우리를 위해 생명을 내어주신 예수님도 계십니다. 그 세계에서 눈을 번쩍 뜨는 날이 옵니다. 죽음을 두려워하지 않을 뿐 아니라 동시에 그날을 고대하는 그리스도인이 많이 나오기를 바랍니다.

세상살이는 너무 힘들고 까닭 없이 고될 때도 많습니다. 하지만 하나님이 자신을 다음 세상으로 이끈다는 소망을 붙들고 사는 사람은 세상에 연연하지 않습니다. 세상에서 사람들을 속이지 않습니다. 다른 사람을 괴롭히면서 자신의 이익을 취하지 않습니다. 불의에 편승하거나 악한 자의 편에 서지 않습니다. 놀라운 다음 세계를 바라보고 있기 때문입니다.

거듭 말씀드리지만, 죽음은 매우 중요한 문제입니다. 죽음을 멀리하면 할수록, 죽음이 불명확하면 할수록 우리 인생은 불명확해집니다. 반면, 죽음을 선명하게 이해하면 할수록 우리 인생도 선명해집니다. 그래서 바울은 사별한 사람을 다루면서 죽음에 관한 이야기를 이토록 생생하게 들려줍니다.

전혀 새로운 삶의 방식이 가능한 이유

우리는 돈 없이는 아무것도 할 수 없을 것 같은 세상, 특히 돈이 없으면 꼼짝도 못할 것 같은 도시 속에서 삽니다. 죽음은 저 멀리 있다고 말하며, 필연적으로 다가오는 죽음을 잊게 해 주는 무수히 많은 즐길 거리가 도시에는 가득합니다. 그래서인지 그리스도 안에서 살아간다고 딱히 말하기도 어렵고 구별하기도 어려운 그리스도인들도 적지 않습니다. 하지만 바울은 고대 도시 데살로니가에 막 태어난 어린 공동체의 어린 그리스도인들에게 전혀 새로운 삶을 격려하고 있습니다.

무엇이 전혀 새로운 삶의 방식을 가능하게 만들었나요? 바울 사도가 데살로니가전서에서 반복해서 강조하는 바를 잊지 마십시오. 데살로니가전서 4장 9절에서는 "여러분이 직접 하나님으로부터…가르침을 받아서"라고 했고, 11절에서는 "여러분에게 명령한 대로"라고 했으며, 13절에서는 "알지 못하기를 원하지 않는데"라며 이중부정으로 강조했고, 15절에서는 "주님의 말씀으로…말합니다"라고 했습니다. 일관되게 모든 것에 지식이 중요하다고 이야기합니다. 이에 앞서 4장 1절에서 "여러분이 마땅히 어떻게 살아야" 할지를 언급하며, 성도가 마땅히 할 일은 하나님을 기쁘게 하는 것이라고 설명합니다. 하나님을 기쁘게 하는 삶의 구체적인 내용은 이어서 나오는 성과 경제생활과 죽음의 문제에서 다룹니다.

전혀 새로운 삶의 방식이 가능한 이유는 우리가 배운 진리 때문입니다. 예수께서 가르치신 하나님나라에 관한 진리가 있기 때문입니다. 그 진리에 기초한 구체적 지침이 있기 때문입니다. 지금까지 데살로니가전서 4장에 나온 원리와 삶의 지침을 배웠으니 그다음에 필요한 것은 무엇일까요? 결단과 연습입니다. '나도 이렇게 살아야겠다'라는 결단이 필요합니다. 하지만 결단한다고 자기 것이 될까요? 아닙니다. 결단한 대로 살아가며, 새로운 생활방식을 연습해야 합니다. 당신의 습관이 하나님 없을 때의 습관에서 하나님이 주인이 된 습관으로 바뀌는 것, 그래서 마침내 하나님을 닮아 가는 거룩에 이르는 것, 그것이 당신을 향한 하나님의 뜻입니다.

이천 년 전 고대 도시에서 전혀 새로운 삶을 살아 낸 믿음의 선조가 있었음을 잊지 마십시오. 누구나 그리스도 안에 있으면, 21세기 도심에서도 이 놀라운 삶을 살아 낼 수 있습니다. 이 놀라운 삶으로 당신이 한 걸음 한 걸음 더 가까워지기를 간절히 바랍니다.

5부

전혀 새로운 미래

8.

종말

세상을 바라보는 시각은 무척 중요합니다. 어떤 사회 문제가 불거질 때마다 그 사안을 바라보는 시각도 함께 표면으로 떠오르고, 그 시각에 따라 찬성과 반대가 갈립니다. 특정 사안에 관해 찬반을 표시할 수 없었던 때도 있었지만 민주화가 이루어진 후에는 거의 모든 사안에 관해 누구나 찬반을 표시합니다. 사회에 파급력이 크고 중요한 사안일수록 찬반은 첨예하게 나뉩니다. 특히 도시는 모든 이슈가 집중적으로 논의되고 표현되는 곳입니다. 누가 대통령이나 장관으로 적합한지, 핵발전소를 더 세워야 하는지 오히려 줄여야 하는지, 북한을 대하는 효과적인 방법은 무엇인지, 우리나라 건국일을 언제로 보아야 하는지, 미국의 다양한 요구에 우리 정부는 어떻게 반응해야 하는지 같은 정치 · 경제 · 외교 문제부터, 청소년에게 콘돔을 나누어 줘야 하는지, 길거리 고양이에게 먹이를 줘도 괜찮은지 같은 이슈까지 각자의 의견이 폭포처럼 쏟아집니다. 정말 우리가 사는 세상은, 특히 도시 생활은 이슈와 이에 관한 각종 의견으로 하루도 조용할 날이 없습니다.

사람들을 만나 이야기하다 보면, 수많은 사회 문제에 관해 상대가 어떤 입장인지 예상할 수 있는 경우가 많습니다. 그가 어떤 시각을 가졌는지 대강 짐작이 가기 때문입니다. 그런데 사람의 시각은 그가 어떤 지식과 정보에 근거해 어떤 이해를 했는지, 어떤 경험을 했는지에 따라 정해집니다. 일단 어떤 시각이 한번 정해지면 그 시각에 반하는 지식과 정보는 선택적으로 걸러지기 시작합니다. 그래서 한번 굳어진 시각은 바뀌기가 쉽지 않습니다. 세상을 바라보는 시각은 한 개인에게나 한 사회에게나 참 어렵고도 중요한 문제입니다.

세상의 여러 이슈를 바라보는 시각 중에서 매우 근본적이고 어쩌면 보편적으로 더 중요한 시각이 있습니다. 한국인이든 아니든, 사람이라면 누구에게나 중요한 시각인데, 바로 '종말에 관한 시각'입니다. 종말은 둘로 나누어 볼 수 있습니다. 온 세상이 끝나는 거시적 종말과 개인의 인생이 끝나는 미시적 종말입니다. 어떻게 끝나든 한 개인에게는 시간이 종결된다는 점에서 같습니다. 그 마지막에 관해 어떤 시각을 갖는지에 따라 인생은 크게 바뀔 수 있습니다. 만약 올해 12월 31일에 세상이 끝난다면, 또는 우리 인생이 그날 마감한다면, 그리고 이 사실을 우리가 안다면, 우리 인생의 방향은 크게 달라질 것입니다. 한 걸음 더 나아가, 우주나 내 인생의 종말로 완전히 무無가 되는지 그다음에 무엇이 더 있는지에 따라, 그리고 이를 믿고 안 믿고에 따라 방향은 또 달라질 것입니다. 종말에 관한 시각에 따라 우리 인생은 천양지차로 갈립니다. 그래서 종말에 관한 진실을 알고 싶다는 생각이 우리에게는 간절합니다. 이번 장에서는 바로 그 종말에 관해 살펴보려고 합니다.

두 가지 시각

바울은 데살로니가 성도들에게 종말에 관해 이야기합니다. 데살로니가전서 5:1-11입니다.

1 형제자매 여러분, 그 시간과 그 시기에 대해서는 여러분에게 더 쓸 필요가 없습니다. **2** 왜냐하면 주님의 날이 밤에 도둑처럼 온다는 것을 여러분 자신이 매우 잘 알고 있기 때문입니다. **3** 그들이 "평안하다, 안전하다"라고 말할 그때, 임신한 여인에게 진통이 오듯이 갑자기 멸망이 그들에게 닥칠 것이니, 그들이 결코 피하지 못할 것입니다. **4** 그러나 형제자매 여러분, 여러분은 어둠 속에 있지 않으니 그날이 여러분에게 도둑과 같이 놀라게 하지 않을 것입니다. **5** 왜냐하면 여러분은 모두 빛의 자녀이며, 낮의 자녀이기 때문입니다. 우리는 밤이나 어둠에 속하지 않습니다. **6** 그러므로 우리는 다른 사람들처럼 잠자지 말고 깨어 있으며 정신을 차립시다. **7** 자는 자들은 밤에 자고, 술 취하는 자들도 밤에 취합니다. **8** 그러나 낮에 속한 우리는 믿음과 사랑의 흉배와 구원의 소망의 투구를 쓰고 정신을 차립시다. **9** 왜냐하면 하나님께서는 우리를 진노에 이르는 것이 아니라, 우리 주 예수 그리스도를 말미암아 구원을 얻도록 정하셨기 때문입니다. **10** 그는 우리를 위해 죽으셔서 우리가 깨어 있든지 자고 있든지 그와 함께 살게 하십니다. **11** 그러므로 여러분은 지금도 그렇게 하는 것과 같이, 피차 격려하고 서로 세우십시오(살전 5:1-11, KHKV).

---

1 형제들아 때와 시기에 관하여는 너희에게 쓸 것이 없음은 **2** 주의 날이

밤에 도둑 같이 이를 줄을 너희 자신이 자세히 알기 때문이라 **3** 그들이 평안하다, 안전하다 할 그때에 임신한 여자에게 해산의 고통이 이름과 같이 멸망이 갑자기 그들에게 이르리니 결코 피하지 못하리라 **4** 형제들아 너희는 어둠에 있지 아니하매 그날이 도둑같이 너희에게 임하지 못하리니 **5** 너희는 다 빛의 아들이요 낮의 아들이라 우리가 밤이나 어둠에 속하지 아니하나니 **6** 그러므로 우리는 다른 이들과 같이 자지 말고 오직 깨어 정신을 차릴지라 **7** 자는 자들은 밤에 자고 취하는 자들은 밤에 취하되 **8** 우리는 낮에 속하였으니 정신을 차리고 믿음과 사랑의 호심경을 붙이고 구원의 소망의 투구를 쓰자 **9** 하나님이 우리를 세우심은 노하심에 이르게 하심이 아니요 오직 우리 주 예수 그리스도로 말미암아 구원을 받게 하심이라 **10** 예수께서 우리를 위하여 죽으사 우리로 하여금 깨어 있든지 자든지 자기와 함께 살게 하려 하셨느니라 **11** 그러므로 피차 권면하고 서로 덕을 세우기를 너희가 하는 것같이 하라 (살전 5:1-11, 개역개정).

1-3절에 종말에 관해 다른 시각을 가진 두 사람이 나옵니다. 첫째는 "종말 같은 것은 없다", "종말이 있는지 알 수 없으니 어차피 중요하지 않다"라는 사람입니다. 그들은 "평안하다, 안전하다"라고 합니다(3절). 초대교회 당시 그리스도인 중에는 종말이 있을지 없을지 잘 모르겠지만, 가까운 미래는 아니라고 믿는 사람들이 평안과 안전을 이야기했습니다. 요즘에도 마찬가지입니다. "무슨 종말이 있어? 언젠가는 다 죽는데 뭐. 지금 현재 평안하게 잘 살면 되는 거지." "답도 없는 질문은 뭐하러 던지냐? 먹고 살 만한가

보네.” 이런 입장을 취하는 이들은 종말을 부정하기보다는 종말처럼 알 수 없는 것들에는 무관심한 편이고, 그 대신 확실한 현재에 집중하면서 평안과 행복을 추구합니다. 오늘 여기에서의 행복이 무엇보다 중요하다는 말 뒤에는 이런 시각이 존재합니다.

이와는 전혀 다른, 종말에 관한 시각도 등장합니다. 주님의 날이 반드시 온다는 시각입니다. 바울은 그들을 위해 그 시간과 그 시기에 대해 더 쓸 필요조차 없었습니다(1절). 이들은 그만큼 마지막 날에 관해 잘 알고 있었으며, 도둑처럼 그날이 온다는 사실(2절)까지 자세히 알았습니다. 초대교회 성도들은 주님이 오시는 마지막 날에 관해 이미 많은 지식을 공유하고 있었습니다. 어떻게 그럴 수 있었을까요? 예수님이 돌아가시기 전에 자주 강조했던 이야기이기 때문입니다.

예수님은 감람산 설교(마 24-25장)에서 종말에 관한 이야기를 집중적으로 하십니다. 예수님은 성전을 가리키면서 성전이 다 무너질 것이라고 말씀합니다. 이에 제자들이 궁금해서 “이런 일들이 언제 일어나겠습니까? 선생님께서 다시 오시는 때와 세상 끝날에는 어떤 징조가 있겠습니까? 우리에게 말씀해 주십시오”(마 24:3)라고 청합니다. 이에 대한 예수님의 대답이 24-25장에 이어집니다. 청지기 비유, 신랑을 맞으러 나간 열 처녀 비유, 달란트 비유, 염소와 양 비유 등이 여기서 나옵니다. 이 모든 비유의 핵심은 “그러므로 깨어 있어라. 너희는 너희 주님께서 어느 날에 오실지를 알지 못하기 때문이다”(마 24:42)입니다. “생각하지도 않은 날에, 뜻밖의 시각에"(마 24:50) 주님이 오시므로, 예수님은 "깨어 있어라. 너희는 그 날과 그 시각을 알지 못하기 때문이다"(마 25:13)라고 거듭 강조하십니다. 마지막 날은 우리가 생각하지도 못한 날에 도둑처럼 급작스럽게 오는데, 그 날과 그 시는 예수님 자신도 모르며 오직 하나님 아버지만 아신다고 했습니다. 바울 사도는 종말에 관한 예수님의 가르침을 초대교회에 이미 잘 설명한 것으로 보입니다. 그래서 데살로니가 성도들이 "그 시간과 그 시기에 대해서" 이미 잘 알고 있다는 말로 5장을 시작합니다.

예수님이 부활하신 다음에도 마지막 날에 관한 관심은 여전했습니다. 사도들은 한자리에 모였을 때 예수님께 여쭙습니다. "주님, 주님께서 이스라엘에게 나라를 되찾아 주실 때가 바로 지금입니까?"(행 1:6) 제자들은 여전히 착각하고 있었습니다. 예수님의 부활을 목격했는데도 예수님을 이스라엘의 정치적 독립을 위해 온 메시아로 생각했습니다. 그래서 언제 정치적 혁명이 일어나서 이스라엘이 회복되고 로마에서 독립하는지를 묻습니다. 이스라엘의 오래된 영광을 되찾는 때가 지금인지를 너무나 궁금해 합니다. 이에 예수님은 "때나 시기는 아버지께서 아버지의 권한으로 정하신 것이니, 너희가 알 바가 아니다"(1:7)라고 답합니다. 여기 나온 "때와χρόνος"와 "시기καιρός"는 데살로니가 5장 1절의 "시간"과 "시기"와 같은 단어입니다. 그때는 아버지께 속한 것이며 알 수 없습니다.

데살로니가 성도들은 예수께서 가르치시고 바울이 전달한 이 모든 내용을 잘 알고 있었습니다. 마지막 날이 반드시 온다는 것과 그때 하나님이 세상을 심판하시고 하나님을 믿고 의지했던 의인을 신원하신다는 사실을 알았습니다. 그런데 그날은 도둑처럼, 임신한 여인에게 진통이 오듯이 갑자기 옵니다(3절). 갑자기 온다는 것은 같지만, 아무 예고 없이 오는 도둑과 비교하면 산통은 예고되었다는 점에서 차이가 있습니다. 반드시 온다는 측면에서 보면 두 번째 비유가 좀 더 강력하다고 볼 수 있습니다. 이처럼 마지막 날이 반드시 온다고 보는 사람이 있습니다.

두 가지 삶

종말에 관한 두 가지 다른 시각은 두 가지 다른 삶을 낳을 수밖에 없습니다. 바울은 4-7절에서 두 가지 다른 삶의 방식에 관해 설명합니다.

> **4** 그러나 형제자매 여러분, 여러분은 어둠 속에 있지 않으니 그날이 여러분에게 도둑과 같이 놀라게 하지 않을 것입니다. **5** 왜냐하면 여러분은 모두 빛의 자녀이며, 낮의 자녀이기 때문입니다. 우리는 밤이나 어둠에 속하지 않습니다. **6** 그러므로 우리는 다른 사람들처럼 잠자지 말고 깨어 있으며 정신을 차립시다. **7** 자는 자들은 밤에 자고, 술 취하는 자들도 밤에 취합니다(살전 5:4-7, KHKV).

> **4** 형제들아 너희는 어둠에 있지 아니하매 그날이 도둑같이 너희에게 임하지 못하리니 **5** 너희는 다 빛의 아들이요 낮의 아들이라 우리가 밤이나 어둠에 속하지 아니하나니 **6** 그러므로 우리는 다른 이들과 같이 자지 말고 오직 깨어 정신을 차릴지라 **7** 자는 자들은 밤에 자고 취하는 자들은 밤에 취하되(살전 5:4-7, 개역개정).

이 본문을 자세히 들여다보면, 이해하기가 쉽지 않습니다. 자는 자들은 밤에 잔다고 이야기하는데, 이상한 표현입니다. 사람이 밤에 자는 것은 당연하지 않습니까? 그러면서 우리 같은 빛의 자녀는 잠자지 말고 깨어서 정신을 차리라고 합니다. 24시간 깨어 있으라는 말일까요? 이 본문의 난해함 때문에, 깨어 있으라는 말을 다시 오실 예수님을 간절히 기다리는 것으로 해석하거나, 빛을 은유로 받아들여 양심적으로 사는 것 정도로 생각하는 경향이 있습니다. 이 본문이 의미하는 바를 확실히 알려면, 성경의 다른 책들도 마찬가지지만, 일단 본문이 이야기하는 분명한 내용부터 관찰하고 이해해야 합니다. 먼저 여기서 우리가 확실하게 알 수 있는 것은 어둠에 속한 사람이 있고(5절 하), 반대로 낮에 속한 빛의 자녀가 있다(5절 상)는 것입니다. 그리고 빛의 자녀들은 밤에 자고 술 취하는 사람과 다르게 살아야 한다는 것(6-7절)입니다. 두 종류의 다른 삶이 있다는 점만은 분명합니다.

또 한 가지 분명한 점은 두 삶의 마지막이 다르다는 것입니다.

주님의 날에 멸망을 피하지 못하는 사람이 있는가 하면(3절), 놀라지도 않는 사람이 있습니다(4절). 전자는 갑자기 멸망하겠지만, 후자는 "드디어 올 게 왔구나!" 하고 담담히 받아들입니다.

우리는 이 본문에서, 낮에 속한 사람과 밤에 속한 사람이 있고, 이들이 지금 함께 살아가고 있다는 것을 확실히 알 수 있습니다. 낮과 밤이 공존하고 있습니다. 어떤 한 사람이 낮을 살다가 밤을 살다가 하는 것이 아니라, 낮에 속한 사람과 밤에 속한 사람이 공존하고 있는 것입니다. 이들은 소속이 다릅니다. 한 사람은 낮에 속했고, 다른 한 사람은 밤에 속했습니다. 밤에 속한 사람은 마지막 날이 오리라고는 생각도 않고 살다가, 개인의 죽음이든 세상의 끝이든 마지막이 닥치면 깜짝 놀랍니다. 종말에 관해 별생각 없이 살아왔기 때문입니다. 낮에 속한 사람은 미시적 종말이든 거시적 종말이든 둘 중 어느 것이 찾아와도 놀라지 않는데, 어떻게든 끝이 날 줄 알고 있었기 때문입니다.

낮과 밤

왜 낮과 밤이 공존하는지, 이 둘이 무엇을 의미하며 언제까지 공존하는지를 이해하려면 하나님나라에 관해 제대로 알아야 합니다. 하지만 그 전에 빛과 어둠이라는 은유를 먼저 살펴봅시다. 이 은유는 구약성경에서부터 흘러나옵니다. 바울이 데살로니가에 편지를 쓰면서 만들어 낸 이야기가 아니라 구약성경에서부터 내려온 무척 오래된 상징입니다.

구약성경의 빛과 어둠

빛과 어둠은 성경에서 세상을 설명할 때 자주 등장하는 은유입니다. 이에 관해 많이 쓴 대표적인 선지자가 이사야입니다. 그가 남긴 성경 구절 중 하나를 봅시다. "그러므로 공평이 우리에게 멀고, 공의가 우리에게 미치지 못한다. 우리가 빛을 바라나, 어둠뿐이며, 밝음을 바라나, 암흑 속을 걸을 뿐이다"(사 59:9). 이사야 선지자는 이 시대를 사는 이들의 특징을 알려 줍니다. 공평과 공의를 원하지만 시행되지 않습니다. 빛 가운데서 걷고 싶지만 어둠뿐입니다. 세상이 좀 밝아지기를 간절히 바라지만 암흑 속을 걷는 것 같습니다. 이 시대의 특징이 무엇입니까? 암흑입니다. 어둠이며 밤입니다. 암흑과 어둠은 공평과 공의의 부재와 연관되어 있습니다. 공평과 공의는 하나님의 다스림의 특징인데, 그것이 요원하다는 것입니다.

이 같은 특징은 이사야 5장 30절, 8장 22절, 29장 15절, 50장 10절, 60장 2절에도 나옵니다. 대표적인 것만 뽑아도 이 정도입니다. 그중 가장 대표적인 구절이 9장 1-2절입니다. "어둠 속에서 고통받던 백성에게서 어둠이 걷힐 날이 온다.…어둠 속에서 헤매던 백성이 큰 빛을 보았고, 죽음의 그림자가 드리운 땅에 사는 사람들에게 빛이 비쳤다." 누가가 누가복음에 인용한 구절이기도 한데, 세례자 요한의 아버지 사가랴가 아들의 이름을 이야기한 다음에 벙어리가 되었다가 입이 열리면서 예언할 때 등장합니다(눅 1:78-79). 사람들은 어둠 속에서 고통받으며 살아갑니다. 성경은 사람이 고통을 당하는 이유가 하나님의 선하시고 공의로운 다스림을 떠났기 때문이라고 이야기합니다. 어둠은 혼란뿐 아니라 고통을 수반합니다. 그래서 사람들은 어둠이 걷힐 날을 간절히 기다립니다. 이사야는 죽음의 그림자가 드리운 땅에 빛이 들이닥치는 날을 기다렸습니다. 이것이 구약성경이 기다리는 세상이었습니다. 흑암이 가득한 세상에 하나님의 빛이 들어와 새로운 세계가 열리기를, 그래서 어둠 속에서 고통받던 이들이 빛 가운데로 들어가기를 바랐습니다. 이러한 상징은 이사야뿐만 아니라 스바냐, 예레미야 등 구약성경 곳곳에서 나타납니다.

신약성경의 빛과 어둠

신약성경에서 빛과 어둠에 관해 가장 명확하게 이야기한 사람은 요한 사도입니다. 그는 요한복음 곳곳에서 예수님이 어둠 가운데 빛으로 오셔서 어둠 가운데 있는 이들에게 빛을 비추셨다고 알려 줍니다. "그에게서 생명을 얻었으니, 그 생명은 사람의 빛이었다. 그 빛이 어둠 속에서 비치니, 어둠이 그 빛을 이기지 못하였다"(1:4-5). "심판을 받았다고 하는 것은, 빛이 세상에 들어왔지만,

사람들이 자기들의 행위가 악하므로, 빛보다 어둠을 더 좋아하였다는 것을 뜻한다. 악한 일을 저지르는 사람은, 누구나 빛을 미워하며, 빛으로 나아오지 않는다. 그것은 자기 행위가 드러날까 보아 두려워하기 때문이다"(3:19-20). "나는 세상의 빛이다. 나를 따르는 사람은 어둠 속에 다니지 아니하고, 생명의 빛을 얻을 것이다"(8:12). "내가 세상에 있는 동안, 나는 세상의 빛이다"(9:5). "그러나 밤에 걸어다니면, 빛이 그 사람 안에 없으므로, 걸려서 넘어진다"(11:10). "나는 빛으로서 세상에 왔다. 그것은, 나를 믿는 사람은 아무도 어둠 속에 머무르지 않도록 하려는 것이다"(12:46).

바울 사도는 자신의 사역을 설명하면서, 초대교회에 전승되고 회자되고 있었던 예수님의 말씀에 기초해서 다음처럼 말합니다. "'이것은 그들의 눈을 열어 주어서, 그들이 어둠에서 빛으로 돌아서고, 사탄의 세력에서 하나님께로 돌아오게 하며, 또 그들이 죄 사함을 받아서 나에 대한 믿음으로 거룩하게 된 사람들 가운데 들게 하려는 것이다' 하고 말씀하셨습니다"(행 26:18). 바울이 사역하는 목적이 무엇이었습니까? 이방 사람들을 어둠에서 빛으로 돌아서게 하는 것, 사탄의 세력에서 하나님께로 돌아오게 하는 것이었습니다. 바울이 골로새에 보낸 편지에도 같은 표현이 나옵니다. "아버지께서 우리를 암흑의 권세에서 건져내셔서, 자기의 사랑하는 아들의 나라로 옮기셨습니다"(골 1:13). 바울 사도 역시 어둠과 빛을 대조해서 표현하고 있습니다.

베드로 사도는 어땠을까요? "그러나 여러분은 택하심을 받은 족속이요, 왕과 같은 제사장들이요, 거룩한 민족이요, 하나님의 소유가 된 백성입니다. 그래서 여러분을 어둠에서 불러내어 자기의 놀라운 빛 가운데로 인도하신 분의 업적을, 여러분이 선포하는 것입니다"(벧전 2:9). 여기서도 같은 이야기가 나옵니다. 그리스도인은 놀라운 사람들이며, 그들을 그렇게 만든 이유는 그들을 어둠 가운데서 불러내 기이한 빛 가운데로 불러 주신 분의 아름다운 덕을 사람들에게 알리기 위해서였습니다.

요한 사도부터 바울과 베드로 사도까지 이들이 공통으로 그리는 세계를 보십시오. 구약에서부터 흘러왔던 그 그림이 예수의 삶과 가르침으로 선명하게 드러났고, 초대교회 성도들의 마음을 사로잡았습니다. 그것이 그들이 가지고 있던 세계관이었으며, 그들이 지닌 시각이었습니다.

이미 왔으나 아직 오지 않은

우리가 사는 세상은 어둠입니다. 어둠이 지배하는 세상입니다. 그야말로 밤입니다. 그런데 칠흑 같은 세상에 예수님이 빛으로 오셨습니다. 빛이 들어왔습니다. 그래서 우리는 그 빛으로 옮겨 갔습니다. 빛에 속하게 되었습니다. 빛의 나라에 들어갔습니다. 그렇다면 지금 현재, 우리가 사는 세상은 어떤 세상인가요? 완전히 빛 가운데 있습니까? 아닙니다. 어둠과 빛이 공존하는 세상입니다. 빛과 어둠이라는 은유는 예수께서 오셔서 전하신 하나님나라를 이해할 때 온전히 드러납니다.

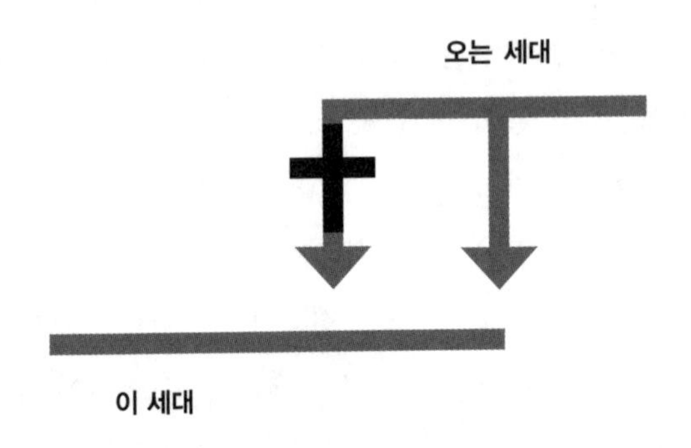

우리가 사는 세상이 '이 세대'입니다. 이 세대의 특징은 하나님을 거부하고 인간 자신이 중심이 되어 자기를 위해 사는 것입니다. 세상이 어둠에 싸인 이유는 인간이 하나님을 거부하고 자신이 중심이 되어 세상에서 공의와 공평, 인자와 사랑을 실천하지 않기 때문입니다. 그래서 이 세상에는 고통이 끊이지 않습니다. 이런 세상을 심판하고 회복하기 위해 메시아이신 예수가 오셨습니다. 예수 그리스도가 오셔서 하나님나라가 시작되었음을 선포하셨습니다(막 1:15). 예수님은 대속적 죽음을 통해 어둠 가운데 있던 자들이 하나님나라에 들어갈 수 있는 길을 여셨으며, 부활을 통해 죄의 결과인 죽음을 극복하셨습니다. 예수님으로 말미암아 '오는 세대'가 새롭게 시작되었습니다. 예수 그리스도께서 다시 오실 때 이 세대는 심판을 받아 끝나고, 이미 시작되었던 오는 세대가 온전해질 것입니다. 이것이 예수께서 전하신 하나님나라입니다. 앞의 표를 "하나님나라의 종말론적 이중구조"라고 부릅니다.

이 종말론적 시각에 따르면, 현재 우리는 이 세대와 오는 세대가 겹쳐 있는 세상에 살고 있습니다. 그래서 어둠과 빛이 공존합니다. 그러나 어둠이 완전히 사라지는 날이 옵니다. "그날이 도적같이 올 것이니 깨어 있으라"라는 말씀은 빛에 속한 사람답게 살라는 말씀입니다. 이미 시작된 하나님나라 백성으로 살라는 말씀입니다. 오늘날 그리스도인 중에는 이미 임한 하나님나라에 관해 잘 모르는 분이 많습니다. 단지 "예수 믿으면 천국 간다"라고만 생각하는 경향이 강합니다. 하나님나라 사상에서 가장 중요한 것은 하나님나라의 현재성입니다. 예수 그리스도가 오셔서 이미 하나님나라가 임했습니다.

우리는 어둠 가운데 살다가 예수로 말미암아 빛 가운데로 들어갔습니다. 그 놀라운 은혜를 입은 자들은 하나님나라가 완전히 임하기를 간절히 기다리면서, 빛과 어둠이 함께 있는 세상을 살아갑니다. 이렇게 이미 하나님나라가 임했으며, 그래서 우리가 지금 빛과 어둠이 공존하는 시기를 살고 있다는 시각을 갖게 되면, 다른 삶을 살 수밖에 없습니다. 하나님나라를 이해하기 시작하면, 예수 그리스도의 죽음과 부활을 통해 하나님나라에 눈이 열리기 시작하면, 다른 삶을 살 수밖에 없습니다. 낮에 속한 삶, 빛에 속한 삶, 어둠과 밤에 속하지 않는 삶을 살게 되고, 그런 삶을 살다 보면 마지막에 이르는 결과도 달라질 수밖에 없습니다.

정체성: 소속과 목적과 근거

바울은 이제 그 다른 삶이 무엇인지, 하나님나라 시각으로 산다는 것이 무엇인지를 7-10절에서 정리해 줍니다.

> **7** 자는 자들은 밤에 자고, 술 취하는 자들도 밤에 취합니다. **8** 그러나 낮에 속한 우리는 믿음과 사랑의 흉배와 구원의 소망의 투구를 쓰고 정신을 차립시다. **9** 왜냐하면 하나님께서는 우리를 진노에 이르는 것이 아니라, 우리 주 예수 그리스도를 말미암아 구원을 얻도록 정하셨기 때문입니다. **10** 그는 우리를 위해 죽으셔서 우리가 깨어 있든지 자고 있든지 그와 함께 살게 하십니다(살전 5:7-10, KHKV).

> **7** 자는 자들은 밤에 자고 취하는 자들은 밤에 취하되 **8** 우리는 낮에 속하였으니 정신을 차리고 믿음과 사랑의 호심경을 붙이고 구원의 소망의 투구를 쓰자 **9** 하나님이 우리를 세우심은 노하심에 이르게 하심이 아니요 오직 우리 주 예수 그리스도로 말미암아 구원을 받게 하심이라 **10** 예수께서 우리를 위하여 죽으사 우리로 하여금 깨어 있든지 자든지 자기와 함께 살게 하려 하셨느니라 **11** 그러므로 피차 권면하고 서로 덕을 세우기를 너희가 하는 것같이 하라(살전 5:7-10, 개역개정).

첫째, 소속과 목적과 근거를 분명히 하는 삶입니다. 내 소속은 어디인가? 내 삶의 목적은 무엇인가? 내가 이렇게 살 수 있는 근거는 무엇인가? 이를 한마디로 줄이면 자기 정체성입니다.

먼저 **소속**입니다. 바울은 5절에서 데살로니가 성도를 "빛의 자녀이며, 낮의 자녀"라고 부릅니다. 그리스도인은 빛과 낮에 속한 사람입니다. 어둠에 속한 사람이 아닙니다. 세상에는 어둠에 속한 사람들이 있는데, 이들은 밤에 속했으며 아직 빛의 비춤을 받지 못했습니다. 아니면, 빛을 보았으나 빛으로 옮겨 가지 않았습니다. 아직 빛을 받아들이지 않은 이들입니다. 우리는 잘한 것도 없이, 별로 선하지도 않았으나 이 빛을 받아들였습니다. 메시아이신 예수를 우리 주인으로 받아들여서 어둠에서 빛으로 소속이 바뀌었습니다. 빛의 자녀, 낮의 자녀가 되었습니다.

다음은 **목적**입니다. 그리스도인이 살아가는 궁극적 목적은 무엇일까요? 바울은 9절에서 "왜냐하면 하나님께서는 우리를 진노에 이르는 것이 아니라, 우리 주 예수 그리스도를 말미암아 구원을 얻도록 정하셨기 때문입니다"라고 합니다. 밤에 속한 사람이 그대로 계속 살면 하나님의 진노에 이르게 됩니다. 이 세상의 특징은 자기중심으로 자신을 위해 사는 것입니다. 하지만 온 세상의 주인은 하나님이십니다. 그 하나님을 거절하고 무시하며 사는 사람에게는 당장 심판이 임해도 이상하지 않습니다. 사실 하나님을 거절하고 어둠 속에서 살아가는 것 자체가 현재적 심판이 임한 것이며, 그 심판 속에서 사는 것입니다. 하지만 궁극적 심판은 하나님이 마지막 날까지 유보하고 계십니다. 오해하지 마십시오. 하나님이 멀쩡하게 잘 살고 있는 사람을 심판하고 처벌하시는 게 아닙니다. 그들은 이미 현재적 심판을 받고 있으며, 받아 마땅한 마지막 심판을 유보받고 있을 뿐입니다. 하나님은 그들이 빛을 발견하고 돌아오기를 간절히 바라며 기회를 주십니다. 하지만 끝까지 어둠과 밤에 속해 살면 당연히 하나님의 진노를 피할 수 없습니다.

그리스도인도 별반 다를 바 없었고 자격도 안 되는 사람들이었지만, 빛을 받아들여 빛의 자녀가 되었으며 궁극적으로 구원을 얻습니다. 우리말로 "구원을 얻는다"라고 옮겼지만, 원래 이 표현εἰς περιποίησιν σωτηρίας은 '구원을 강력하게 잡는다'는 뜻입니다. 차라리 "구원을 획득한다"라는 말이 더 맞을지 모릅니다. 그런데 "구원을 획득하도록 정하셨다"니, 그게 무슨 말일까요? 예수님을 받아들여서 빛의 나라에 속했으나, 완전한 구원은 아직 남아 있습니다. 그래서 빛의 자녀들은 이미 구원을 받았으나 완전한 구원을 바라보며 살아갑니다. 마지막 날에 완전한 구원을 '획득'하게 될 것입니다.

이처럼 인생의 길은 두 갈래로 나뉩니다. 하나님이 유보하신 시간 동안 현재적 심판 안에서 살아가다가 결국 하나님의 진노에 이르러 심판을 받든지, 하나님의 사랑을 받아들여서 빛으로 들어가 살다가 마지막에 완전한 구원을 맛보든지, 둘 중 하나입니다. 하나님나라 시각에서 보면, 무엇을 인생의 목적으로 삼을지가 분명해집니다.

마지막은 **근거**입니다. 이런 질문이 나올 수 있습니다. "누구는 하나님의 진노에 이르고, 누구는 구원을 획득하는 겁니까? 도대체 그 근거가 무엇입니까?" 바울은 9절과 10절에서 "예수 그리스도를 말미암아" 구원을 얻으며, 그는 "우리를 위해 죽으셔서 우리가 깨어 있든지 자고 있든지 그와 함께 살게" 하신다고 말합니다. 우리가 잘나서가 아닙니다. 우리가 잘해서 된 것은 하나도 없습니다. 우리의 도덕적 자질이 어둠과 밤에 속한 사람보다 더 뛰어나서가 아니었습니다. 단지 우리는 빛을 발견하고 그 빛을 받아들였을 뿐입니다. 우리가 그 빛을 받아들일 수 있었던 이유는 우리를 위해 예수 그리스도가 죽으셨기 때문입니다. 그러므로 그리스도인이 빛의 자녀로 살게 된 근거는 자신이 아니라, 철저하게 예수 그리스도에게 있습니다.

10절에서 "우리가 깨어 있든지 자고 있든지"라는 표현은 앞서 7장 "경제생활과 죽음"에서 다뤘듯이, 먼저 죽어서 자고 있든지 아니면 주님이 다시 오실 때까지 살아 있든지 그리스도인이라면 누구나 그와 함께 영원히 산다는 뜻입니다.

치명적 오해

하나님나라의 현재적 삶에 대한 이해 없이 죽으면 천당 간다고 믿는 그리스도인들을 보면서, 기독교를 오해하는 분들이 적지 않습니다. 그들은 질문합니다. "똑같이 살았는데, 예수 믿었다고 너희는 천국 가고, 우리는 지옥 가냐?" "기독교, 되게 웃긴다. 그런 이상한 종교가 어딨냐?" 그리스도인은 하나님의 은혜라고 하지만, 비그리스도인이 보기에는 말이 안 됩니다. 그리스도인들도 비슷합니다. 어쩔 수 없이 세상에 속해 살면서, 모든 것을 하나님의 은혜라고 이야기합니다. 그러면서 '죽으면 천당 갈 거니까'라고 스스로 위로합니다. 하지만 마음속으로는 뭔가 좀 찜찜합니다. '솔직히 이건 아닌 거 같은데…. 어쨌든 나는 천당 간다니까'라며 고마워하다가도, '너무 심한데?'라는 생각을 떨치지 못합니다.

왜 이런 생각을 할까요? 세상에 빛이 들어왔고 이를 받아들여 빛의 자녀가 이미 됐는데도, 하나님나라 백성답게 사는 것에 관해서는 이야기하지 않고, 어둠의 자녀와 별반 다르지 않게 사는 것을 어쩔 수 없다고 가르치고 믿기 때문입니다. 심지어 로마에서는 로마법을 따라야 하니, 세상에서는 세속 방식대로 사는 것이 당연하다고 하면서 죽으면 천국 가니까 괜찮다고 말합니다. 아닙니다. 빛과 어둠의 자녀가 같은 방식으로, 유사한 정체성을 지니고 살 수는 없습니다. 둘이 비슷하게 사는 것은 당연할 수 없는 이야기입니다. 바울은 그래서 둘을 강력하게 대조해서 말합니다.

기독교는 어둠에 속해 살면서 주말에 교회 한 번 가는 종교가 아닙니다. 성경은 절대 그렇게 가르치지 않습니다. 일주일에 한 번 종교적 의무를 다하면 괜찮다고, 교회 와서 헌금하고 예배드리면 만사가 해결된다고 가르치지 않습니다. 핵심은 소속이 어딘가입니다. 당신의 소속은 어디입니까? 어둠입니까, 빛입니까? 밤입니까, 낮입니까? 당신의 진짜 소속은 어디입니까?

소속이 선명하지 않으면 당신의 마지막에 관한 이야기도, 인생의 목적도 흐릿해집니다. 그냥 현재가 중요하고, 현재가 아름다운 것이고 전부입니다. 마지막에 하나님의 진노? 그런 것은 모르겠다는 겁니다. 완전한 구원? 주님과 함께 영원히 있는 것, 사랑하는 사람들과 영원히 함께 거하는 것, 그 목적은 사라집니다. 현재만 들여다봅니다. 지금 당장 행복하고, 편안하고, 즐겁고, 안전한 것, 그것이 제일 중요해집니다. 그래서 자기 이익이 첨예하게 걸린 문제에서는 슬쩍 눈도 감고, 심지어 악의 편에 서는 것도 어쩔 수 없다고 합리화합니다. 어둠에 속해서 어둠을 합리화하고 세계를 더욱 어둡게 만들며 살아갑니다.

당신은 어디에 속해 있습니까? '나는 그다지 빛의 자녀답게 살고 있지 못한데…'라며 얼굴빛이 어두워졌을지도 모릅니다. 하지만 다시 한 번 그리스도인이 빛의 자녀가 된 근거를 확실히 하고 싶습니다. 우리는 예수 그리스도로 말미암아 빛과 낮의 자녀가 되었습니다. 당신이 예수 그리스도를 정말 믿고 받아들였다면, 그래서 그리스도를 통해 죄 사함을 받고 하나님나라에 들어가는 특권을 누리고 있다면, 당신은 빛의 자녀입니다. 그런데 덜떨어진 행동을 합니다. 창피하게도 소속이 바뀌고 신분이 바뀌었는데도 옛날로 돌아갑니다! 그렇게 살다 보니까 소속이 바뀌어도 바뀐 사람 같지가 않고, 어둠에 속했던 옛날 사람과 비슷해 보입니다. 그러면서 스스로도 헷갈립니다.

이를 극복하려면 무엇보다 소속을 분명히 해야 합니다. 누군가 "네가 뭘 잘해서 거기에 속했어?"라고 물어보면, 우리는 대담하게 답할 수 있어야 합니다. "예수 그리스도 덕분에 이렇게 됐습니다." 이 세상의 특징은 내 힘으로 사는 것입니다. 삶의 수단과 근거가 모두 나 자신입니다. 자기 힘으로 자기가 번 만큼 내가 중심이 되어 내가 하고 싶은 것을 하며 삽니다. 자신의 구원도 자신이 무언가를 해서 얻어야 한다고 생각합니다. 그런데 이 모든 경향을 거스르고, 우리가 빛으로 옮겨질 수 있었던 이유는 내가 무엇을 해서가 아니라 예수 그리스도 때문이었다고 말할 수 있어야 합니다.

나들목교회에서는 세례를 받는 분들과 인터뷰를 합니다. 그때 제가 꼭 물어보는 질문이 있습니다. "제가 무슨 근거로 OOO님께 세례를 주어야 할까요?" 그러면 대개 비슷한 답을 합니다. "제 마음이 변했어요." "다른 사람을 사랑하게 되었어요." "마음가짐이 변했어요." "요즘 기도가 돼요." "성경이 읽혀요." 하지만 모두 정확한 답은 아닙니다. 그러면 제가 다시 물어봅니다. "가령 베드로 사도가 천국 문 앞에 서서 들어가려는 당신을 막고는, '제가 당신을 여기에 들여보내야 하는 근거가 뭔가요?'라고 물으면 뭐라고 답하시겠습니까?" 세례 준비자들은 대부분 당황해합니다.

기독교의 어떤 점이 독특한 줄 아십니까? 세상 모든 종교는 개인의 내면 체험을 중요시합니다. 그런데 기독교에는 그보다 더 중요한 것이 있는데, 바로 외적인 진리입니다. 그러니까 세례를 받으려는 분이 자신이 천국에 들어가야 하는 이유를 이야기할 때 "내가 좀 변했어요" 같은 자신의 변화나 체험, 선행은 중요한 근거가 되지 못합니다. 과연 어느 정도 변해야 천국에 어울릴까요? 천국에 어울릴 만큼 변하는 것이 가능할까요? 하나님나라에 들어갈 수 있는 유일한 근거는 우리를 위해 죽으신 예수 그리스도뿐입니다. 그분을 의지했기 때문에 우리는 자격이 안 되지만 그 나라에 들어갈 수 있었습니다. 이것이 우리 삶의 근거입니다.

그래서 바울은 예수 그리스도만 나오면 관계대명사를 붙여서 설명을 이어 붙입니다. 여기서도 마찬가지입니다. 예수 그리스도로 말미암아 구원을 얻을 것이라고 하면서(8절), 그가 누구냐 하면 우리를 위해 죽으셔서 우리가 자든지 깨든지 그분과 함께 영원히 있게 하시는 분(9절)이라고 설명합니다. 바울의 내면은 예수님께 사로잡혀 있어서 예수만 나오면 이렇게 그에 관한 설명이 이어집니다. 바울 서신서를 번역하기 어려운 점 중 하나는 바울이 예수를 언급할 때면 그에 대한 부가 설명을 하느라 복잡한 문장을 구사하기 때문입니다. 그만큼 예수 그리스도는 우리 모든 것의 중심입니다. 우리가 빛의 나라에 속해 빛의 자녀가 된 것도 우리가 똑똑하거나 뛰어나서가 아니라 예수 그리스도 때문이었습니다. 그분으로 말미암아 우리가 영원한 생명에 이르게 되었습니다. 이것이 그리스도인의 삶의 방식입니다.

우리의 소속이 어디입니까? 그 소속을 가능하게 만든 근거는 무엇입니까? 우리가 빛의 자녀처럼 착하게 살고 양심에 따라 행동해서인가요? 아닙니다. 착하게 살고 양심에 따라 행동한다고 해서 빛의 자녀는 아닙니다. 빛의 자녀가 되는 핵심은 예수 그리스도와 어떤 관계를 맺고 있느냐입니다. 불행한 것은 예수 그리스도로 말미암아 빛의 자녀가 됐는데도 어둠의 자녀처럼 사는 이들입니다. 이들은 자신의 소속을 정확히 알지 못하고, 하나님나라가 이미 시작되었다는 사실도 알지 못합니다. 예수를 믿고 따르는 것을 죽으면 천국 가는 정도로 오해하고 있습니다. 그래서 빛의 자녀인데도, 자신의 소속을 분명히 하지 못한 채 어둠의 자녀와 다를 바 없이 살면서, 다 그렇게 사는 거라고 위안합니다. 소속을 분명히 해야 합니다. 놀라운 변화의 근거이신 예수를 알아 가고 누려야 합니다. 온전한 구원이 빚어낼 궁극적 목적을 바라보아야 합니다. 이것이 이미 임한 하나님나라 백성의 삶, 빛의 자녀로서의 삶입니다.

깨어 있는 삶

소속과 목적과 근거가 분명해지면 자기 정체성이 선명해집니다. 선명해진 정체성을 지닌 다음에 해야 할 일은 깨어서 정신을 차리는 일입니다. 바울은 6절에서 8절까지 이에 대해 이야기하고 있습니다.

6 그러므로 우리는 다른 사람들처럼 잠자지 말고 깨어 있으며 정신을 차립시다. **7** 자는 자들은 밤에 자고, 술 취하는 자들도 밤에 취합니다. **8** 그러나 낮에 속한 우리는 믿음과 사랑의 흉배와 구원의 소망의 투구를 쓰고 정신을 차립시다(살전 5:6-8, KHKV).

---

6 그러므로 우리는 다른 이들과 같이 자지 말고 오직 깨어 정신을 차릴지라 **7** 자는 자들은 밤에 자고 취하는 자들은 밤에 취하되 **8** 우리는 낮에 속하였으니 정신을 차리고 믿음과 사랑의 호심경을 붙이고 구원의 소망의 투구를 쓰자(살전 5:6-8, 개역개정).

6절에서는 "잠자지 말고 깨어 있으며 정신을 차립시다"라고 합니다. 그리스도인이 정신을 바짝 차리고 살아야 하는 이유가 무엇일까요? 빛을 경험하지 않은 사람들이 다수이기 때문입니다. 우리가 사는 세상은 아직 이 빛을 잘 모르는 사람이 대세입니다. 그들의 문화는 하나님을 알지 못하는, 어둠에 속한 문화입니다. 밤이 만들어 내는 문화입니다. 경제 체제나 사회 구조 등 모든 것이 하나님께 속한 것이 아닙니다. 이렇게 온통 어둠이 우리가 사는 세상을 에워싸고 있습니다. 그러므로 하나님을 알지 못하는 다른 사람들처럼 행동하지 말고 깨어 있으라고 당부합니다.

그렇다면 깨어 있다는 것은 무슨 뜻일까요? "깨어 있어라 γρηγορῶμεν"라는 말은 예수님이 감람산 설교에서 계속 강조하신 말씀입니다(마 24:42-43; 25:13). 이후에 겟세마네 동산에서 기도하실 때도 제자들에게 나와 함께 깨어 있으라고 세 번이나 말씀하십니다(마 26:38, 40, 41). 예수님이 이토록 강조하신 '깨어 있음'은 무엇일까요? 정말 잠을 안 자는 것일까요? 아닙니다. 깨어 있다는 것은 눈을 감지 않는다는 것입니다. 보고 있다는 것입니다. 눈을 감아 보세요. 무엇이 보이십니까? 눈을 감으면 아무것도 볼 수 없습니다. 깨어 있다는 것은 눈을 떠서 우리가 하나님나라에 속해 있음을 보고, 동시에 어둠이 지배하는 세상을 보면서, 하나님나라에 관한 사실들을 놓치지 않는 것입니다. 하나님나라가 시작되었고 빛이 어둠 가운데로 비췄습니다. 우리는 빛의 자녀, 낮의 자녀가 되었습니다. 이 모든 영적 사실에 눈을 감지 말고 열려 있으라는 말입니다. 그렇다면 잠든다는 것은 무엇일까요? 과거로 돌아가는 것입니다. 하나님나라를 바라보지 않고 세상을 바라보며 세상이 전부인 양 속는 것입니다.

6절의 "정신을 차립시다γρηγορῶμεν"의 원어는 '술을 멀리하고 취하지 말라'는 뜻입니다. 이 단어는 예수께서 감람산 설교에서 반복적으로 "깨어 있어라"라고 말씀하실 때 함께 사용하신 단어입니다(마 26:38, 40, 41). 우리가 사는 세상은 우리를 취하게 만듭니다. 이 밤은 우리를 취하게 만듭니다. 취하면 어떤 일이 벌어지나요? 감각이 무뎌지고 판단력이 흐려집니다. 우리가 사는 세상의 가치와 문화와 삶의 방식과 여러 오락거리는 우리를 취하게 만들어 이 밤이 전부인 것처럼 보이게 합니다. '취하게 하다'라는 영어 표현 중에는 독성toxic을 퍼지게 하다intoxicate라는 단어가 있습니다. 우리는 우리가 사는 시대가 '밤'이며, 밤의 요소 중에는 우리를 무력화하는 독성이 있음을 기억해야 합니다. 바울 사도가 우리에게 하려는 말은 우리를 중독시켜 무력화하려는 모든 시도에 대해 정신을 차리라는 것입니다.

전투하는 삶

바울은 정신을 차리자고 한 다음에, 8절에서 난데없이 "믿음과 사랑의 흉배와 구원의 소망의 투구"를 쓰자고 합니다. 갑자기 전쟁에서 쓰는 무기를 꺼냅니다. 바울이 전쟁 용어를 사용하는 이유가 무엇일까요? 이 세대에서 빛의 자녀로 산다는 것이 싸움 그 자체이기 때문입니다. 잊지 마십시오. 빛의 자녀와 어둠의 세력이 공존하는 세상에서의 삶은 전투입니다. 그래서 바울은 그 전투에 어울리는 복장을 갖추라고 합니다.

바울은 그리스도인을 자주 군인에 빗대어 설명했습니다. 에바브로디도를 소개할 때는 함께 군사 된 자라고 했고(빌 2:25), 아킵보도 우리의 전우라고 했으며(몬 1:2), 디모데에게는 그리스도 예수의 훌륭한 군사답게 나와 함께 고난을 달게 받자고 합니다(딤후 2:3). 바울은 그리스도인을 군인으로 보았는데, 그만큼 그리스도인의 삶이 쉽지 않다는 뜻입니다. 어둠이 가득한 세상, 어둠이 지배하는 것처럼 보이는 세상에서 빛의 자녀로 산다는 것은 전투일 수밖에 없습니다.

여기서는 흉배와 투구를 꺼냅니다. 왜 흉배와 투구인지를 두고 복잡하게 보면 곤란합니다. 바울은 자신이 쓴 편지 곳곳에서 무기에 관한 여러 은유를 사용합니다. 빛의 갑옷을 입자고도 하고(롬 13:12), 진리의 말씀과 하나님의 능력으로 의의 무기를 좌우에 가지라고도 합니다(고후 6:7). 싸움에 쓰는 우리의 무기는 육신에 속한 것이 아니라 오직 하나님의 능력이라고도 하며(고후 10:4), 급기야 전신 갑주, 오늘날로 치면 완전 군장에 해당하는 표현까지 나옵니다(엡 6:10-18). 무기라는 은유는 같지만 여러 곳에서 조금씩 표현을 달리하여 등장합니다. 중요한 것은 흉배와 투구가 무엇을 의미하는지가 아니라, 둘 다 가슴과 머리의 치명상을 방어하는 용도라는 점입니다. 바울은 기본적인 방어 수단을 언급하면서 최소한의 방어를 해야 한다고 강조합니다.

바울은 이러한 방어 도구가 무엇이라고 하나요? 믿음과 사랑과 소망입니다. 바울은 앞에서 네살로니가 교회가 이 세 가지에 탁월하다고 했습니다(살전 1:3). 그들의 믿음의 행위와 사랑의 수고와 소망의 인내를 기억하고 있다고 했습니다. 바울은 그들이 가지고 있는 바로 그 세 가지를 강력하게 착용하라고 합니다. "지금 전투 상황이니까 믿음과 사랑과 소망으로 무장하고 세상으로 들어가라." 이렇게 요청하고 있습니다.

저는 그리스도인들이 세상살이를 전투로 생각하지 않는 것이 심각한 문제라고 생각합니다. 그 결과 밤낮 나가서 깨집니다. 전투 상황이라고 생각하고 싸워도 매복한 적에게 공격당하기 일쑤인데, 처음부터 전투인 줄도 모르고 아무 생각 없이 나섭니다. 그러니 밤낮으로 당할 수밖에 없습니다. 하도 맞아서 나중에는 어디가 아픈지도 모릅니다. 급기야 자신이 세상 사람인지 그리스도인인지도 모릅니다. 그리스도인의 말이나 행동이나 가치관이나 판단이나 결정이 세상 사람과 너무나 똑같습니다. 빛의 자녀들이 어둠의 자녀와 다를 바 없습니다. 세상 사람들과 똑같이 살면서 그것을 부끄러워하지도 않습니다. 왜 그럴까요? 그리스도인들이 어둠 가운데서 빛의 자녀로 살면서도 그 상황을 전투로 여기지 않고 자기방어를 등한시했기 때문입니다. 바울은 이를 알았기 때문에 깨어서 정신을 차리자고 한 다음에 바로 전쟁 용어까지 동원해서 믿음과 사랑의 흉배와 구원의 소망의 투구를 쓰라고 경고합니다.

그러므로 깨어서 정신을 차리자는 말을 달리하면 전투적으로 살자는 것입니다. 아니, 그렇게 살자는 정도가 아니라, 살아남으려면 그렇게 살 수밖에 없습니다. 그리스도인의 삶은 치열할 수밖에 없습니다. 정신 바짝 차리고 살아야 합니다. 그렇지 않으면 빛의 자녀인데도 어느새 밤의 자녀들에게 짓밟히고 공격당해서 창피한 모습으로 주저앉을 수밖에 없습니다. 그리스도인은 정말 전투적으로 살아야 합니다. 그런데 우리는 이것을 너무나 가볍게 여깁니다. 그러고는 세상에 나가서 방어도 제대로 못 하고 집단 폭행을 당합니다. 그러면서도 고상한 척합니다. 자신의 영혼과 영적 힘을 완전히 상실해서 두들겨 맞고 녹다운된 상태인데도 아무렇지 않은 척합니다. 오늘날 그리스도인은 이런 모습일 때가 너무나 많습니다. 제발 부탁드립니다. 깨어 있으십시오. 인생은 전투입니다. 주님 오실 때까지 전투입니다. 어둠이 아직 남아 있는 한, 우리는 끊임없이 어둠과 싸워야 합니다. 잊지 마십시오. 싸우지 않으면 어둠이 당신을 집어삼킬 것입니다. 전투는 피할 수 없는, 하지 않을 수 없는 필수 조건입니다.

격려하고 서로 세워 주는 삶

안 그래도 한 주 한 주를 전쟁처럼 치르고 있는데 영적 전투까지 하라니 너무하다고 생각할 수 있습니다. 그래서인지 바울도 11절에서는 조금 다른 이야기를 합니다.

> **11** 그러므로 여러분은 지금도 그렇게 하는 것과 같이, 피차 격려하고 서로 세우십시오(살전 5:1-11, KHKV).

> **11** 그러므로 피차 권면하고 서로 덕을 세우기를 너희가 하는 것같이 하라(살전 5:1-11, 개역개정).

낮에 속한 사람들은 세상에서 치열하게 전투적으로 살다가도 공동체 안으로 들어왔을 때는 피차 격려하고 서로 세워야 합니다. 우리에게는 격려가 필요합니다. 바깥 싸움이 치열할수록 공동체 내부에서는 격려가 넘쳐나야 합니다. 저도 당신을 격려하고 싶습니다. 당신은 빛의 자녀입니다. 소속이 바뀌었습니다. 우리는 완전한 구원을 획득하기 위해 그리로 달려가는 사람들입니다. 그리스도로 말미암아 이 모든 것이 이루어졌고 이루어질 것입니다. 때로는 전투에서 지고 다칠지언정 서로 보듬어 안아야 합니다. "힘들었겠다. 잘 싸웠다. 좀 맞았구나. 멍들었네" 하면서 서로 기도하며 격려해야 합니다.

"서로 세워 주라οἰκοδομεῖτε"는 말은 무슨 뜻일까요? 개역개정과 새번역 모두 이 단어를 "덕을 세우다"라는 의미로 번역했습니다. 그래서 이 말의 뜻을 서로서로 덕스럽게 말하고 적당히 넘어가 주는 것으로 오해합니다. 그러나 이 단어의 원뜻은 '집을 짓다'입니다. 우리는 모두 자기 인생의 집을 짓고 있습니다. 당신도 당신 인생의 집을 짓고 있습니다. 그 집을 잘 지을 수 있도록 서로 돕는 것이 서로 세워 주라는 권면의 본뜻입니다. 바울은 이 이미지를 무척 자주 이야기하는데, 마지막 날이 되면 우리가 지은 인생의 집을 하나님이 불로 시험하십니다(고전 3장). 어떤 집은 불을 붙이니까 확 타 버립니다. 반면, 어떤 집은 그대로 남아 있습니다. 금과 은처럼 불을 견디는 물질로 지었기 때문입니다. 인생의 집을 지을 때 쓸데없는 것으로 지으면 아무 소용없습니다. 서로 세운다는 표현은 인생의 집을 불에 타지 않는 재료로 짓도록, 영원으로 이어지는 금과 은으로 지을 수 있도록 서로 돕는다는 뜻입니다. 어둠에 속한 것이 아니라, 빛에 속한 것으로 집을 짓도록 돕는 것입니다. 영원한 가치가 있는 것들로 인생을 채우도록 서로 돕는 것이 서로 세운다는 뜻입니다.

전투와 축제

그리스도인은 밖에서는 전투하고 공동체 안으로 들어와서는 축제의 삶을 누립니다. 서로 격려하며 인생을 잘 세우도록 서로 돕습니다. 주일 예배로 모여서, 가정교회 같은 작은 공동체로 모여서 서로 격려하고 세워 주며 축제를 엽니다. 밖에서는 전투하고 안에서는 축제합니다. 그런데 놀랍게도 많은 그리스도인이 거꾸로 삽니다. 교회 안에서는 싸우고, 밖에 나가서는 세상 사람들과 파티를 즐깁니다. 세상에서 파티하며 받아들인 독성을 교회로 들여와 교회를 중독시키고, 교회와 그리스도인을 무력화합니다. 그 결과, 사랑의 공동체이자 하나님나라를 드러내야 할 공동체인 교회가 세상 여느 조직과 다를 바 없어지고, 어떤 때는 더 못하기조차 합니다. 이래서는 안 됩니다. 밖에서는 치열하게 싸우고, 안에서는 서로 상처를 싸매 주고 위로하며 잔치를 열어야 합니다.

전투와 축제의 삶을 언제까지 계속해야 할까요? 주님이 다시 오셔서 완전한 구원을 획득할 때까지 그래야 합니다. 세상에서는 빛의 자녀로 치열하게 전투하고, 교회로 모여서는 서로 위로하며 축제를 벌이며 주님이 오시기를 기다리며 살아야 합니다. 더 나아가 하나님이 오래 참으심으로 우리 친구들이 당할 마지막 심판을 유보하고 계시는 동안, 그들에게도 이 빛을 알려서 그들도 빛의 자녀가 되어 함께 축제를 누릴 수 있도록 도우며 사는 것이 그리스도인의 인생입니다.

이러한 삶은 바른 영성에 기초할 때만 가능합니다. 한국 기독교의 영성 중에 가장 큰 영향을 끼치는 샤머니즘 영성은 다른 사람이 하지 못한 영험한 경험을 대단한 것인 양 여기는 경향이 있습니다. 하지만 기독교의 진정한 영성은 하나님나라를 기초로 한 종말론적 영성입니다. 종말을 어떻게 바라보는지, 곧 어떤 시각을 가졌는지에 따라 우리의 영성은 달라집니다. 바울 사도는 더 쓸 필요가 없을 정도로 데살로니가 성도들이 다 알고 있다고 하면서도 종말론적 영성을 다시 한 번 하나하나 짚어 가며 가르칩니다. 종말론적 영성을 두 단어로 압축하면 전투와 축제입니다. 우리는 어둠과 밤이 여전히 지배하는 듯한 세상에 살지만, 감사하게도 하나님의 은혜에 힘입어 빛과 낮에 속하게 됐습니다. 그 결과, 우리는 세상에 살면서 어둠과 싸워야 하므로 매일 전투를 치르며 치열하게 삽니다. 전투하며 살 수밖에 없습니다. 하지만 공동체로 모였을 때는 완전하게 임할 하나님나라를 같이 바라보며, 마지막 날 획득할 완전한 구원을 고대하면서 서로 격려하고 세워 주고 붙잡아 주며 축제를 엽니다. 전투와 축제, 이것이야말로 종말론적 영성의 정수입니다.

저도 바울처럼 당신이 이미 잘 아는 내용을 다시 한 번 강조합니다. 당신의 소속을 선명히 하십시오. 아직 소속이 선명하지 않다면, 이 문제를 그냥 넘어가지 마십시오. 그리스도인이라는 소속은 교회에 오래 다니다 보면 문화적으로 익숙해져서 자동으로 얻어지는 것이 아닙니다. 진지하게 하나님 앞에서 고민하고 결단해야 합니다. 예수 그리스도로 말미암아 소속이 바뀔 수 있는, 그 놀라운 특권을 저버리지 마십시오. 만약 당신이 이미 소속이 바뀐 사람이라면 우리가 사는 세상이 어둠에 속했다는 사실을 기억하십시오. 특히 도시는 밤을 낮처럼 환하게 밝혀 어둠이 존재하지 않는 듯 꾸미는 곳입니다. 밤에도 환하게 밝은 도시에서 어둠과 밤에 속지 않으려면 깨어 있어야 합니다.

그러므로 빛의 자녀답게, 엉거주춤하게 세상을 흉내 내며 살지 마십시오. 덜떨어진 행동을 하지 마십시오. 왜 그리스도인이 어둠의 자녀처럼 살아야 합니까? 그것은 세련되거나 자랑할 일이 아니라 창피한 일입니다. 빛의 자녀답게 전투적으로 삽시다. 그러다가 함께 모일 때는 축제를 엽시다. 각자 자신만의 인생의 집을 세울 수 있도록 서로 격려하며 즐겁게 삽시다.

세상사를 바라보는 시각 중에서도 종말을 바라보는 시각이 무엇보다 중요합니다. 이 시각을 가질 때 비로소 세상만사를 바라보는 눈이 밝아지고, 빛으로 위장한 도시의 어둠 속에서도 빛의 자녀답게 살 수 있습니다.

9.

공동체

드디어 마지막 장까지 왔습니다. 정말 많은 이야기를 했습니다. 신약성경에 속한 책이 대부분 그렇듯이 데살로니가전서도 한 권으로서 완전성을 가지고 있습니다. 그래서 신약성경 전체를 공부하지 않더라도, 신약성경 한 책을 깊이 공부하면, 신약성경이 가르치는, 어쩌면 구약성경에서부터 가르치고자 했던 진리를 망라해서 살펴볼 수 있습니다. 성경 한 권을 깊이 공부하면 전체가 보이는 이런 특성을, 저는 성경의 '완전성'이라고 부릅니다. 데살로니가전서 역시 깊이 자세히 공부하면 우리가 꼭 알아야 할 진리를 거의 다 배울 수 있습니다.

맞습니다. 우리는 많은 것을 깨닫고, 많은 것을 배웠습니다. 그런데 나쁜 소식을 하나 알려드리겠습니다. 들은 것은 금방 사라집니다. 어떤 분은 책을 덮자마자 다 잊어버립니다. 우리가 읽고 동의하고 감동한 내용도 사실 시간이 지나면 다 사라집니다. 앞서 읽은 이 책의 내용이 벌써 가물가물하신 분이 계실지도 모릅니다. 그분들이 이상한 게 아니라 인간의 속성이 그렇습니다. 그 모두를 다 기억할 수는 없습니다.

특히 현대 도시는 너무나 많은 정보로 가득합니다. 우리가 지금 나누는 내용도 바쁜 도시 생활과 쏟아지는 데이터에 묻혀 사라져 버릴 가능성이 농후합니다. 그렇다면 좋은 내용을 읽고 잠시 머리만 커지는 게 기독교는 아닐진대, 읽고 배운 내용을 잊지 않고 도대체 어떻게 삶 속에 각인할 것인가, 어떻게 살아 낼 것인가 하는 질문이 따릅니다. 데살로니가전서 내용은 이 장에서 끝이 납니다.

그럼 이제부터 우리는 어떻게 살아야 할까요?

바울 역시 비슷한 질문이 있었던 것 같습니다. 바울은 데살로니가에 보내는 편지를 거의 다 쓰고 마무리하는 부분에 이르렀습니다. 그 역시 편지에 많은 내용을 적어서 데살로니가 성도들에게 가르쳤습니다. 그렇다면 이제부터 어떻게 살아가야 한다고 적을 것인가? 고대 도시 데살로니가의 불안정성과 빠른 변화, 사람들의 가득 찬 욕망과 좌절, 그 모두가 하나로 뒤섞여 들끓는 도시 한복판에서 데살로니가 성도들은 어떻게 하나님나라 백성답게 살 수 있을 것인가? 그것도 지속해서, 더욱더 깊이 있는 그리스도인으로 성숙할 수 있을까? 바울은 이런 고민을 하면서 마지막 부분을 써 내려가고 있습니다. 그 마지막 부분을 크게 셋으로 나누어 살펴봅시다. 바울은 서로 세워 주는 하나님나라 공동체(5:12-15), 영성 깊은 공동체(5:16-22), 하나님을 의지하는 공동체(5:23-27)에 관해 차례로 이야기합니다.

이끄미의 역할

먼저 데살로니가전서 5장 12-15절까지 봅시다. 여기서 바울은 이끄미와 따르미의 관계(12-13절), 믿음이 어린 자들과의 관계(14절 상), 모든 성도와의 관계(14 하-15절)에 관한 신학적이며 실제적인 지침을 줍니다.

12 형제자매 여러분, 여러분에게 부탁하는 것은 여러분 가운데서 수고하며 주님 안에서 여러분을 지도하며 여러분을 훈계하는 자들을 알아보라는 것과 **13** 그들의 사역으로 말미암아 그들을 사랑으로 충분히 존중하는 것입니다. 여러분은 서로 화목하게 지내십시오. **14** 형제자매 여러분, 여러분에게 권고하니, 무질서하게 사는 사람을 훈계하고 마음이 약한 사람을 위로하고 힘이 없는 사람을 붙들어 주며 모든 사람에게 오래 참으십시오. **15** 아무도 누구에게든 악을 악으로 갚지 말고, 반대로 서로에게 그리고 모든 사람에게 좋은 것을 추구하십시오(살전 5:12-15, KHKV).

---

12 형제들아 우리가 너희에게 구하노니 너희 가운데서 수고하고 주 안에서 너희를 다스리며 권하는 자들을 너희가 알고 **13** 그들의 역사로 말미암아 사랑 안에서 가장 귀히 여기며 너희끼리 화목하라 **14** 또 형제들아 너희를 권면하노니 게으른 자들을 권계하며 마음이 약한 자들을 격려하고 힘이 없는 자들을 붙들어 주며 모든 사람에게 오래 참으라 **15** 삼가 누가 누구에게든지 악으로 악을 갚지 말게 하고 서로 대하든지 모든 사람을 대하든지 항상 선을 따르라(살전 5:12-15, 개역개정).

이제 우리는 어떻게 살아야 할까요? 이 모든 말씀을 배우고 난 다음에 어떻게 살아야 할까요? 바울이 처음 꺼낸 이야기는 서로 세워 주라는 것입니다. 12절과 13절에서는 이끄미와 따르미의 관계를 설명합니다. 바울은 "여러분 가운데서 수고하며 주님 안에서 여러분을 지도하며 여러분을 훈계하는 자들을 알아보라"라고 합니다. 그들을 공적으로 인정하라고 당부합니다. 수고하고 지도하며 훈계하는 자들이라는 표현 때문에 세 부류의 사람을 가리킨다고 보기 쉬우나, 원어에서는 한 관사가 세 분사를 꾸며 주고 있으므로 세 역할을 하는 어떤 사람을 뜻합니다. 세 부류의 사람이 아니라, 세 가지 특징을 지닌 누군가를 가리킵니다. 그 사람은 바로 교회 공동체의 지도자들입니다.

바울은 이들의 특징 세 가지를 열거합니다. 첫째는 공동체 식구들 가운데서 수고합니다. 데살로니가전서에서 "수고"라는 단어를 만나면 바로 떠오르는 표현이 있습니다. "사랑의 수고"입니다. 바울 자신도 수고했다는 표현을 여러 번 했습니다. 바울이 데살로니가 성도들을 사랑했기 때문에 그 사랑의 결과로 수고가 나올 수밖에 없었습니다. 기독교가 말하는 사랑의 특징은 반드시 수고가 따른다는 것입니다. 성경은 희생 없는 사랑을 사랑이라고 가르치지 않습니다. 낭만적인 느낌으로, 사랑할 마음이 생겨서 하는 사랑을 성경이 가르치는 사랑이라고 생각하면 곤란합니다. 성경의 사랑은 수고가 따릅니다. 어렵고 고통스러운 일들을 감수합니다. 공동체 안의 다른 사람들을 돌보고 살피며 수고하는 것, 이것이 지도자들에게서 나타나는 첫째 특징입니다. 이들이 이렇게까지 수고하는 이유는 그들 역시 사랑을 받았기 때문입니다. 나들목교회에서 목자를 파송할 때, 적지 않은 목자들의 눈시울이 붉어집니다. 왜 그럴까요? 이제 고생길이 열리기 때문일까요? 아닙니다.

여기까지 이끄신 주님의 사랑을 생각하고 주님을 더욱 가까이에서 따르게 되었기 때문입니다. 그러므로 기독교의 지도자는 다른 사람에게 "이것 해라, 저것 해라"라고 명령하는 사람이 아니라, 다른 사람을 살리고 세우기 위해 낮아져서 수고하는 사람입니다.

둘째로, 그들은 주님 안에서 공동체 식구들을 지도합니다. 지도했다는 말을 가르쳤다는 정도로 보기 쉽지만, 이 단어 헬라어 문자 προϊσταμένους는 바울만 신약성경에서 사용했는데(롬 12:8; 살전 5:12; 딤전 3:4, 5; 3:12; 5:17; 딛 3:8, 14), 원래 뜻은 '앞서가다, 선두에 서다'입니다. 다시 말해 지도자란 다른 사람보다 앞서서 가는 사람입니다. 이 책의 시작부터 자주 사용했던 '이끄미'가 되는 것입니다. 앞서서 살아가는 것입니다. 이것이야말로 이끄미가 해야 할 가장 중요한 일입니다. 이끄미는 공동체 식구들을 위해 수고하고, 진리를 따라 앞서 걸으면서 다른 사람을 이끕니다. 정작 자신은 진리를 따라 살지 않으면서 다른 사람에게 진리대로 살라고 하는 것은 위선일 뿐 아니라, 아무런 영향력도 없는 껍데기일 뿐입니다. 오늘날 교회의 제자훈련이 별 효력이 없는 이유는 훈련을 시키는 사람이 진리를 계속 추구하지 않으면서 다른 사람을 가르치려고 하기 때문입니다. 그래서 바울은 지도자라면 본인이 앞서 걸으면서 지도한다고 설명합니다.

셋째로, 그들은 공동체 식구들을 훈계합니다. 앞서서 가는 사람들이 당연히 해야 하는 책무이기도 합니다. "훈계νουθετοῦντας"라는 단어 역시 바울이 주로 사용한(롬 15:14; 고전 4:14; 골 1:28; 3:16;

살전 5:12, 14; 살후 3:15; 비교. 행 20:31) 단어인데, 두 가지 뜻을 포함하고 있습니다. 하나는 가르치는 것입니다. "이 방향이 진리로 가는 쪽입니다", "이쪽으로 가는 게 맞습니다"라고 이야기하는 것입니다. 다른 하나는 경고하는 것입니다. "그렇게 가면 안 됩니다", "그렇게 하는 것은 틀린 것입니다", "그렇게 하지 마십시오"라고 경고하는 것이 훈계입니다. 타인의 삶에 가능하면 간섭하지 않는 것이 도시 생활의 미덕입니다. 그러나 진리를 알았기 때문에, 자신의 따르미들을 사랑하기 때문에, 이끄미는 가르치고 경고하는 훈계를 마다하지 않습니다.

그러므로 지도자는 공동체 식구들을 위해 자신을 내어주며 수고하고, 진리를 좇아서 앞서서 걸어가는 사람입니다. 선두에 서서 걸어가는 사람입니다. 그러면서 따라오는 이들에게 진리를 가르쳐 주고 그들이 잘못된 길로 들어설 때 경고합니다. 그런 역할을 하는 이들이 바로 지도자입니다. 데살로니가의 전혀 새로운 공동체에는 이런 지도자들이 있었습니다.

그런데 바울은 지도자의 특징을 적으면서 흥미로운 반복을 보여 줍니다. "여러분"을 위해 수고하며 지도하며 훈계하는 사람이라고 하면 간단할 텐데, 특징마다 "여러분"이라는 인칭대명사를 반복합니다. "여러분" 가운데서 수고하며, "여러분"을 지도하며, "여러분"을 훈계하는 자들이라고 말합니다. 왜 그랬을까요? 지도자는 공동체에 속한 한 사람 한 사람을 돌봅니다. 다수로 이루어진 집단을 전체적으로 지도하고 훈계하는 수고는 한 사람 한 사람에 집중할 때 열매를 거둘 수 있습니다. 그런 뜻에서 "여러분"을 세 번이나 반복해서 사용하고 있습니다. 이는 바울이 골로새서에서 자신의 사역을 설명하면서 "각 사람"이라는 단어를 세 번이나 반복한 것과 유사합니다. "우리가 그를 전파하여 각 사람을 권하고 모든 지혜로 각 사람을 가르침은 각 사람을 그리스도 안에서 완전한 자로 세우려 함이니"(골 1:28, 개역개정). 지도자는 군중을 이끌기 전에 한 사람 한 사람을 이끄는 사람이어야 합니다.

또 하나 눈여겨볼 점은 바울이 직책을 이야기하지 않는다는 점입니다. 목사, 장로, 집사를 알아보고 인정하라고 쓰면 될 텐데, 직책 대신에 역할을 적고 있습니다. 수고하는 자들, 앞서서 걸어가는 자들, 훈계하는 자들이라고 역할을 강조합니다. 이것이 기독교입니다. 기독교 공동체가 종교성을 띠고 점점 제도화하면 역할보다는 직책을 중요시합니다. "내가 목사예요. 내가 장로예요. 내가 권사예요. 나는 집사인데요"라며 직책을 내세우기 시작합니다. 직책은 단지 그 사람이 하는 일을 규정하기 위해 만든 이름일 뿐, 높고 낮음이나 권한의 많고 적음을 나타내지 않습니다. 그런데도 기독교가 제도화되면 직책을 강조하고, 거기에 무슨 존경이나 힘이 담긴 양 내세우게 됩니다. 바울은 아예 직책을 꺼내지도 않고, 역할만 이야기합니다. 수고하는 자, 앞서서 걷는 자, 훈계하는 자, 당신은 교회 공동체에서 이런 분들을 만나고 있습니까? 당신은 이런 역할을 할 줄 아는 사람으로 발돋움하고 계십니까?

바울은 아주 짧은, 한 줄에 불과한 이 성경 구절에서 기독교 공동체의 지도자가 어떤 존재인지를 너무나 선명하게 가르쳐 줍니다. 이런 이들을 우리는 이끄미라고 부를 수 있습니다.

앞선 이와 따르는 이의 바른 관계

앞서서 가는 이들을 뒤에서 따르는 이들은 지도자들, 곧 이끄미들을 어떻게 대해야 할까요? 바울은 앞서서 가는 이들을 알아보라고 합니다. 공적으로 인정하라는 말입니다. 교회 공동체에서 수고하고 앞서서 걸으며 훈계하는 분을 만나면 알아보고 인정해야 합니다. 13절에서는 그들의 사역으로 말미암아 그들을 사랑으로 충분히 존중하라고 한 번 더 강조합니다. 나들목교회 성도들은 명절에 대표목사였던 제게 별로 선물을 주지 않았습니다. 처음에는 좀 섭섭했습니다. 그런데 알고 보니, 자신의 가정교회 목자에게 열심히 선물을 하고 있었습니다. 그들의 진정한 목자는 가정교회 지도자였습니다. 그래서 저는 명절 때 선물을 많이 받지 못해도 오히려 자랑스러웠습니다. 성도들은 평소에도 손수 마련한 음식이나 마음을 담은 손편지 등으로 각자 할 수 있는 선에서 사랑과 존경을 표시합니다. 이처럼 따르미들이 이끄미의 수고에 늘 감사하고 존경을 표하는 일이 일어나야 합니다.

13절 끝부분에서 바울은 뜬금없이 "서로 화목하게 지내십시오"라고 합니다. 이끄미들이 공동체를 위해 수고하고 따르미들이 이를 인정하고 고마워할 때 공동체 가운데 화목이 일어납니다. 이끄미와 따르미 사이에 바른 관계가 형성될 때, 이끄미는 이끄미 역할을 하고 따르미는 따르미 역할을 할 때, 공동체에 화목이 깃듭니다. 공동체 전체에 평화가 있습니다. 화목은 건강한 하나님나라 공동체의 중요한 특징입니다. 그래서 바울은 마지막에 서로 화목하게 지내라고 강조합니다.

12-13절은 오늘날 한국 교회에 아주 중요한 성경 구절입니다. 한국 교회는 오랫동안 강력한 교권주의 아래에 있었습니다. 교권주의가 무엇일까요? 목사나 장로 같은 직분자들이 교회의 권위를 앞세워 너무 많은 권한을 가지는 것입니다. 교권주의가 심해지면 직분자에게 문제가 생겨도 그 문제를 풀 방법이 없습니다. "어디 감히 주님의 종한테"라는 말이 바로 나옵니다. 심지어 주님의 종에게 도전하면 몇 대 후손까지 벌을 받는다는, 무속신앙에서 나온 개념과 기독교를 뒤섞은, 말도 안 되는 주장도 횡행합니다. 이렇게 몇몇 직분자는 감히 건드릴 수 없는 하늘 같은 분이 되었습니다. 이렇게 교권주의로 인한 문제가 한국 교회에 여럿 불거지자, 이를 반대하는 반교권주의가 힘을 얻기 시작했습니다. "목사가 왜 무소불위의 권위를 가져야 하는가, 교회 공동체에는 지도자가 따로 있지 않다. 모두 다 똑같은 성도이자 제사장이다"라며 완전히 반교권주의로 돌아서는 경향이 생겨났습니다. 그래서 어떤 교회는 다수결 원칙이 지배하는 민주주의를 채택하기도 합니다. 결국, 교회는 교권주의에 억압받다가, 이에 반발하거나 표 대결이

일상인 조직으로 전락했습니다. 오늘날 수많은 교회가 갈등하고 분열하는 원인 중 하나가 이 때문입니다. 하지만 성경은 교권주의와 반교권주의, 둘 다 틀렸다고 이야기합니다. 교회에는 교권을 주장하는 지도자가 아니라, 낮아져서 수고하고 자신이 먼저 진리를 따르면서 형제를 훈계하는 이끄미가 필요합니다. 또한, 이들을 공적으로 인정하고 진정으로 사랑하며 따르는 따르미들이 있어야 합니다.

그래야 교회는 화목한 공동체가 될 수 있으며, 그러한 공동체야말로 하나님나라 공동체라 할 만합니다. 예수께서도 제자들이 서로 사랑하면, 그들이 예수의 제자인 것을 세상이 알게 되고, 더 나아가서 세상 사람들이 예수가 세상에 오신 이유를 알아채게 된다고 말씀하셨습니다(요 17장). 예수를 주로 여기고 따르는 자들의 공동체에는 화목함으로 드러나는 건강한 관계가 있습니다. 그래서 바울 사도는 먼저 수고하고 서로 세워 주는, 이끄미와 따르미의 건강한 관계를 강조합니다.

그때야 비로소 바울이 데살로니가전서에서 한 수많은 이야기를 실제로 살아 낼 수 있는, 공동체의 내적 구조가 갖춰집니다. 한 번 들어서 고개를 끄덕인다고 아는 것이 아니며, 들어서 알게 된 것을 살아 낼 수 있도록 도와주는 이끄미와 그대로 따라가는 따르미가 공동체 내에 존재해야 진리는 살아 있는 증거가 됩니다.

믿음이 어린 사람들

바울은 이어서 아직 믿음이 어린 자들에 관해 이야기합니다. 14절에서 무질서하게 사는 사람, 마음이 약한 사람, 힘이 없는 사람, 세 부류를 언급합니다.

먼저, 무질서한 사람은 데살로니가전서 4장에서 살펴봤던 게으른 사람입니다. 원어의 뜻은 '질서 없는 군인, 열을 무너뜨리고 말을 잘 듣지 않는 군인'입니다. 이들은 무질서하고 게을러서 적절한 노동을 하지 않고, 다른 사람에 의지해 소비만 하면서도 남 일에 참견하며 돌아다닙니다. 경제생활뿐만 아니라 그를 중심으로 유지되는 삶의 전반에 규모가 없습니다. 생활 자체가 굉장히 흐트러져 있는 사람입니다. 바울은 그 같은 사람은 훈계하라고 합니다. 앞서 이끄미의 일 중에 훈계가 있었는데, 같은 단어가 다시 나왔습니다. 무질서한 사람은 "그렇게 살아서는 안 된다. 버는 것 이상으로 소비하면 안 된다. 텔레비전에서 이런저런 대출 광고를 보고 돈을 빌려서는 안 된다"라고 꾸짖어야 합니다. 또한, 자기 몸을 제대로 관리하지 못하고 시간을 우선순위에 따라 사용하지 못할 때, 이를 잡아 주어야 합니다. 잘못됐다고 이야기해 주고 자신의 수준에서 영위 가능한 삶으로 붙잡아 주어야 합니다.

기독교 신앙은 교회에 얼마나 자주 오는지, 기도를 얼마나 잘 하는지, 성경을 얼마나 많이 아는지로 판가름 나지 않습니다. 그것들도 매우 중요한 요소이지만 규모 있는 삶, 경제생활이나 시간 사용에서의 절제와 균형이 그의 신앙이 어떠한지를 말해 줍니다. 기도도 열심히 하고 성경도 많이 보지만 삶에 규모가 없다면 무언가가 본질적으로 잘못된 것입니다. 종교적 행위와 봉사를 넘치게 해도 자기 몸과 시간과 재정을 제대로 관리하지 못하여 무질서하다면, 어린 그리스도인입니다. 그래서 바울은 가장 먼저 무질서한 자를 훈계하라고 권고합니다.

다음은 마음이 약한 사람입니다. 바울은 이들을 위로하라고 합니다. 여기서 마음이 약한 사람은 아마도 앞서 살펴본, 가까운 이와 사별해서 마음이 상한 사람일지 모릅니다. 그들을 위로하는 그리스도인의 말과 내용이 어떻게 달랐는지 기억나시나요? 그리스도인은 "좋은 데 가셨을 거야"라며 자신도 모르는 내용으로 위로하지 않고, 진리로 위로합니다. 진리에 근거해 죽음이 어떤 의미이며, 향후 어떤 일이 일어나는지, 붙들고 있는 소망이 무엇인지를 설명하며 마음이 약한 사람을 돕습니다.

우리 가운데는 마음이 약한 사람들이 있습니다. 죽음이든 병이든 이 땅의 여러 고통으로 어려움을 겪을 때 우리 마음은 자꾸 약해집니다. 살다가 뜻하지 않게 고난을 겪는 그리스도인이 아주 많습니다. 이것이 정상입니다. 빛의 자녀들이 어둠 가운데 살면서 어둠과 싸우면 고통을 겪을 수밖에 없습니다. 그때 우리는 서로 위로해야 합니다. 하지만 "어쩌다 그렇게 됐니. 운도 참 없지. 많이들 그래"라고 위로해서는 안 되고, 하나님의 진리로 위로해야 합니다. 우리 안에 진리가 없다면 마음이 약해진 사람에게 해 줄 말이 없습니다. 바르게 위로하려면 우리가 먼저 진리를 알고, 그렇게 살고 있어야 합니다.

마지막은 힘이 없는 사람입니다. 그들은 붙들어야 합니다. 앞서 나온 내용에 비추어 보면 힘이 없는 사람은 절제력이 없는 사람, 특히 성적 욕망을 잘 관리하지 못하는 사람일 가능성이 있습니다. 바울은 성 문제를 다루면서 하나님을 알지 못하는 사람처럼 격한 감정에 휩싸여 자기 몸을 함부로 쓰지 말고, 거룩함과 존중함으로 자신의 성적 기관을 다루라고 합니다. 그런데 그렇게 하지 못하는, 절제력이 없고 힘이 없는 사람은 붙잡아 주어야 한다고 권고합니다.

단지 성 문제만이 아닙니다. 힘이 없는 사람은 특정한 영역에서 자기 멋대로 사는 사람입니다. 세상은 자기 마음대로 사는 것을 자유라고 부추기지만, 자신을 다스릴 수 있는 자가 힘이 있는 자입니다. 성욕이든 소비 욕구든, 쇼핑이든 게임이든, 어떤 종류의 쾌락이든 충동적 욕망에 휘둘려 잘 조절하지 못하는 사람은 힘이 없는 자입니다. 조절하는 힘을 배우는 것이 그리스도인의 특징입니다. 하지만 믿음이 어린 사람은 힘이 없어서 스스로 조절하지 못합니다. 그럴 때 붙잡아 주어야 합니다. "붙들다"라는 단어의 원래 뜻은 '붙잡고 늘어지다, 팔로 감싸 안는다'입니다. 힘이 없어서 자주 무너지는 사람은 충동적으로 살지 않도록 꽉 붙들어 안아야 합니다. 그렇게 도우라고 바울은 말합니다.

기독교 공동체는 함께하는 사람들의 생활을 들여다봅니다. 주일 예배만 참석하고 돌아가는 사람의 사정을 우리는 알 수 없습니다. 그가 경제적으로 규모가 없는 사람인지, 마음이 약해져 위로가 필요한 사람인지, 절제력이 없는 사람인지를 절대 알 수 없습니다. 누구나 겉으로 보기에는 멀쩡합니다. 저도 멀쩡한 사람처럼 보입니다. 당신도 마찬가지입니다. 하지만 가까이 살면 민낯이 보이기 시작합니다. '이 사람이 경제적으로 규모가 없구나. 이 사람은 마음이 많이 약해져 있구나. 이 사람은 절제력이 없구나' 하고 알게 됩니다. 그제야 우리는 훈계할 수 있고, 위로할 수 있고, 붙잡아 줄 수 있습니다. 나들목교회가 가정교회를 강조하는 이유는 교회를 운영하기에 효율적인 방법이어서가 아닙니다. 그리스도인답게 살려면 그 방법밖에 없습니다. 가까이서 부대끼며 서로 생활을 들여다보지 않고는 서로를 세워 주는 사랑을 할 방법이 없습니다. 근사하게 차려입고 주일 예배만 드리고 흩어져서는 이러한 관계와 사랑이 형성되지 않습니다. 바울은 교회 공동체가 믿음이 어린 사람들을 두터운 관계 안으로 들여서 특별히 보살펴야 한다고 권고합니다.

오래 참으면서 모두에게 좋도록

바로 이어서 바울은 모든 성도와의 관계에 관해 이야기합니다

(14절 하). 모든 사람을 오래 참으라고 합니다. 바울이 이야기하는 흐름을 잘 보십시오. 맨 처음에는 이끄미의 역할에 관해 이야기하고, 이끄미와 따르미의 바른 관계를 언급한 다음, 따르미 중에서도 특히 믿음이 어린 사람에 관해 이야기했습니다. 마지막으로, 이 모든 사람을 포괄하여 오래 참으라고 말합니다.

그런데 왜 오래 참으라고 했을까요? 사람은 쉽게 변하지 않기 때문입니다. 따르미는 물론이고 이끄미에게도 좋지 않은 버릇이 있을 수 있습니다. 말할 때 실수하는 이끄미들이 많습니다. 말할 기회가 많으면 상대적으로 더 자주 실수할 수 있습니다. 하지만 말실수가 잦은 이끄미를 따르는 이들은 이끄미가 좋은 본을 보이지 않을 때마다 참 힘듭니다. 그럴 때 어떻게 해야 할까요? 그가 변할 때까지 참아야 합니다. 이끄미 역시 완전하지 않으며, 성숙해 가는 사람이기 때문입니다. 이끄미가 따르미를 지켜볼 때는 더 말할 나위가 없습니다. 앞서 보았듯이 따르미가 무질서한 사람, 마음이 약한 사람, 힘이 없는 사람일 때 마냥 꾸짖고 닦달한다고 변하지 않습니다. 시간이 필요합니다. 서로 오래 참아야 합니다. 이는 기독교 공동체 내의 모든 관계에 적용되는 원칙입니다. 사람은 우리가 바라는 대로 그렇게 빨리 변하지 않습니다.

오래 참으라는 바울의 말에는 어쩌면 우리 자신까지도 포함되는지 모릅니다. 사실 제일 힘든 것이 무엇입니까? 나 자신이 변하지 않는 것입니다. 우리는 우리 자신을 기다려 줘야 합니다. 우리 자신이 진리에 의해 변화할 때까지 기다려 주고 너그러워야 합니다. 진리를 깨닫고 그에 기초해 과거의 습관을 새로운 습관으로 바꾸는 데는 시간이 필요합니다. 삶의 방식과 생각하고 느끼는 방식까지 천천히 바뀌어 갈 것입니다. 그 과정에서 우리는 우리 자신을 기다려 주어야 합니다. 그럴 때 다른 모든 사람도 기다릴 수 있고, 넉넉하게 오래 참을 수 있습니다.

서로 참으라는 말 다음에 바울은 악을 악으로 갚지 말라(15절)고 합니다. 이것이 바로 오래 참는 방식입니다. 상대가 의도적으로 내게 악을 행하면 많은 사람이 악으로 대응합니다. 그런데 그리스도인은 악을 무엇으로 갚나요? 선으로 갚아야 한다고 배웠습니다. 바울은 다시 한 번 악을 악으로 갚지 말라고 가르칩니다. 하지만 우리 몸에 밴 것은 악을 악으로 갚는 것입니다. 이와 비슷하면서도 더 미묘한 것도 있습니다. 상대가 악도 아니고 선도 아닌 것으로 아주 묘하게 괴롭히기도 합니다. 교묘하게 신경을 건드립니다. 그러면 우리는 어떻게 합니까? 선도 아니고 악도 아닌 것으로 묘하게 괴롭혀서 받은 그대로 돌려줍니다. 바울은 그렇게 하지 말라고 권고합니다.

그렇게 하지 말고 서로에게, 더 나아가서 모두에게 좋은 것을 찾으라고 합니다. 상대와 어떤 갈등이 생겼을 때, 상대가 나보다 못하다거나 내가 상대보다 우월하다는 사실을 증명하려 애쓰지 말고, 공동의 선을 찾으라는 것입니다. 흔히 이야기하는 '윈윈 win-win 패러다임'입니다. 한국인은 누군가 이기고 누군가 지는 패러다임에 익숙합니다. 어릴 때부터 학교에서 시험을 보고 자신의 등수를 받았습니다. 가령 10등을 하면 11등부터 자기 밑의 애들한테는 이긴 것이고, 자기 앞에 있는 9등한테까지는 진 것입니다. 늘 승패를 따지는 문화에 젖어 성장했습니다. 여기에 부모가 자녀에게 승패의 패러다임을 강요하면서 불에 기름을 끼얹습니다. 비교하고 차별화해서 자신을 더 돋보이게 하는 도시 문화에 익숙한 우리에게 바울은 그렇게 하지 말고, 상대도 이기고 자신도 이기는 윈윈의 방법, 모두에게 좋은 것을 찾으라고 합니다.

모두가 이기는 법을 배우지 못한 채 부부가 되는 사람이 얼마나 많은지 모릅니다. 부부가 끊임없이 승패를 가르기 위해 싸웁니다. 서로 지지 않으려고 힘겨루기를 멈추지 않습니다. 둘이 같이 이기는 방법을 찾아야 하는데, 그 방법을 찾지 못하는 부부가 얼마나 많은지요? 부모 자식 관계도 마찬가지입니다. 아이가 어릴 때는 쉽게 승부가 납니다. 부모가 모든 면에서 유리합니다. 승패가 뒤집히는 순간이 언제입니까? 사춘기 때부터입니다. 아이들이 정신을 번쩍 차리면서 엄마 아빠가 하늘이 아니라는 사실을 알아차리고는 그동안 억압된 것들을 폭발합니다. 아이가 어릴 때부터 아이에게도 좋고 부모에게도 좋은 것을 찾는 연습을 해야 했는데, 이를 배우지 못한 채 사춘기에 들어서면 부모 자식 관계는 쉽게 어그러집니다. 교회 공동체의 성도들도 마찬가지입니다. 공동체의 모든 관계에서 악을 악으로 갚지 말고 모두에게 좋은 것을 추구하는 법을 배워야 합니다.

머릿속 진리를 공동체 현장으로

지금까지 우리는 바울이 데살로니가전서에서 이야기한 많은 것을 배웠습니다. 이 모두를 기억하고 유지하며 성숙해 나가려면 공동체라는 맥락에 들어가 있어야 합니다. 그렇지 않으면 다 잊어버립니다. 더군다나 성경이 가르치는 바와 거의 정반대인 삶을 당연시하고 더 나아가 세속의 가치와 삶의 방식을 강요하는 도시에서는, 배운 내용을 잊는 것은 물론이고, 그와 반대로 살기 쉽습니다. 성경의 가르침대로 살려는 이끄미가 있고, 그들을 따르는 따르미가 있고, 믿음이 약하고 어린 사람을 제대로 설 수 있도록 이끌어 주면서, 악을 악으로 갚지 않고 오래 참으면서 모두에게 좋은 것을 찾아가는 공동체가 있을 때, 우리가 배운 것이 머릿속 지식이나 금세 사라지는 가르침이 아니라, 우리 인격과 인생을 바꾸는 진리가 됩니다. 세상을 거스르는 공동체가 우리에게 절실한 이유가 바로 이 때문입니다. 이 공동체는 단지 수평적 관계만이 진실하고 깊은 공동체가 아닙니다. 그래서 바울은 다음처럼 이야기를 이어 갑니다. 함께 예배드리는, 영성 깊은 공동체에 관한 이야기를 시작합니다. 데살로니가전서 5장 16-22절입니다.

> **16** 항상 기뻐하십시오. **17** 끊임없이 기도하십시오. **18** 모든 일에 감사하십시오. 이것이 그리스도 예수 안에서 여러분을 향한 하나님의 뜻입니다. **19** 성령을 소멸하지 마십시오. **20** 예언을 멸시하지

마십시오. **21** 모든 것을 분별하고 좋은 것을 굳게 잡으십시오. **22** 악은 어떤 모양이라도 멀리하십시오(살전 5:16-22, KHKV).

---

16 항상 기뻐하라 **17** 쉬지 말고 기도하라 **18** 범사에 감사하라 이것이 그리스도 예수 안에서 너희를 향하신 하나님의 뜻이니라 **19** 성령을 소멸하지 말며 **20** 예언을 멸시하지 말고 **21** 범사에 헤아려 좋은 것을 취하고 **22** 악은 어떤 모양이라도 버리라(살전 5:16-22, 개역개정).

이 성경 구절이야말로 잘못된 시각으로 읽어서 억지 해석이 많이 나오는 본문입니다. 저 역시 깊이 공부하기 전까지는 약간 오류에 빠져 있었습니다. 이 구절은 늘 부담스럽습니다. "항상 기뻐해라, 쉬지 말고 기도해라, 범사에 감사해라"라고 명령하니까, '어떻게 항상 기뻐해? 직장을 잃었고 아이들이 속상하게 하는데 어떻게 기뻐해? 쉬지 말고 기도하라고? 어떻게? 걸으면서도 중얼중얼 기도해야 하나? 범사에 감사하라고? 모든 일에 무조건 감사해야 하나?' 이런 생각이 절로 듭니다. 참 받아들이기 어려운 성경 구절입니다. 그런데 이 성경 구절은 짧기도 하고 참 유명해서 이발소나 음식점 같은 곳에 걸려 있을 정도입니다. 이 성경 구절을 어떻게 받아들여야 할까요? 오늘날 많은 그리스도인이 이 구절을 개인 영성의 차원에서 읽습니다. 하지만 이 성경 구절은 개인의 영성에 관해 이야기하는 본문이 아닙니다.

그 이유로 두 가지를 들 수 있습니다. 먼저, 원어를 보면 명령형 서술어가 모두 1인칭 복수형입니다. 명령형 문장은 주어를 생략하기 때문에 우리말에서는 주어가 단수인지 복수인지 알 수 없습니다. 하지만 신약성경의 원어인 헬라어는 생략된 주어가 단수인지 복수인지를 서술어로 알 수 있습니다. 단수형 서술어와 복수형 서술어가 다르기 때문입니다. 바울은 기뻐하라, 기도하라, 감사하라고 적을 때 모두 복수형 서술어를 사용했습니다. 주어를 살려 굳이 우리말로 옮기자면, "너희는 항상 기뻐하라. 너희는 쉬지 말고 기도하라. 너희는 범사에 감사하라"가 됩니다.

그뿐만 아니라, 바로 이어지는 20절의 "예언을 멸시하지 마십시오", 26절의 "거룩한 입맞춤으로 문안하십시오", 27절의 "편지를 읽어 주십시오"가 모두 공적인 회합 상황에서 쓰이는 표현입니다. 그러니까 다 같이 모여서 예배드리는 상황을 염두에 두고 쓴 글입니다. 실인즉 데살로니가전서 전체가 특정한 개인이 아니라 데살로니가 교회 공동체에 보낸 편지이기도 합니다.

그러므로 이 구절의 명령들은 바울 사도가 개인 영성을 염두에 두고 한 말이라기보다는, 공동체의 예배를 생각하며 적은 글입니다. 그래서 어떤 학자는 이 성경 구절을 당시 그리스도인들이 드린 공적 예배의 순서로 보기도 합니다. 그래서 예배 때마다 모두 함께 항상 기뻐하고, 계속 기도하고, 모든 일에 감사하고, 예언을 듣고, 분별하고, 그다음에 실제로 악한 것을 버리고 선한 것을 취하는 순서대로 진행했을 것이라고 주장할 정도입니다. 타당성 있는 해석입니다. 그러므로 이 성경 구절은 개인의 영성보다는 공동체의 영성을 다룬다고 보는 것이 자연스럽습니다. 이러한 공동체의 영성으로 공동체가 세워질 때, 앞서 데살로니가전서에서 바울이 세세히 적은 그 많은 진리를 실제로 살아 낼 수 있는 영적 기반이 확보됩니다.

기뻐하고 기도하고 감사하라

그럼 하나씩 차례대로 짧게 살펴보겠습니다. 모두 분절된 명령어처럼 보이지만, 공동체적 예배의 맥락에서 읽으면 서로 연결되어 있음을 알 수 있습니다. 먼저 "항상 기뻐하십시오"는 기쁨이 넘치는 예배를 드리라는 뜻입니다. 왜 그리스도인은 예배를 드릴 때 기쁠까요? 우리를 둘러싼 상황이 어렵고 힘들어도 예배하면서 기뻐하는 이유가 무엇일까요? 분명히 기억하십시오. 예배는 우리에게 어떤 좋은 일이 생겨서 하나님께 반응하는 것이 아니라, 하나님의 하나님 되심을 찬양하는 것입니다. 하나님은 늘 예배받으시기에 합당하신 분입니다. 그래서 우리가 예배하는 것입니다. 특히 우리가 예배를 드리면서 배워야 할 것은 세상을 바라보던 우리 시각을 하나님께로 돌리는 것입니다. 그래서 히브리서에서는 "믿음의 주요, 또 온전하게 하시는 이인 예수를 바라보자"(히 12:2, 개역개정)라고 이야기합니다. 영어 성경은 "우리 눈을 예수에게 고정하자Let us fix our eyes on Jesus"(NIV)라고 합니다. 우리 자신을 바라보면 침체될 수밖에 없습니다. 우리 상황을 보면 가라앉을 수밖에 없습니다. 땅의 문제를 생각하면서 어떻게 항상 기뻐할 수 있겠습니까? 우리가 항상 기뻐하는 근거는 예배를 드리는 대상이 하나님임을 기억하기 때문입니다. 우리 예배가 좀 더 축하하는 자리면 좋겠습니다. 하나님을 바라보며 그분이 하신 일과 하고 계신 일과 앞으로 하실 일을 기억하며 기뻐하면 좋겠습니다.

"끊임없이 기도하십시오"라고 하면 떠오르는 성경 구절이 있습니다. 예수께서는 "늘 기도하고 낙심하지 말아야 한다"라면서 불의한 재판관 비유를 들려주셨습니다(눅 18:1-8). 이 비유에서 중요한 것은 그냥 계속해서 기도하는 것이 아니라, 비유 앞뒤의 성경 본문에서 알 수 있듯이 주님이 다시 오실 것을 기다리면서 낙심하지 말고 기도하는 것입니다. 우리는 예배 중에 끊임없이 형제들을 위해, 이 세상을 위해 중보 기도하고, "마라나타, 주님 어서 오십시오"라며 깨지고 상한 세상을 완전하게 회복시켜 달라고 기도할 수 있습니다. 깨어진 세상에서 이를 심판하고 회복하실 주님을 기억하며, 우리 모두가 그리스도 안에서 강건하기를 기도할 수 있습니다. 모두의 건투를 위한 중보 기도가 이에 해당합니다. 한 시간 남짓한 주일 예배 시간의 한계로 함께 기도하는 시간이 길지 않지만, 예배 중에 아예 중보 기도 시간을 따로 확보해서 기도하는 것도 좋은 방법입니다.

"모든 일에 감사하십시오"는 모든 상황에서 감사하라는 뜻인데, 기계적으로, 비인격적으로, 무조건 감사하라는 말이 아닙니다.

하나님을 전적으로 신뢰하고 의지하기에 어떤 일이 일어나도 모든 일에 감사할 수 있습니다. 사실 공동체로 모였을 때 성도 각자는 자신만의 상황에서 여러 다른 일을 겪고 있고, 그로 인해 감사보다는 염려와 좌절, 때로는 절망을 느낍니다. 하지만, 바울이 이야기했듯이 "하나님을 사랑하는 사람들, 곧 하나님의 뜻대로 부르심을 받은 사람들에게는, 모든 일이 서로 협력해서 선을 이룬다는 것을"(롬 8:28) 우리는 알고 믿습니다. 각 사람을 짓누르는 상황, 공동체가 당면한 문제 등 여러 가지가 우리를 감사하지 못하게 만들지만, 이 모든 것 뒤에 하나님이 계심을 서로 상기시켜 주고, 그 하나님을 바라보도록 서로 격려할 때, 우리는 그 하나님으로 인해 모든 일에 감사할 수 있습니다. 이것이 진실한 공동체의 예배입니다.

> **16** 항상 기뻐하십시오. **17** 끊임없이 기도하십시오. **18** 모든 일에 감사하십시오. 이것이 그리스도 예수 안에서 여러분을 향한 하나님의 뜻입니다. **19** 성령을 소멸하지 마십시오. **20** 예언을 멸시하지 마십시오. **21** 모든 것을 분별하고 좋은 것을 굳게 잡으십시오. **22** 악은 어떤 모양이라도 멀리하십시오(살전 5:16-22, KHKV).

> **16** 항상 기뻐하라 **17** 쉬지 말고 기도하라 **18** 범사에 감사하라 이것이 그리스도 예수 안에서 너희를 향하신 하나님의 뜻이니라 **19** 성령을 소멸하지 말며 **20** 예언을 멸시하지 말고 **21** 범사에 헤아려 좋은 것을 취하고 **22**

악은 어떤 모양이라도 버리라(살전 5:16-22, 개역개정).

바울 사도가 공동체에 권면하는 내용 세 가지를 적은 다음에, "이것이 그리스도 예수 안에서 여러분을 향한 하나님의 뜻"이라고 한 것에 주의를 기울여야 합니다. '기뻐하고 기도하고 감사하는' 것은 성도 개개인을 넘어서서 공동체 전체를 향한 하나님의 뜻이며, 이것은 그리스도이신 예수 안에서 발견되는 하나님의 뜻이라는 것입니다. 원어로 보면, "그리스도 예수 안"이 꾸미는 단어가 "여러분"(NAU, NIV, NLT)이 아니라, "하나님의 뜻"(NKJ, NRS)이라고 보는 것이 더 적절합니다. 그리스도 예수 안에 있게 된 "여러분"보다는, 그리스도 예수로 말미암아 알게 된(또는 주어진) "하나님의 뜻"이라고 보는 것이 문법적으로 더 적절합니다. 기뻐하고 기도하고 감사하는 일은 앞에서 살핀 대로 그리스도 예수 안에서, 곧 그리스도 예수와 연관해서만 그 의미가 분명해집니다. 우리는 그리스도 예수로 말미암아 하나님의 뜻이 무엇인지 선명하게 알게 됩니다. 공동체로 함께 기뻐하고 기도하고 감사하는 삶이 무엇인지 알고 실천할 수 있게 됩니다.

깊은 예배로 나아가는 공동체

공동체로 예배를 드릴 때 피해야 할 위험한 일은 성령을 소멸하는 것입니다. 그래서 바울은 바로 이어서 성령을 소멸하지 말라고 합니다. 여기서 사용한 "소멸한다σβέννυμι"라는 단어는 레위기에서 제단의 불을 꺼뜨리지 말라(레 6:9, 12, 13)고 할 때 나옵니다. 성령님은 우리 가운데 늘 계시지만, 예배를 드릴 때 특별히 우리 가운데서 역사하십니다. 예배를 드릴 때는 우리 가운데 계신 성령이 활활 타오를 수 있도록 우리를 열어드려야 합니다. 예배 시간보다 조금 일찍 와서 하나님을 바라보십시오. 예배를 드리러 왔는데도 앞서 살핀 대로 기뻐하지도 기도하지도 감사하지도 않으면 성령의 불은 꺼지기 시작합니다. 그리스도인은 하나님 앞에 나아갈 때 하나님을 예배하려는 심령에 불을 붙여야 합니다. 그래서 우리는 하나님을 예배하러 모일 때마다 일찍 나와 기도하며 내 속의 성령에 불이 붙어 뜨겁게 타오를 수 있도록 준비합니다. 매주 형식적으로 예배를 드리는 것은 성령을 소멸하는 것입니다. 사실 예배는 빠지지 않지만, 아무런 깨달음도 변화도 감격도 없는 성도들이 적지 않습니다. 성령의 불이 꺼져 가는 것은 아닌지 염려해야 합니다. 예배 때마다 참된 의미로 기뻐하고 감사하며 기도할 때, 하나님의 은혜를 발견하고 하나님을 더욱 사랑하고 하나님의 뜻을 알아가게 됩니다. 이 같은 자세가 우리에게는 필요합니다. 성령을 소멸하지 않고 공동체로 함께 드리는 예배가 제게는 개인적으로도 무척 중요합니다. 주일 예배뿐 아니라 작은 모임이나 강의를 시작할 때 공동체적 예배를 잠깐이라도 드림으로써 제 안에 계신 성령께서 지속적으로 일하시도록 마음을 열고 의지할 수 있습니다.

홍미로운 것은 성령을 소멸하지 말라는 명령과 그다음에 나오는 예언을 멸시하지 말라는 명령이 연결된다는 점입니다. 예언을 멸시하지 말라고 하면 바로 점쟁이를 떠올리는 사람이 있을지 모릅니다. 미래가 어떻게 되는지 알고 싶어서 예언 기도를 받는다는 사람도 있습니다. 하지만 성경의 예언은 앞날의 일을 전하는 것 foretelling과 현재 상황에 대한 하나님의 말씀을 자세히 설명하는 것 forthtelling 두 가지가 있는데, 구약의 경우에는 후자의 분량이 훨씬 많습니다. 그리고 대개는 예언의 대상이 개인보다는 그 시대와 세상 사람들, 하나님의 공동체입니다. 그러므로 신약성경의 예언은 점쟁이 같은 예언이라기보다는 하나님이 공동체에 주시는 메시지입니다. 하나님이 우리에게 주시는 메시지를 듣는 것이 예언을 듣는 것입니다. 그러면 그러한 예언을 멸시하지 말라니, 무슨 뜻일까요? 하나님이 공동체에 주시는 말씀을 가벼이 여기지 말라는 의미입니다. 우리가 매일 아침 성경을 읽으면서 개인적으로 깨닫는 것도 중요하지만, 주일 예배 때 설교를 통해서 주시는 말씀은 더욱 중요합니다. 설교자는, 세속의 물결 가운데서, 분주하고 불안한 도시에 사는 하나님의 백성에게 주시는 공동체적 메시지를 잘 분별해서 전해야 하고, 성도들은 그 메시지를 잘 들어야 합니다. 설교 속에서 사람의 말만 듣고 하나님의 메시지를 듣지 못하는 것이 예언을 멸시하는 대표적인 모습입니다. 예언을 무시하지 말라는 말씀은 하나님이 우리에게 주시는 메시지를 무시하지 말라는 뜻입니다.

이어서 모든 것을 분별하라고 합니다. 이것도 마찬가지로 이어지는 내용입니다. 예언, 곧 하나님의 메시지를 듣고 난 다음에 우리가 할 일은 분별하는 것입니다. 그 메시지가 하나님에게서 왔는지를 분별해야 합니다. 모든 설교자가 두려움으로 메시지를 준비하겠지만, "담임목사님이 가르치는 내용은 다 맞아"라고 주장하는 것은 위험합니다. 설교자의 설교 말씀을 아무 분별 없이 "아멘"으로 받아들이면, 교회 공동체가 다 함께 큰 실수를 할 확률도 그만큼 높아집니다. 목회자가 하는 말 중에 틀린 게 뭐가 있을까 하고 눈에 불을 켜고 찾으라는 말이 아닙니다. 그가 전하는 메시지가 하나님에게서 비롯되었는지를 분별해야 합니다. 이것이 누구의 책임일까요? 성도의 책임입니다. 하나님의 말씀을 진정으로 전하는 사람이라면, 그는 늘 자신의 말에 하나님의 메시지가 아닌 불순물이 섞이지는 않을지 걱정합니다. 듣는 사람 역시 마찬가지로 그 메시지가 하나님에게서 왔는지를 질문하면서 들어야 합니다.

그런 면에서 베뢰아 교인의 자세는 본받을 만합니다. "베뢰아의 유대 사람들은 데살로니가의 유대 사람들보다 더 고상한 사람들이어서, 아주 기꺼이 말씀을 받아들이고, 그것이 사실인지 알아보려고, 날마다 성경을 상고하였다"(행 17:11, 새번역). 그들처럼 말씀을 진심으로 받아들이되, 성경에서 가르치는 바가 맞는지 질문해야 합니다. 오늘날 한국 교회에 비성경적인 가르침이 넘쳐나는데도 어떤 성도도 문제를 제기하지 않으니 위험한 설교가 버젓이 강대상에서 흘러나옵니다. 이를 분별해야 합니다. 그것이 우리를 향하신 하나님의 뜻입니다. 바울은 로마서 1장부터 11장까지 하나님이 그리스도 안에서 우리를 위해서 행하신 일들을 설명한 다음에, 12장 1절에서 "여러분의 몸을 하나님께서 기뻐하실 거룩한 산 제물로 드리십시오"라고 하고는 2절에서 바로 뭐라고 했습니까? "이 시대의 풍조를 본받지 말고, 마음을 새롭게 함으로 변화를 받아서, 하나님의 선하시고 기뻐하시고 완전하신 뜻이 무엇인지를 분별하도록 하십시오"라고 했습니다. 하나님의 뜻을 분별하는 것은 우리 모두의 몫입니다. 무조건 "아멘" 하는 것은 아주 위험한 일입니다. 말씀을 들을 때마다 이 말씀이 하나님에게서 왔는지 분별해야 합니다.

하나님의 뜻이 무언인지 분별하면 어떤 일이 벌어질까요? 무엇이 좋은지를 알게 되므로 그것을 굳게 잡아야 합니다. "좋은 것τὸ καλὸν"은 고대에 화폐를 감정해서 진짜와 가짜를 구분할 때도 사용한 단어입니다. 말씀을 듣고 분별한 후에 진짜인 것, 하나님에게서 온 것은 붙잡아야 합니다. 하나님이 내게 하신 말씀이구나 하고 붙잡아야 합니다. 예언을 멸시하지 않는 것이 바로 이런 자세입니다. 주일 예배에 참석해서 멍하니 있다가 그냥 돌아오는 것만큼이나 어리석은 일은 없습니다. 당신은 주일 예배에 왜 참석하십니까? 보통은 하나님이 나에게 말씀하시는 것이 있지 않을까 하고 기대하며 참석합니다. 그러므로 예언을 멸시치 말고, 공동체에 선포된 하나님 말씀을 잘 듣고, 그 말씀에 하나님의 말씀이 담겼는지를 분별하고 진짜인 것은 붙잡아야 합니다. "붙잡는다"라는 단어는 예수님의 산상수훈 결론에서 "말씀을 듣고 행하는 것"(마 7:24), 씨뿌리는 비유에서 말씀을 들은 후에 좋은 마음으로 받아 인내함으로 열매를 맺는 것(눅 8:15)을 떠오르게 합니다. 설교를 듣고 메모하고, 중요한 적용점이나 순종해야 할 것을 다음 주간 동안 마음에 새기고 살아가며 실행하는 것이 바로 좋은 것을 붙잡는 모습입니다.

진짜는 붙잡되 악은 "어떤 모양every form of"(NAU, NJK, NRS, 개역개정)이나 "어떤 종류every kind of"(NIV, NLT, 새번역)라도 버리라고 합니다. 말씀을 듣다 보면 우리 안에 있는 악과 아주 밀접한 생활방식이나 어떤 요소들을 발견합니다. 악은 반드시 어떤 모양을 가지고 나타납니다. 자신의 삶에서 그런 모양이 나타나면, 설교를 듣다가 그것들이 무언지를 깨달으면, 버리겠다고 바로 결단해야 합니다. 그리고 오는 주간에 실제로 버려야 합니다. 하나님을 두려워하지 않아서 거짓말하는 습관이 있다는 사실을 발견했을 때, 자신을 그리스도 안에 있는 소중한 자로 여기지 않아 규모 없이 살고 있음을 깨달았을 때, 성과 경제생활과 관련해서 세상의 방식을 따르는 모습을 발견했을 때, 그럴 때마다 버리겠다고 결단해야 합니다. 예배 때 늦지 않게 나와서 성령의 임재를 준비하는 것이 필요하다는 말을 들었을 때, 어떤 사람은 '하나님께 예배드리는 내 자세에 문제가 있구나'라고 생각할 수도 있고, '예배 시간에 늦는 게 무슨 대수라고 저러나'라고 할 수도 있습니다. 예배 시간에 늦는 것은 대단한 일일 수 있습니다. 우리의 마음 자세가 드러나기 때문입니다. 하나님을 가벼이 여기는 마음이 드러났다면, 아무리 작은 것이라도 그 모양이라도 버려야 합니다.

하나님의 말씀을 들으면서 좋은 것은 붙들어 자신의 삶에 나타나게 하고, 나쁜 것은 어떤 것이든 자신의 삶에서 제거해 나가는 것이, 공동체로 모여 예배를 드리는 자들에게 주어지는 복입니다. 아주 짧은 성경 구절이지만, 하나님의 메시지를 어떤 식으로 들어야 하는지를 잘 보여 주는 성경 본문이었습니다. 성령을 멸시하지 말고, 예언을 가벼이 여기지 않아야 하며, 모든 것을 무조건 다 받아들이지 말고 분별하여, 진짜인 것을 붙들고, 악은 어떤 모양이라도 멀리해야 합니다. 이 모든 것이 살아 있는 예배를 드리는 자세입니다.

한국 교회의 예배가 더욱 깊어지기를 바랍니다. 1시간 남짓한 주일 예배만으로는 깊이 예배드리는 것이 불가능합니다. 그것마저도 가끔 건너뛰고, 참석해도 잡생각을 하거나 졸음에 영혼을 맡기기도 합니다. 공동체로 온전하게 하나님 앞에 나아가는 예배가 기독교 신앙의 최후 저지선입니다. 신앙의 선배들에게 예배는 신앙생활의 중심축이었습니다. 주일 예배, 저녁 예배, 수요 예배, 금요철야 예배, 새벽 예배 등 시간이 될 때마다 모여서 예배했습니다. 물론 형식적으로 자주 예배드린다고 좋은 것은 아니지만, 오늘날 한국 교회의 예배가 점점 줄어들고 짧아지는 것은 부인할 수 없으며, 그리스도인의 삶에서 예배의 중요성 또한 줄어들고 있는 것이 사실입니다. 예배의 회복, 그것도 공동체적 예배의 회복이 한국 교회에는 절실합니다.

어린 그리스도인과 교회 방문자, 진리를 찾는 비신자를 배려해서 주일 예배를 짧게 드려야 한다면, 더 깊이 드리는 공동체 예배를 마련해야 합니다. 한 달에 한 번도 좋습니다. 두세 시간 긴 호흡으로 공동체가 다 함께 예배드리면 어떨까요? 모든 성도가 다 모일 수 없다면, 소그룹이나 중규모로 함께 좀 더 깊은 예배를 드리면 좋겠습니다. 우리에게는 깊은 예배가 필요합니다. 1년에 한 번 수련회나 사경회 같은 특별한 집회만으로는 해소하기 어려운, 깊은 예배를 향한 갈증이 우리 가운데 있습니다. 항상 기뻐하고, 쉬지 말고 기도하고, 범사에 감사하며, 성령을 소멸하지 않으면서 하나님 앞에 나아가는 예배가, 연중행사가 아니라 일상에 필요합니다. 예언을 멸시하지 않고, 그 가운데서 하나님이 주신 진리를 붙들고, 악은 어떤 모양이라도 버리면서 분별하는 예배가 필요합니다. 이런 영성 깊은 공동체 예배를 통해서 우리는 우리를 부르신 분을 닮아 갑니다.

최선을 다하고, 하나님을 신뢰하기

여기까지 바울은 정말 중요한 이야기를 모두 다 했습니다. 마무리하는 지점에 이르러 그는 다시 한 번 의지해야 할 분은 하나님밖에 없다는 사실을 강조합니다. 데살로니가전서 5장 23-28절입니다.

> **23** 평화의 하나님께서 친히 여러분을 온전히 거룩하게 하시고, 여러분의 전인이, 곧 영과 혼과 몸이 우리 주 예수 그리스도께서 오실 때 흠 없이 보전되기를! **24** 여러분을 부르시는 분은 신실하시니 그가 또한 이루실 것입니다. **25** 형제자매 여러분, 우리를 위해 기도해 주십시오. **26** 거룩한 입맞춤으로 모든 형제자매에게 문안해 주십시오. **27** 내가 주님을 힘입어 여러분에게 명하니, 모든 형제자매에게 이 편지를 읽어 주십시오. **28** 우리 주 예수 그리스도의 은혜가 여러분과 함께하기를!(살전 5:23-28, KHKV)

> **23** 평강의 하나님이 친히 너희를 온전히 거룩하게 하시고 또 너희의 온 영과 혼과 몸이 우리 주 예수 그리스도께서 강림하실 때에 흠 없게 보전되기를 원하노라 **24** 너희를 부르시는 이는 미쁘시니 그가 또한 이루시리라 **25** 형제들아 우리를 위하여 기도하라 **26** 거룩하게 입맞춤으로 모든 형제자매에게 문안하라 **27** 내가 주를 힘입어 너희를 명하노니 모든 형제자매에게 이 편지를 읽어 주라 **28** 우리 주 예수 그리스도의 은혜가 너희에게 있을지어다(살전 5:23-28, 개역개정).

23-24절에서 바울은 신실하신 하나님을 의지한다고 고백합니

다. 그 하나님을 평화의 하나님이라고 칭하는데, 사랑의 하나님이나 정의의 하나님 등 여러 하나님으로 부를 수 있는데도 평화의 하나님이라고 합니다. 왜일까요? 지금까지 바울이 공동체에 관해 여러 내용을 권고했기 때문입니다. 공동체의 주인은 평화의 하나님입니다. 하나님이 다스리시는 곳에는 '샬롬', 곧 평화가 나타납니다. 가정이나 직장, 교회, 특히 교회 공동체에서 우리가 경험해야 할 것은 평화입니다. 앞에서 이끄미와 따르미와의 바른 관계에 관해 이야기하면서 화목하라고 바로 덧붙인 것도 바로 이 때문입니다. 바울은 하나님으로 인해 평화가 공동체에 임한다고 이야기합니다.

바울은 평화의 하나님이 데살로니가 성도를 어떻게 해 주시기를 바랍니까? 주 예수 그리스도께서 오실 때까지 그들의 영과 혼과 몸을 온전히 거룩하게 지켜 주시기를 하나님께 빕니다. 이 성경 구절도 많은 분이 오해하는 구절입니다. 인간이 영과 혼과 몸, 셋으로 구분되어 있다고 하면서 이 구절을 삼분법의 증거로 제시합니다. 하지만 성경을 그런 식으로 보아서는 안 됩니다. 이 구절은 인간에게 영과 혼과 몸이라는 기능이 있다고 하지, 인간을 셋으로 나눌 수 있다는 의도로 접근하고 있지 않습니다. 다른 성경 구절에서는 인간을 그냥 육과 영으로만 나타내기도 합니다. 그러므로 삼분법, 이분법으로 인간을 나누는 것은 그다지 지혜로운 방법이 아닙니다. 오히려 인간에 이런 기능들이 있다고 이해하는 편이 훨씬 더 낫습니다. 특히 원문에는 "여러분ὑμῶν"이라는 단어를

"온전한ὁλόκληρον"이라는 단어가 수식하고 있습니다. 개역개정 성경은 이 단어를 "온 영"이라고 번역했지만, "온전한 여러분"이라는 문자적 의미가 있으므로 저는 전인을 강조해서 "여러분의 전인이"라고 옮겼습니다.

이 성경 구절에서 더 눈에 띄는 부분은 다른 것입니다. 바울 일행은 데살로니가 교회를 위해 애를 많이 썼습니다. "하나님의 복음을 나누어 줄 뿐만 아니라, 우리의 목숨까지도 기쁘게 내줄 생각이었습니다"(살전 2:8). "여러분이 우리의 수고와 역경을 기억하고 있습니다"(살전 2:9). "아버지가 자기 자녀에게 하듯이 우리가 여러분 각 사람을 권면하고 위로하고 증언하는 것은, 여러분을 부르신 하나님께 합당하게 살아가서 당신 자신의 나라와 영광에 이르게 하려는 것입니다"(살전 2:12). 바울 일행이 그렇게 애쓴 이유는 데살로니가 성도들이 각자 하나님 앞에 온전한 사람으로 서기를 바랐기 때문입니다. 그런데 마지막에 와서는 자신들의 수고와 기여는 전혀 언급하지 않고, 대신 하나님이 그들을 거룩하게 하고 완전하게 지켜 주시기를 바란다고 말합니다. 그러고는 우리를 부르신 하나님이 신실하시니 이 일 또한 이루실 것이라고 확신합니다.

여기서 우리는 기억해야 합니다. 하나님 앞에서 치열하게 사는 사람은 하나님을 진짜 의지합니다. 많은 사람이 하나님을 의지하면 인간적인 노력을 하지 않아도 된다고 생각합니다. 아닙니다. 하나님을 신실하게 의지할수록 최선을 다해 자신의 몫을 감당해야 합니다. 혹시나 나의 부족함으로 하나님이 하시는 일에 제한이 생기지 않을까 하여 최선을 다합니다. 바울 일행도 전력을 다해 열심히 사역했습니다. 그 일에 관해서는 하나님이 증인이며 너희도 알지 않느냐라고 끊임없이 이야기했습니다. 그런데 마지막에 와서는 그 모든 노력은 다 빼고, 자신들이 전력을 다했던 그 일을 신실하신 평화의 하나님이 이루실 것이라고 합니다. 이 같은 모습이 바로 하나님을 신뢰하는 사람의 자세입니다. 우리는 열심히 합니다. 애씁니다. 수고합니다. 하지만 우리가 의지하는 것은 우리의 노력이나 수고가 아니라 하나님의 신실하심입니다. 그래서 하나님을 정말 의지하는 사람은 자기가 한 일을 뽐내지 않습니다. 그것을 내세우지 않습니다. 그건 중요한 변수가 아니라고 생각합니다. 일이 이루어지는 궁극적인 이유는 하나님께 있습니다. 저는 여기서 크게 감동했습니다. '바울은 정말 깊은 사람이구나. 그가 궁극적으로 신뢰하고 있었던 것은 하나님이구나. 신실한 하나님이었구나!' 바울은 그 하나님을 신뢰하며 자신의 최선을 다했습니다.

서로 챙기며 보살피는 관계

바울은 마지막으로 형제자매와의 사랑에 관해 이야기합니다. 지금까지 바울은 데살로니가전서 전반에 걸쳐 데살로니가 성도들을 위해 기도하고 있다고 반복해서 이야기합니다(1:2; 3:12-13;

5:23). 그런데 마지막에 와서는 자신들을 위해 기도해 달라고 합니다. 이것이 진정한 지도자의 모습입니다. 이끄미들은 자신을 따르는 이들에게 적절하게 영적 도움을 요청해야 합니다. 기도를 부탁해야 합니다. 주기만 하고 받을 줄 모르는 사람은 좋은 이끄미가 아닙니다. 받을 줄 알아야 합니다. 받을 줄 아는 사람이 진정으로 줄 줄도 알기 때문입니다. 그래서 좋은 이끄미들은 따르미들로부터 은혜를 입는 것, 사랑을 받는 것을 부끄러워하지 않습니다. 그것이 하나님이 뜻하신 바이기 때문입니다. 그래서 바울 역시 맨 마지막에 데살로니가 성도들에게 자신들을 위해 기도해 달라고 요청합니다.

그다음에 바울은 데살로니가 성도들에게 거룩한 입맞춤으로 서로 문안하라고 합니다. 요즘도 그렇지만 중동 지역에서는 서로 뺨을 대며 인사합니다. 애정과 존경의 표현은 문화에 따라 다르게 나타납니다. 표현 방식은 다르더라도 오늘날에도 그리스도인은 서로에게 애정과 존경을 표시해야 합니다. 혹시 지난 주일 예배 때 옆자리에 앉은 분이 기억나십니까? 지인과 함께 참석했다면 그를 제외하고 주변에 앉은 분과 인사를 나눴는지요? 바울은 한 공동체에 속한 이들에게 서로 문안하고 인사하라고 요청합니다. 우리는 지하철에서 만난 생면부지의 사람과 인사를 나누지는 않습니다. 그렇게 하는 것은 이상한 일입니다. 하지만 교회는 지하철이 아닙니다. 교회에서 옆에 아무도 없는 척, 옆 사람을 모르는 척 앉아 있는 것은 이상한 일입니다. 하나님을 아버지라고 부르는 이들이 모인 곳이 맞는다면 그들이 서로 문안하지 않고 모른 척 할 까닭이 없습니다.

그래서 바울도 마지막에 우리를 위해 기도해 달라고 요청하고, 공동체 식구들끼리 사랑과 존경으로 대하라고 합니다. 우리도 교회로 모일 때 서로 눈을 피하며 다니지 말고, 따뜻하게 바라보며 인사를 건네면 좋겠습니다. 사람의 눈빛에는 대단한 에너지가 있어서 쳐다보는 것만으로도 에너지가 전해집니다. 좋은 에너지도, 나쁜 에너지도 전달됩니다. 그리고 필요하면 깊은 이야기도 나누고 바울처럼 기도도 요청하기 바랍니다. 이런 습관이 몸에 배야 합니다. 워낙 다른 가치를 추구하는 세상, 거리 두기와 혼자 살기가 몸에 밴 도시 생활에서는 어려울지 몰라도, 그리스도인 공동체에 들어왔을 때는 서로 축복하고 위로하고 격려하고 사랑하는 소통을 할 수 있습니다. 도시의 '트레이드마크'인 무관심한 표정이 교회 공동체에 들어와서는 바뀌고, 공동체 안에서 배우고 익힌 태도로 무심한 도시에 들어가 선한 에너지를 흘러넘치게 해야 합니다. 바울은 이러한 관계를 마지막에 요청하고 있습니다

계시의 말씀

지금까지 1인칭 복수를 써서 자신과 일행을 함께 가리키던 바울이 27절에서는 1인칭 단수 주어를 사용합니다. 아마도 바울은

늘 그랬듯이 필사자에게 말로 불러 주며 편지를 썼을 것입니다. 그러다가 맨 마지막에 이르자 펜을 받아서 직접 마지막 부분을 썼을 가능성이 큽니다. 자신이 썼다는 것을 알리기 위해 "나 바울이 친필로 문안합니다. 이것이 모든 편지에 서명하는 표요, 내가 편지를 쓰는 방식입니다"(살후 3:17)라고 마지막에 적기도 합니다. 바울은 직접 쓴 문장에서 '우리'라는 주어 대신에 '나'라는 주어를 쓰면서, 이 편지를 모든 형제에게 읽어 주라고 합니다. 바울은 골로새에 편지를 보내면서는 "이 편지를 너희에게서 읽은 후에 라오디게아인의 교회에서도 읽게 하고 또 라오디게아로부터 오는 편지를 너희도 읽으라"(골 4:16)고도 합니다. 바울은 다 함께 읽는 행위가 예배의 중요한 요소임을 알고 있었습니다. 당시 초대교회는 예배를 드리면서 구약성경을 다 함께 읽었습니다. 그런데 바울은 구약성경과 더불어 자신이 쓴 편지를 읽으라고 하면서 자신의 편지를 예언의 일부, 곧 하나님이 보내신 메시지처럼 이야기하고 있습니다. 베드로 역시 바울의 서신을 두고 "그 받은 지혜대로…썼"다고 하고(벧후 3:15), "다른 성경과 같이…억지로" 풀지 말라(벧전 3:15-16)고 합니다. 초대교회는 점차 바울의 편지를 하나님에게서 온 메시지로 인정하기 시작하는데, 이와 같은 요청을 통해 그 과정이 이루어지지 않았을까 추측해 볼 수 있습니다.

그런데 중요한 것은 이것입니다. 바울은 데살로니가에 보내는 편지를 통해 놀라운 말씀을 전했습니다. 편지를 받은 사람은 지금 그 내용을 다 읽었습니다. 그런데 이 편지를 다른 형제들에게도 읽어 주라고 합니다. 다시 읽고 묵상하라는 것입니다. 우리 모두가 알듯이 사람은 한 번 들어서는 변하지 않습니다. 반복해서 듣고 성찰하고 내면화하는 일이 필요합니다.

이 책도 데살로니가전서의 마지막과 함께 끝을 맺습니다. 꽤 길게 데살로니가전서를 세세히 살펴본 편입니다. 한 번 읽고 책을 덮으면 자기 것이 되지 않습니다. 읽다가 다시 생각해 볼 부분이 있으면 표시도 하고, 질문이 생기면 메모도 하십시오. 특히 부록에 전문을 실은 데살로니가전서를 다시 읽어보십시오. 하나님이 당신에게 하고 싶은 말씀이 무엇인지를 성경 본문에서 다시 한 번 확인하십시오.

우리가 마지막으로 신뢰하는 것은 하나님의 신실함과 형제자매들의 사랑과 하나님이 우리에게 주신 계시의 말씀입니다. 바울은 이 세 가지에 의지하며 편지를 마무리합니다.

마지막 인사

바울의 마지막 인사는 무엇인가요? "우리 주 예수 그리스도의 은혜가 여러분과 함께하기를!" 마지막에 으레 붙이는 인사치레라고 생각할 수도 있습니다. 하지만 그렇지 않습니다. 은혜야말로 전혀 새로운 공동체가 탄생하고 생존 가능한 유일한 근거이기 때문입니다. 생각해 보십시오. 우리는 은혜로 구원을 얻었습니다.

은혜로 공동체에 속하게 됐습니다. 은혜 가운데서 살아갑니다. 하나님의 은혜 없이는 살 수가 없습니다. 또한, 우리는 은혜에 힘입어 세상과는 전혀 다른 공동체를 꿈꾸며 그런 공동체를 이루며 살아갑니다. 우리는 하나님의 은혜로 따르미에서 이끄미로 성장합니다. 예배 때는 말씀의 은혜를 입습니다. 이렇듯 우리는 하나님이 주시는 은혜로 살아갑니다. 은혜는 그리스도인에게 가장 중요한 것입니다. 하나님에게서 오는 모든 것들은 하나님이 우리에게 값없이 선물로 주신 것들입니다. 그 은혜 덕분에 삽니다.

그런데 다시 한 번 강조하지만, 은혜는 모호한 느낌이나 감정이 아니라, "주 예수 그리스도의 은혜", 곧 그리스도께 속한, 그리스도께서 주시는, 그리스도에 의해 만들어진 은혜입니다. 그러므로 그리스도의 은혜는 은혜의 그리스도 때문에 가능합니다. 그렇기에 바울은 모든 것이 예수 그리스도의 은혜로 말미암았다는 이야기를 하면서, 예수 그리스도의 은혜가 여러분과 함께하기를 빈다고 말합니다.

만약에 그리스도 예수의 은혜가 없었다면, 우리는 세상 속에서 세상의 한 부분으로 살았을 것입니다. 달콤하게 유혹하고 강렬하게 도전하는 도시 문화에 휘둘려 제대로 분별하지도 못한 채 그 속에서 허우적거릴 뻔했습니다. 그런데 우리는 그 은혜를 입었습니다! 그 은혜가 우리 것이 되었습니다! 이를 위해 하나님의 아들 예수 그리스도는 말로 표현할 수 없는 사랑의 수고를 하셨습니다!

기독교는 예수 그리스도의 은혜를 누리는 종교입니다. 예수 그리스도가 주시는 진리와 사랑에 의지해 사는 우리는 그분의 은혜로 존재하며, 하나님을 부인하는 세상 속에서 살아가기 위해 더욱 더 은혜가 간절히 필요합니다. 은혜 없이는 살 수 없습니다. 그래서 바울은 데살로니가 성도들에게 보내는 편지 맨 마지막을 가장 중요한 말로 마무리합니다. 주 예수 그리스도의 은혜가 여러분과 함께하기를….

저도 이 책을 마무리하면서 같은 말씀으로 끝맺으려고 합니다. 우리 주 예수 그리스도의 은혜가 당신과 함께하기를. 아멘.

에필로그 원형의 보고寶庫

Ad Fontes! 원래의 것으로 돌아가자! 르네상스와 종교개혁의 정신이었습니다. 로마가톨릭이 불가타라는 라틴어 번역 성경을 사용하여 일반 성도들이 성경을 읽지 못하고 있을 때, 종교개혁가들은 생명을 걸고, 성경을 원래 언어에서 자국민들이 읽을 수 있는 언어로 번역했습니다. 원래의 정신을 회복하고, 그것을 자신들의 시대, 자신들의 교회에 적용하려는 몸부림이었습니다. 개신교는 그렇게 탄생했습니다.

그런데 언제부터인가 개신교는 '원래의 것으로 돌아가 본질을 발견하고, 그것을 현대적 맥락으로 재해석해서 적용하는 일'은 하지 않고, 이미 만들어진 그 무엇에 집착하기 시작했습니다. 예수께서 싸우셨던 바리새인들의 전통과 종교개혁자들이 대항하였던 로마가톨릭의 전통이, 이제는 현대의 가면을 쓰고 개신교의 새로운 전통으로 자리 잡아 가고 있습니다. 전통은 본질을 담으려는 수고를 통해 역사의 흐름을 거치며 형성되었지만, 본질이 사라지고 전통만 남으면 '죽은 전통'이 됩니다. 이러한 '새로운' 죽은 전통이 민낯을 드러내는 현장이 오늘날 한국 교회이며, 그 전통을 듣고 배운 성도들이 그들의 삶터와 일터에서 그 전통을 드러내고 있습니다. 결국 예수께서 전한 메시지, 종교개혁자들이 회복restoration하고 상황화contextualization하려 했던 진리는 오늘날 현대 도시 사회에서 도시 문화와 죽은 전통의 혼합물로 대체되어 버렸습니다.

다시 원래의 것으로 돌아가야 합니다. 예수의 가르침으로 돌아가고, 그 가르침을 삶으로 살아 낸, 부족하지만 원형을 간직한 초대교회로 돌아가야 합니다. 그리고 그 원형을 오늘날 현대 사회에 적용해 보아야 합니다. 데살로니가전서는 그런 면에서 원형의 보고寶庫입니다. 열악한 고대 도시 환경에서 세워졌고, 교회 개척자는 단기간 사역한 후 떠나야 했지만, 그들은 그들이 받은 진리, 곧 하나님나라 복음을 충실하게 살아 냈습니다. 그 결과, 삶의 변화와 공동체의 영향력이 숨길 수 없는 빛처럼 드러났습니다. 이름하여 "데살로니가 현상!"이 주변으로 퍼져 나갔습니다.

오늘날 한국 교회에 소망이 없다며 문제점을 분석하고 비판하는 소리가 높습니다. 그러나 비판과 비평에 동반하는 대안이 없다면, 비난과 자학을 넘어서기 어렵습니다. 대안은 멀리 있지 않습니다. 사실 그리 어려운 것도 아닙니다. 데살로니가인의 교회를 보십시오! 하나님나라 복음을 제대로 이해하면, 그 진리가 당신을 이끌 것입니다. 저항할 수 없도록 우리를 이끌어 대안을 향해 걸어가게 할 것입니다. 개신교의 새로운 죽은 전통에 질식하지 않도록, 원래의 것을 현대적 모습으로 적용하도록 북돋울 것입니다.

소망이 없다고요? 아닙니다. 우리에게는 여전히 소망이 있습니다! 그리스도의 은혜가 있기 때문입니다!

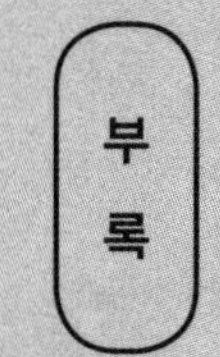
부
록

❶ **1** 바울과 실루아노와 디모데가 하나님 아버지와 주 예수 그리스도 안에 있는 데살로니가인의 교회에게: 은혜가 여러분에게 또한 평화가. **2** 우리는 우리의 기도 중에 여러분을 기억하며 여러분 모두에 대해 하나님께 항상 감사를 드리고, **3** 여러분의 믿음의 행함과 사랑의 수고와 우리 주 예수 그리스도께 둔 소망의 인내를 하나님 우리 아버지 앞에서 지속적으로 기억하고 있습니다. **4** 하나님의 사랑을 받은 형제자매 여러분, 우리는 여러분을 택하심을 알고 있습니다. **5** 왜냐하면 우리의 복음이 단지 말로만이 아니라, 능력과 성령과 큰 확신으로 여러분에게 이1르렀기 때문입니다. 우리가 여러분 가운데서 여러분을 위하여 어떤 사람이 되었는지 여러분은 알고 있습니다. **6** 또한 여러분은 많은 환난 가운데서 성령께서 주시는 기쁨으로 말씀을 받아, 우리와 주님을 본받는 사람이 되었습니다. **7** 그리하여 여러분은 마케도니아와 아가야에 있는 모든 믿는 자에게 본이 되었습니다. **8** 여러분으로부터 주님의 말씀이 단지 마케도니아와 아가야에만 울려 퍼진 것이 아니라, 모든 곳에서 하나님을 향한 여러분의 믿음이 알려졌으므로 이에 대해 우리가 더 말할 필요가 없습니다. **9** 그들은 우리에 관해 스스

로 말하기를 우리가 어떻게 여러분 가운데로 찾아갔는지, 어떻게 여러분이 우상을 버리고 하나님께로 돌아와 살아 계시고 참되신 하나님을 섬기는지, **10** 또한 하늘로부터 오실 그의 아들을 어떻게 기다리는지 말합니다. 그는 죽은 자 가운데서 살리신 이, 곧 임하고 있는 진노에서 우리를 건져 주시는 예수입니다.

❷ **1** 형제자매 여러분, 우리가 여러분에게 간 것이 헛되지 않은 줄을 여러분이 친히 알고 있습니다. **2** 여러분이 아는 것같이 우리가 빌립보에서 전에 고난과 모욕을 당하였으나, 주 우리 하나님 안에서 여러분에게 하나님의 복음을 많은 싸움 가운데 담대함을 가지고 전하였습니다. **3** 왜냐하면 우리의 권면은 잘못된 것이나 부정이나 속임수로 하는 것이 아닙니다. **4** 오직 우리는 하나님께 검증받아 복음을 위탁받았으니, 이와 같이 말하는 것은 우리가 사람이 아니라 하나님, 곧 우리 마음을 검증하고 계시는 분을 기쁘게 해 드리려는 것입니다. **5** 여러분이 아는 대로 우리는 아첨하는 말이나 탐심을 감춘 거짓을 결코 쓰지 않았는데, 하나님이 증인이십니다. **6** 또한 우리는 여러분에서든 다른 사람에게서든 사람에게서 영광을 구하지 않았습니다. **7** 우리가 그리스도의 사도로서 짐이 될 수도 있었지만 말입니다. 그러나 우리는 유모가 자기 자녀를 돌보듯이 여러분 가운데서 어린아이가 되었습니다 **8** 이와 같이 우리가 여러분을 사모하여 하나님의 복음뿐 아니라 우리 목숨까지도 여러분에게 나누어주기를 기뻐했는데, 그것은 여러분이 우리에게 사랑받는 자가 되었기 때문입니다. **9** 형제자매 여러분,

여러분은 우리의 수고와 역경을 기억하고 있습니다. 우리는 여러분 중 누구에게도 폐가 되지 않으려고 밤낮으로 일하면서 하나님의 복음을 여러분에게 전하였습니다. **10** 또한 우리가, 믿는 여러분에게 얼마나 경건하고 의롭고 흠이 없었는지 여러분이 증인이며, 또한 하나님도 그러하십니다. **11** 여러분도 아는 것과 같이, 아버지가 자기 자녀에게 하듯이 우리가 여러분 각 사람에게 **12** 권면하고 위로하고 증언하는 것은, 여러분을 부르신 하나님께 합당하게 살아가서 당신 자신의 나라와 영광에 이르게 하려는 것입니다. **13** 이런 이유로 우리 또한 하나님께 끊임없이 감사하는 것은 여러분이 우리에게 들은 하나님의 말씀을 받을 때 인간의 말로 받지 않고, 실제 그대로, 하나님의 말씀으로 받았기 때문입니다. 이는 믿는 자 여러분들 가운데서 역사하고 있습니다. **14** 형제자매 여러분, 여러분은 그리스도 예수 안에서 유대에 있는 하나님의 교회들을 본받는 사람이 되었습니다. 왜냐하면 여러분은 그들이 유대인에게서 고난을 받은 것과 같이 여러분의 동족에게서 똑같은 고난을 받았기 때문입니다. **15** 그들은 주 예수와 선지자들을 죽였고, 우리를 쫓아냈고, 하나님을 기쁘게 하지 않고 모든 사람에게 적대적이고, **16** 우리가 이방인에게 말하여 구원을 얻게 하려는 것을 방해하여서 그들은 항상 그들의 죄를 채웁니다. 마침내 진노가 그들에게 임하였습니다. **17** 형제자매 여러분, 우리가 잠시 여러분과 분리된 것은 얼굴이지 마음은 아니니 여러분의 얼굴을 보기를 간절함으로 더욱 힘썼습니다. **18** 그러므로 우리는 여러분에게 가고

자 하였고, 특히 나 바울은 여러 번 가고자 하였으나 사탄이 우리를 막았습니다. **19** 그가 오실 때 우리 주 예수 앞에서 우리의 소망이나 기쁨이나 자랑할 면류관이 무엇이겠습니까? 그것은 여러분이 아니겠습니까? 20 참으로 여러분은 우리의 영광이며 기쁨입니다.

❸ **1** 그러므로 우리는 참다못하여 우리만 아테네에 남아 있는 것을 좋게 생각하고 **2** 우리의 형제 곧 그리스도의 복음에 있어 하나님의 동역자인 디모데를 보냈습니다. 이는 여러분을 굳건하게 하고, 여러분의 믿음을 격려하며 **3** 아무도 이러한 여러 환난 가운데서 흔들리지 않게 하려는 것입니다. 여러분도 아는 대로, 우리는 이를 위해 세움을 받았습니다. **4** 우리가 여러분과 함께 있을 때, 앞으로 우리가 환난을 겪을 것이라고 여러분에게 말해 왔는데, 여러분이 아는 대로 정말 그렇게 되었습니다. **5** 이런 이유로 나도 참다못하여 여러분의 믿음을 알아보려고 그를 보냈습니다. 이는 그 유혹하는 자가 어떻게든 여러분을 유혹하여 우리의 수고를 헛되게 하지 못하게 하려는 것이었습니다. **6** 지금은 디모데가 여러분에게서 우리에게로 와서 여러분의 믿음과 사랑과, 여러분이 항상 우리에 대해 좋은 기억을 가지고 있고, 우리가 여러분에게 그러하듯 여러분이 우리를 간절히 보고 싶어 한다는 기쁜 소식을 전해 주었습니다. **7** 그러므로 형제자매 여러분, 우리는 우리의 모든 곤경과 박해 가운데서도 여러분의 믿음으로 말미암아 여러분에 대해 위로를 받았습니다. **8** 여러분이 주 안에 굳게 서 있으

니, 이제 우리는 산 것이기 때문입니다. **9** 우리 하나님 앞에서 여러분으로 말미암아 기뻐하는 모든 기쁨으로 인해 여러분에 대해 하나님께 어떠한 감사로 보답할 수 있겠습니까? **10** 여러분의 얼굴을 보기 위해, 그리고 여러분의 믿음의 부족한 것을 보충하기 위해, 우리는 밤낮으로 간절히 간구하고 있습니다. **11** 친히 하나님 우리 아버지와 우리 주 예수께서 여러분에게로 우리 길을 인도해 주시기를 바랍니다. **12** 또한 주님께서, 우리가 여러분에게 하듯이, 서로와 모든 사람을 위한 사랑에 있어 여러분을 풍성하고 또한 넘치게 하여 주셔서 **13** 여러분의 마음이 굳세어져 우리 주 예수께서 당신의 모든 성도와 함께 오실 때 하나님 곧 우리 아버지 앞에서 거룩함에 흠이 없게 하시기를 바랍니다.

❹ **1** 그러므로 형제자매 여러분, 끝으로 우리가 주 예수 안에서 여러분에게 부탁하고 권면하니, 여러분이 마땅히 어떻게 살아야 하며, 어떻게 하나님을 기쁘시게 해야 하는지를 우리에게 받은 대로 실제로 행하고 있으므로, 더욱 풍성하게 하십시오. **2** 왜냐하면 우리가 주 예수로 말미암아 여러분에게 무슨 지시들을 주었는지 여러분은 알고 있기 때문입니다. **3** 이것이 하나님의 뜻이니, 곧 여러분의 거룩함입니다. 여러분은 성적 부도덕함을 멀리해야 하고, **4** 여러분 각 사람은 자기 자신의 몸을 거룩함과 존중함으로 대할 줄 알아야 하고, **5** 하나님을 알지 못하는 이방인과 같이 격정적인 욕망으로 하면 안 됩니다. **6** 이런 일에 자기 형제자매를 잘못 대하거나 이용하지 말아야 합니다. 우리가 여러분에게 전에도 말하고

경고한 대로 주님께서는 이 모든 일에 대해 복수하십니다. **7** 이는 하나님께서 부정함으로가 아니라 거룩함으로 우리를 부르셨기 때문입니다. **8** 그러므로 거절하는 사람은 사람을 거절하는 것이 아니고 여러분에게 성령을 주시는 하나님을 거절하는 것입니다. **9** 형제 사랑에 관하여는 여러분에게 쓸 필요가 없습니다. 왜냐하면, 여러분 스스로가 서로 사랑하라는 하나님의 가르침을 받아 **10** 온 마케도니아에 있는 모든 형제자매에게 이것을 행하고 있기 때문입니다. 형제자매 여러분, 우리는 여러분이 더욱 그렇게 하기를, **11** 또한 여러분에게 명한 것과 같이 조용히 살기와, 자신의 일을 하는 것과, 여러분 자신의 손으로 일하기를 열망할 것을 권면합니다. **12** 그리하여 여러분이 바깥사람에 대하여 단정하게 행하고, 아무런 부족함이 없어야 합니다. **13** 형제자매 여러분, 우리는 여러분이 자는 자들에 대해서 모르기를 원하지 않는데, 이는 소망을 가지지 않은 다른 사람들과 같이 슬퍼하지 않기 위함입니다. **14** 만약 우리가 예수께서 죽으셨다가 다시 사신 것을 믿는다면, 이와 같이 하나님께서 잠든 자들도 예수로 인해 그와 함께 데리고 오실 것이기 때문입니다. **15** 우리는 주님의 말씀으로 여러분에게 이것을 말하니, 주님께서 오실 때까지 살아남아 있는 우리가 잠든 자들보다 결코 앞서지 못할 것입니다. **16** 주님께서 친히 호령과 천사장의 소리와 하나님의 나팔소리와 함께 하늘로부터 내려오실 것이고, 그리스도 안에서 죽은 자가 먼저 일어날 것이고, **17** 그 후에 살아남아 있는 우리가 그들과 함께 구름 속으로 이끌려 올라가서 공중에서 주님을 영접할 것입니다. 그리하여 우리는 항상 주와 함께 있을 것입니다. **18** 그러므로 이런 말로 서로 위로하십시오.

❺ **1** 형제자매 여러분, 그 시간과 그 시기에 대해서는 여러분에게 더 쓸 필요가 없습니다. **2** 왜냐하면 주님의 날이 밤에 도둑처럼 온다는 것을 여러분 자신이 매우 잘 알고 있기 때문입니다. **3** 그들이 "평안하다, 안전하다"라고 말할 그때, 임신한 여인에게 진통이 오듯이 갑자기 멸망이 그들에게 닥칠 것이니, 그들이 결코 피하지 못할 것입니다. **4** 그러나 형제자매 여러분, 여러분은 어둠 속에 있지 않으니 그날이 여러분에게 도둑과 같이 놀라게 하지 않을 것입니다. **5** 왜냐하면 여러분은 모두 빛의 자녀이며, 낮의 자녀이기 때문입니다. 우리는 밤이나 어둠에 속하지 않습니다. **6** 그러므로 우리는 다른 사람들처럼 잠자지 말고 깨어 있으며 정신을 차립시다. **7** 자는 자들은 밤에 자고, 술 취하는 자들도 밤에 취합니다. **8** 그러나 낮에 속한 우리는 믿음과 사랑의 흉배와 구원의 소망의 투구를 쓰고 정신을 차립시다. **9** 왜냐하면 하나님께서는 우리를 진노에 이르는 것이 아니라, 우리 주 예수 그리스도로 말미암아 구원을 얻도록 정하셨기 때문입니다. **10** 그는 우리를 위해 죽으셔서 우리가 깨어 있든지 자고 있든지 그와 함께 살게 하십니다. **11** 그러므로 여러분은 지금도 그렇게 하는 것과 같이, 피차 격려하고 서로 세우십시오. **12** 형제자매 여러분, 여러분에게 부탁하는 것은 여러분 가운데서 수고하며 주님 안에서 여러분을 지도하며 여러

분을 훈계하는 자들을 알아보라는 것과 **13** 그들의 사역으로 말미암아 그들을 사랑으로 충분히 존중하는 것입니다. 여러분은 서로 화목하게 지내십시오. **14** 형제자매 여러분, 여러분에게 권고하니, 무질서하게 사는 사람을 훈계하고 마음이 약한 사람을 위로하고 힘이 없는 사람을 붙들어주며 모든 사람에게 오래 참으십시오. **15** 아무도 누구에게든 악을 악으로 갚지 말고, 반대로 서로에게 그리고 모든 사람에게 좋은 것을 추구하십시오. **16** 항상 기뻐하십시오. **17** 끊임없이 기도하십시오. **18** 모든 일에 감사하십시오. 이것이 그리스도 예수 안에서 여러분을 향한 하나님의 뜻입니다. **19** 성령을 소멸하지 마십시오. **20** 예언을 멸시하지 마십시오. **21** 모든 것을 분별하고 좋은 것을 굳게 잡으십시오. **22** 악은 어떤 모양이라도 멀리하십시오. **23** 평화의 하나님께서 친히 여러분을 온전히 거룩하게 하시고, 여러분의 전인이, 곧 영과 혼과 몸이 우리 주 예수 그리스도께서 오실 때 흠 없이 보전되기를! **24** 여러분을 부르시는 분은 신실하시니 그가 또한 이루실 것입니다. **25** 형제자매 여러분, 우리를 위해 기도해 주십시오. **26** 거룩한 입맞춤으로 모든 형제자매에게 문안하십시오. **27** 내가 주님을 힘입어 여러분에게 명하니, 모든 형제자매에게 이 편지를 읽어 주십시오. **28** 우리 주 예수 그리스도의 은혜가 여러분과 함께하기를!

세상 신을 버리고

데살로니가교회의 노래, 우리의 노래

김형국 사 천강수 곡
G D/G C/G G
세상 신 을버리 고 하나 님 께돌아 가
믿— 음 의행위 와 사— 랑 의수고 로
서로 위 한쉼없 는 기— 도 와감사 로
C G/B Am D7
살아 계시고 참 되—신 하 나 님섬기 며
우리 주—— 예 수께둔 소 망 의인내 로
앞— 선—— 선 배들과 주 님 을본받 아
G D/F# C/E C/Eb G/D
그아 들— 주예 수— 오시 기 기 다 리 니
모든 사랑 모든 성도 본— 이 되 리 니 —
아름 다운 이야 기— 삶으 로 이 어 가 니
C G/B Am D7 Gsus4 G
그 나 라 선 사하신 우리 주 님 찬양 해 —
그 나 라 완 성하실 우리 주 님 찬양 해 —
그 나 라 왕 이—신 우리 주 님 찬양 해 —

스마트폰으로 QR코드를 스캔하시면
나들목 찬양 "세상 신을 버리고"를 들으실 수 있습니다.

묵상 열 번의 만남: 함께 읽고 삶으로 나누기

◇ 만남 1. 전혀 새로운 공동체 ◇

1. 데살로니가전서 1장 1-3절을 KHKV와 개역개정 또는 새번역과 함께 읽으라. 1장의 내용을 요약해 보자.

2. 우리가 살고 있는 도시는 나에게 어떤 의미가 있는가? 도시 속에서 그리스도인으로 살아가기 힘든 부분들이 있다면 무엇인지 이야기해 보자.

3. 이런 도시 속에서 하나님과 예수님으로 인해서 갖게 되는 특별한 정체성이 있는가? 있다면 그것은 나의 삶에 어떤 영향을 주는가? 하나님나라를 살아 내는 사람들의 세 가지 특징 중에서, 내가 특별히 더 심화해야 할 부분은 어떤 부분인가?

4. 내가 속한 교회나 소모임은 데살로니가 교회와 비교할 때, 어떤 부분들이 보완·심화되어야 한다고 생각하는가?

"전혀 새로운 공동체가 세워지다"

김형국 목사의 데살로니가전서 연구 시리즈, 첫 번째 설교 동영상입니다.
더 깊은 묵상과 나눔을 위해 1장과 함께 보시면 좋습니다.

◇ 만남 2. 복음과 회심 ◇

1. 데살로니가전서 1장 4-10절을 KHKV와 개역개정 또는 새번역과 함께 읽으라. 2장의 내용을 요약해 보자.

2. 나는 언제, 어떻게 회심하였는가? 나의 회심에서 부족한 부분이나 좀 더 선명해져야 할 부분은 무엇인가?

3. 나는 복음을 어떤 마음으로, 어떤 자세로 받아들였는가?

4. 우리에게 "데살로니가 현상"이 일어나고 있는가? 함께 기뻐할 부분과 좀 더 보완되어야 할 부분은 무엇일까?

5. 데살로니가 교회처럼, 우리도 우리의 도시와 한국, 더 나아가 지구촌의 이웃들에게 본이 되고 건강한 공동체를 세우는 비전을 가질 수 있을까?

"전혀 새로운 공동체가 가능한 이유 1: 복음과 회심"

김형국 목사의 데살로니가전서 연구 시리즈, 두 번째 설교 동영상입니다.
더 깊은 묵상과 나눔을 위해 2장과 함께 보시면 좋습니다.

◇ 만남 3. 본받기 ◇

1. 데살로니가전서 2장 1-12절을 KHKV와 개역개정 또는 새번역과 함께 읽으라. 3장의 내용을 요약해 보자.

2. 하나님나라 복음을 위하여 다른 사람의 이끄미가 되려고 할 때, 무엇이 나를 가로막는가? 현재 이끄미라면, 이끄미로서 내가 느끼는 한계와 문제점은 무엇인가?

3. 내가 하나님나라 복음을 받아들인 후, 내가 본받는 이끄미가 있었는가? 없었다면 그 이유는 무엇이며, 있었다면 어떤 면을 본받고 있는지 이야기해보자.

4. 내가 이끄미로서 피해야 할 세 가지 중에서 특히 마음을 두고 훈련해야 할 것은 무엇인가?

5. 내가 이끄미로서 취해야 할 세 가지 모습 중에서 특별히 나에게 필요한 모습은 무엇인가?

"전혀 새로운 공동체가 가능한 이유 2: 이끄미들"
김형국 목사의 데살로니가전서 연구 시리즈, 세 번째 설교 동영상입니다.
더 깊은 묵상과 나눔을 위해 3장과 함께 보시면 좋습니다.

◇ 만남 4. 고난과 성숙 ◇

1. 데살로니가전서 2장 13절-3장 5절을 KHKV와 개역개정 또는 새번역과 함께 읽으라. 4장의 내용을 요약해보자.

2. 나의 영적인 성장을 돌아볼 때, 성숙의 세 가지 요소가 무엇인가? 그중에서 좀 더 성숙해야 할 부분은 어떤 것인가?

3. 우리는 오랜 시간 또는 상황상 이끄미 없이 혼자 서야 할 때가 있다. 어떤 때인가? 그때 나는 무엇을 어떻게 훈련할 수 있을까?

4. 영적 성장에서 이끄미 역할의 중요성과 네 가지 역할을 해야 하는지 이야기 나누어 보자. 내가 잘하고 있는 부분은 무엇이고, 특별히 좀 더 배워야 할 부분은 무엇인가?

5. 우리를 넘어뜨리려는 적이 있다. 그 적으로부터 어떻게 승리할 수 있을까? 유혹의 때에 나를 지켜 줄 제자 공동체를 어떻게 만들고 발전시켜 나갈 수 있을까?

"전혀 새로운 공동체의 특징 1: 고난 속의 성장"

김형국 목사의 데살로니가전서 연구 시리즈, 네 번째 설교 동영상입니다.
더 깊은 묵상과 나눔을 위해 4장과 함께 보시면 좋습니다.

◇ 만남 5. 성도의 참된 교제 ◇

1. 데살로니가전서 3장 6-13절을 KHKV와 개역개정 또는 새번역과 함께 읽으라. 5장의 내용을 요약해 보자.

2. 내가 지금까지 생각한 교제와 성경에서 가르치는 일반적 단계의 성도의 교제의 차이점은 무엇인가?

3. 기본적인 성도의 교제를 하기 위해 내게 필요한 부분은 무엇이라고 생각하는가?

4. 심화된 성도의 교제를 실제로 본 적이 있다면, 언제였는가? 나는 그런 삶을 추구하기 위해 무엇을 해야 할까?

5. 내가 속한 공동체의 교제가 일반적 단계가 아니라, 기본 단계를 넘어 심화 단계로 가기 위해서 우리가 각각 또한 함께 노력해야 할 부분은 무엇인가?

"전혀 새로운 공동체의 특징 2: 성도의 참된 교제"

김형국 목사의 데살로니가전서 연구 시리즈, 다섯 번째 설교 동영상입니다.
더 깊은 묵상과 나눔을 위해 5장과 함께 보시면 좋습니다.

◇ 만남 6. 성SEX ◇

1. 데살로니가전서 4장 1-8절을 KHKV와 개역개정 또는 새번역과 함께 읽으라. 6장의 내용을 요약해 보자.

2. "어떻게 살 것인가"에 관한 나의 기준은 무엇인가? 그 기준의 핵심에 "하나님을 기쁘시게 하는 것"과 "거룩함"이 있는가?

3. 세상적인 성이 나에게 어떤 유혹과 어려움을 주는가?

4. 성에 관한 성경적 가르침을 통해서 새롭게 배운 것은 무엇인가?

5. 삶의 구체적인 여섯 영역에서 성적 거룩함에 이르기 위해 나는 어떤 기준선을 세우고, 어떤 훈련을 해야 할까? 우리는 서로를 어떻게 도와주어 성의 영역에서 거룩함을 이루어 나갈 수 있을까?

"전혀 새로운 공동체의 특징 3: 새로운 삶의 방식, 성"
김형국 목사의 데살로니가전서 연구 시리즈, 여섯 번째 설교 동영상입니다.
더 깊은 묵상과 나눔을 위해 6장과 함께 보시면 좋습니다.

◇ 만남 7. 경제생활과 죽음 ◇

1. 데살로니가전서 4장 9-12절을 KHKV와 개역개정 또는 새번역과 함께 읽으라. 7장의 내용을 요약해 보자.

2. 나의 경제생활이 하나님 나라 백성의 경제생활의 기본 원리에 걸맞다고 생각하는가?

3. 나의 청지기의 삶의 원칙과 실제를 이야기해 보자.

4. 나의 죽음을 평소에 어떻게 생각하고 살고 있는가? 내가 나의 죽음을 대비하거나 사별한 자들을 위로할 때 어떤 지식(진리)를 가지고 할 것인가?

5. 나의 성, 경제생활, 죽음에 대해 새롭게 배우고 실천해야 할 부분이 어떤 것인지 나누어 보자. 그리고 각자가 세속 도시에서 성, 경제생활, 죽음의 문제를 하나님의 관점으로 살아낼 수 있도록 서로를 어떻게 도울 수 있는지도 구체적으로 이야기해 보자.

"전혀 새로운 공동체의 특징 4: 새로운 삶의 방식, 경제와 죽음"
김형국 목사의 데살로니가전서 연구 시리즈, 일곱 번째 설교 동영상입니다.
더 깊은 묵상과 나눔을 위해 7장과 함께 보시면 좋습니다.

◇ 만남 8. 종말 ◇

1. 데살로니가전서 5장 1-11절을 KHKV와 개역개정 또는 새번역과 함께 읽으라. 8장의 내용을 요약해 보자.

2. 내 인생의 종말이나 세상의 종말에 관해 내가 가지고 있는 시각은 어떤 것이었나?

3. "종말론적 이중구조" 그림표를 서로에게 설명해 보자. 두 가지 삶의 방식이 가리키는 소속, 목적, 근거를 다시 한 번 정리하고, 내가 성장하고 있는 부분과 부족한 부분에 관해 이야기 나누어 보자.

4. 나는 세상살이를 전투라고 의식하고 사는가? 세상 속에서 깨어 정신을 차리는 삶, 곧 선투적 삶을 위해 내게 필요한 것은 무엇인가? 격려와 세움의 삶, 곧 축제의 삶을 위해 우리에게 필요한 것은 무엇인가? 전투와 축제가 어우러지는 공동체를 누리는 삶을 마음에 그려 보며 함께 기도하자.

"전혀 새로운 공동체가 나아갈 길 1: 하나님나라의 종말론적 영성"
김형국 목사의 데살로니가전서 연구 시리즈, 여덟 번째 설교 동영상입니다.
더 깊은 묵상과 나눔을 위해 8장과 함께 보시면 좋습니다.

◇ 만남 9. 공동체 ◇

1. 데살로니가전서 5장 12-27절을 KHKV와 개역개정 또는 새번역과 함께 읽으라. 9장의 내용을 요약해 보자.

2. 서로 세우는 삶을 살기 위해 내가 배우고 익혀야 할 것은 무엇인가? 요즘 나는 이끄미로서, 또한 따르미로서 무엇을 배워야 할까?

3. 데살로니가전서 5장 16-22절에서 공동체로 깊이 예배하는 것에 관해 무엇을 배웠고, 우리의 예배에 어떻게 적용할 수 있을까?

4. 하나님을 의지한다는 것에 관해서, 치열하게 살면서도 하나님을 철저하게 의존하는 바울에게서 새롭게 배운 것이 있다면 무엇이며, 그것을 어떻게 적용할 수 있을까?

5. 나와 우리의 삶에 우리 주 예수 그리스도의 은혜가 얼마나 소중한지 나누어 보고, 데살로니가 교회 같은 공동체가 되기 위해 우리가 특별히 의지해야 할 하나님의 은혜는 무엇인지 나누어 보자.

"전혀 새로운 공동체가 나아갈 길 2: 하나님나라의 공동체적 영성"
김형국 목사의 데살로니가전서 연구 시리즈, 아홉 번째 설교 동영상입니다.
더 깊은 묵상과 나눔을 위해 9장과 함께 보시면 좋습니다.

◇ 마지막 만남 ◇

1. 데살로니가전서 전체를 KHKV로 읽어 보자. 데살로니가전서 전체에서 내게 가장 도전이 되었던 구절이나 본문은 무엇이었는가?

2. 우리는 데살로니가 같은 도시에 산다. 도시에 거주하지만 하나님나라 백성으로 산다는 것이 나에게 어떤 도전과 꿈을 주는가?

3. 우리의 공동체는 늘 연약하고 부족함투성이이다. 하지만 데살로니가 교회는 우리의 교회들보다 훨씬 열악한 상황이었다. 데살로니가 교회의 어떠한 부분을 우리 각자는, 또한 공동체는 배워야할까?

4. "원래의 것으로 돌아가기Ad Fontes" 위해 우리가 극복해야 할, 우리 속에 굳은 죽은 전통은 무엇인가? 어떻게 이것을 극복하여 불변하는 진리를 우리 삶의 터전에 적용(상황화)할 수 있을까? 그 점에서 데살로니가 교회는 어떤 본을 우리에게 보여 주는가?

5. 우리가 사는 도시 속에서 어떤 공동체를 꿈꿀 수 있을까? 어떻게 하면 하나님나라를 드러내어 하나님의 말씀을 곳곳에 퍼지게 하는 공동체가 될 수 있을까?

도시의 하나님나라 전혀 새로운 공동체의 탄생

김형국 지음

2019년 12월 21일 초판 1쇄 발행
2022년 6월 21일 초판 3쇄 발행

펴낸이 김도완
등록 제2021-000048호(2017년 2월 1일)
펴낸곳 비아토르
주소 서울시 종로구 삼일대로 428, 500-26호
(우편번호 03140)

전화 02-929-1732
팩스 02-928-4229
전자우편 viator@homoviator.co.kr
편집 박동욱
디자인 즐거운생활
제작 제이오
인쇄 (주)민언프린텍
제본 다온바인텍

ISBN 979-11-88255-51-1 03230

이 도서의 국립중앙도서관 출판예정도서목록(CIP)은 서지정보유통지원시스템 홈페이지(http://seoji.nl.go.kr)와 공동목록시스템(http://www.nl.go.kr/kolisnet)에서 이용하실 수 있습니다.(CIP제어번호: CIP2019044899)